LAS REINAS DE FRANCIA

Simone Bertière

Las Reinas de Francia

En tiempos de los Valois

Javier Vergara Editor

Buenos Aires / Madrid / Quito
México / Santiago de Chile
Bogotá / Caracas / Montevideo

Título original
LES REINES DE FRANCE AU TEMPS DES VALOIS

Edición original
Éditions de Fallois

Traducción
Amanda Forns de Gioia

Diseño de tapa
Verónica López

© 1994 Éditions de Fallois
© 1997 Javier Vergara Editor S.A.
        Paseo Colón 221 - 6° - Buenos Aires - Argentina

ISBN 950-15-1730-6

Impreso en la Argentina / Printed in Argentine
Depositado de acuerdo a la Ley 11.723

A mis hijos François, Marie-Claude y Marie-Noëlle,

a mis nietos Édouard, Ève y Constance,

esta historia en la que se habla mucho de niños

Indice

   Los cálculos de Luis XI. La heredera de Bretaña. "La pequeña
   reina". Las desventuras de la duquesa Ana. Compromiso difícil.
   La doble ruptura. Una boda clandestina. El adiós a Margarita.

   Una unión armoniosa. Maternidades. La Gran Empresa. Las delicias de Nápoles. Tiempo de pruebas.

   Novios en pañales. ¿Una mala acción de Luis XI? Adoptada por
   Berry. Matrimonio forzado. Una cosecha de humillaciones. Una
   reina molesta. Un proceso escandaloso. ¿Dónde está la victoria?.

   Ana de Bretaña logra puntos. ¿La mejor de las parejas? Ana de
   Bretaña y su corte. Un marido para Claudia. Luis XII contra
   Julio II. El fin.

Prefacio

Este es un libro de historia, porque en él no hay nada inventado y porque he evitado recurrir a los procedimientos de narración novelesca. Pero no es el libro de un historiador. Cuestión de escala y de perspectiva. Llegué a la historia a través de la literatura, y mi formación hace que me atraigan fuertemente los seres vivientes contemplados a partir de su singularidad. Pero ocurre que el pasado de Francia ofrece un inagotable semillero de personajes más apasionantes que los que podría crear nuestra imaginación. Yo soy mujer: a las mujeres me condujo en este caso mi curiosidad. Esta curiosidad —bien femenina— me llevó mucho más lejos de lo que pensaba y de lo que me habría aventurado de no haber sido arrastrada por el impulso adquirido. Me explico:

En una época en que abundan las biografías, en que la menor reina que haya tenido una responsabilidad política merece un volumen entero para ella sola, sentí de pronto interés por las oscuras, las postergadas, las desdibujadas, las que los historiadores remiten, no sin cierta condescendencia, a sus labores de bordado y a sus ruecas. Las reinas se suceden las unas a las otras y no se parecen entre sí. No obstante siempre hay una, salvo excepción, junto al rey de Francia. Con frecuencia hasta hay varias: madre y esposa se reparten las funciones de reina, una parte de las cuales suelen delegar a otras mujeres de la familia, hijas o hermanas. Y la más reina de todas no es necesariamente la que lleva oficialmente el título.

11

Pensando en ellas, diversas preguntas me venían a la mente. ¿Qué suerte esperaba una mujer joven, bajo el Antiguo Régimen, cuando se casaba con el rey de Francia? ¿En qué consistía la condición de reina? ¿Por qué algunas florecieron al acceder a ella y otras se desdibujaban? ¿En qué proporción su destino era el resultado de su personalidad o de las circunstancias? Para estos interrogantes sólo puede haber respuestas individuales, al menos al principio. Cada reina me interesó por ella misma, como ser único, y no solamente por el papel que desempeñó en la historia de Francia. Y me di cuenta de que hasta las reinas de primer plano, cuya acción política era bien conocida, adquirían un rostro algo diferente si se concentraba la luz en su persona.

Nada de desarrollos abstractos por lo tanto, sino, al principio, un breve recordatorio de las reglas del oficio. Evocaciones concretas, vivientes. Una serie de retratos. ¿Qué digo, retratos? Ellas vivieron su condición de reinas en el tiempo. Imposible inmovilizarlas como figuras de oración fúnebre, con distribución de elogios y condenas, como se las encuentra en los antiguos libros. Para intentar comprenderlas, me era necesario sumergirlas en el flujo de los acontecimientos, de los acontecimientos vividos día a día y, por consiguiente, narrados con precisión y en detalle. Y así la historia de Francia, con la que yo sólo pensaba hacer un telón de fondo, se presentó en toda su fuerza. No en todos sus aspectos sin embargo. Aparecía desde un ángulo un poco insólito, visto desde los aposentos de las reinas, ya fueran esos aposentos la habitación en que daban a luz a sus hijos o el gabinete donde se decidía la suerte de Francia.

¿Por qué tomar en marcha el tren de la historia, en vez de comenzar en los orígenes, con la esposa del rey Clodoveo? En primer lugar por motivos de competencia y de gusto: prefiero hablar de una época que conozco y amo. También por razones concernientes al tema. Mejor que la Edad Media, demasiado vasta y alejada de nosotros, los siglos siguientes se prestan a una narración continua. El reino se agranda, la monarquía se consolida, las reglas de transmisión del trono, claramente definidas, fijan durante trescientos años el estatuto de las reinas de Francia. Y las de esa época, psicológicamente más cercanas a nosotros que sus predecesoras, conocidas gracias a un mayor número de diversos documentos, nos resultan más fácilmente comprensibles. El advenimiento de Ana de Bretaña —1491— se imponía como fecha de partida: precede en un año solamente al descubrimiento de América y a la expulsión de los últimos moros de España, que marcan el comienzo de lo que se ha dado en llamar los Tiempos Modernos.

Yo no podía pensar en ir de golpe hasta la Revolución Francesa, que constituye su término. Tuve que prever varios volúmenes y realizar, por consiguiente, cierto número de cortes en la continuidad histórica, en lo posible no muy arbitrarios... El siglo xvi, que ve el apogeo y la caída de los Valois, y al que su nombre se vincula aunque su dinastía reinara desde tiempo atrás, forma un todo. El año 1600, en que Enrique IV, separado al fin de su mujer Margarita, se casa con María de Médicis, marca una ruptura con el pasado e inaugura una nueva era: proporciona a la primera parte de este relato un término satisfactorio.

Pero con sus diez reinas y con la multitud de acontecimientos dramáticos en que se vieron involucradas, este siglo me pareció demasiado rico, a medida que avanzaba en la redacción, para ser encerrado en una sola obra compacta. Preferí pues repartir el material en dos tomos, adoptando la división usual en los historiadores entre el "bello" siglo xvi, que finalizó en 1559 con la muerte de Enrique II y los años oscuros de las guerras de religión. Este corte conviene a mi propósito, pues la posición de las reinas en Francia difiere de un período al otro: a una época de gobierno masculino, en la que los reyes tienden a relegar a sus esposas a un segundo plano, sucede una época de preeminencia femenina, cuando Catalina de Médicis reemplaza a sus hijos en el ejercicio del poder. Por cierto, la muy larga carrera de esta última se desarrolla antes y después del año 1559. Pero Catalina, que fue una esposa dócil y apartada antes de convertirse en madre dominante, ofrece dos rostros sucesivos muy diferentes, cuya disociación temporal no afectará la coherencia y la autonomía de cada uno de los dos volúmenes.

La ejecución del trabajo me impuso algunas opciones. En primer lugar, ¿debía dejar de lado, en este relato, a ciertas mujeres notables que, aunque no fueron reinas, desempeñaron en su momento ese papel y obtuvieron sus prerrogativas, como Margarita de Austria, la pequeña prometida de Carlos VIII, y Luisa de Saboya, la imperiosa madre de Francisco I? Ellas pesaron demasiado, la una en la boda de Ana de Bretaña, la otra en la vida conyugal de Claudia y en la negociación matrimonial de Leonor, como para no hablar de ellas. Había que concederles el lugar y el interés que se merecen: un desarrollo entero, y hasta un capítulo, no estaban de más.

Por otra parte, no era cosa de alinear lado a lado, en monografías yuxtapuestas, la evocación de cada una de las reinas a las que concierne el tema. Pues sus vidas son de extensión muy desigual, de interés también desigual, y sobre todo se superponen. La boda de una hija se decide con frecuencia bajo el reinado de su madre: así ocurrió con la de Claudia de Francia, a comienzos del siglo, y con la de Margarita de Valois, al final. Suegra y nuera están destinadas a cohabitar, como Catalina de Médicis y sus tres nueras. Separarlas de una manera forzada era exponerse a innumerables repeticiones y a revolotear a través del tiempo, en la mayor confusión.

La solución adoptada es por lo tanto mixta. A fin de evitar maltratar excesivamente la cronología, la vida de las reinas más importantes se extiende en varios capítulos, entre los cuales pueden intercalarse otros capítulos consagrados a otras reinas. Al precio de algunas anticipaciones y vueltas atrás, he intentado preservar, en cada uno de esos capítulos, un mínimo de unidad, en torno a una figura central. Si osara adjudicarme un patronazgo tan prestigioso como el de Plutarco, diría que en vez de *Vidas Paralelas*, he tratado de proponer aquí *Vidas Entrelazadas*. Pero resulta fácil, si nos interesamos en una de estas reinas en particular, unir entre sí todos los pasajes en que ella figura. Por consiguiente, el libro puede leerse a gusto de cada uno, de manera continua o tangencialmente, de un tirón o "como folletín", capítulo a capítulo, dependiendo la promesa de una continuación no del artificio del narrador sino de la naturaleza de la historia narrada, que se confunde con la historia a secas, siempre abierta a un futuro.

La diversidad de los puntos de vista me ha causado también ciertos problemas. Me impuse como regla ponerme, en lo posible, en el lugar de las diferentes reinas que evocaba e identificarme momentáneamente con ellas para intentar compartir su percepción de las cosas y comprender las motivaciones de sus actos. Pero, con múltiples protagonistas disputándose el papel principal, me vi a veces condenada a una suerte de juego de papeles, narrando dos veces —o hasta tres— un mismo acontecimiento vivido por diferentes participantes. El caso más significativo será, en el tomo II, la Noche de San Bartolomé.

Espero que el lector se convenza fácilmente de que esas "variaciones" no están de más.

Y, al haber adquirido la costumbre, con frecuencia me puse también en el lugar de los otros personajes, especialmente en el de los esposos de cada una de las reinas. Mi relato pierde así los violentos contrastes que tanto agradaban a la historiografía romántica y que aún seducen a los biógrafos de una sola vida. Imposible desvestir a un santo para vestir a otro, inculpar a uno para disculpar al otro. En lugar de los buenos y los malos, claramente diferenciados, ya no hay más que seres concretos, vivos, ambiguos, desgarrados entre necesidades antagónicas y que hacen lo que pueden en situaciones cuyas causas y objetivos no siempre ven. Tales como son todos ellos, preferí comprenderlos dejando al lector en libertad de juzgarlos. Pero de tanto en tanto me dejé tentar: un poco de perspectiva y de humor eran necesarios para contrarrestar el exceso de simpatía.

Este libro se dirige a un público no especializado. No pretendo aportar hechos nuevos: más bien un enfoque nuevo. Me he apoyado pues ampliamente en los estudios históricos existentes, que me han proporcionado una copiosa documentación. Para las reinas de primer plano, he simplificado, escogido, aclarado, en busca de rasgos fuertes. Para las menos conocidas, he recogido detalles en obras consagradas a otros, donde aparecían tangencialmente, como jugando al escondite. Me he tomado la libertad de dejar zonas en blanco en las unas y en las otras, de avanzar prudentemente algunas hipótesis, de plantear interrogantes que quedarán sin respuesta. Creo que ningún libro las ha acercado tanto ni ha intentado hacer surgir de sus biografías comparadas una imagen de la condición de reina.

Deseo expresar aquí mi agradecimiento a todos los historiadores cuyos trabajos han alimentado mi reflexión. Por una parte a los autores de obras de síntesis sobre las instituciones, la civilización, las costumbres: en primer lugar R. Mousnier, Ph. Ariès, P. Chaunu, J. Delumeau, E. Leroy-Ladurie y F. Bluche, a quien debo la idea de hablar de las reinas. Por otra parte, a las recientes biografías de los reyes de Francia, que han proseguido y renovado las investigaciones de Lavisse y de Mariéjol: especialmente J.-P. Babelon, A. Castelot, I. Cloulas, P. Chevallier, L. Crété, J.-L. Déjean, M. Duchein, C. Erickson, A. Fraser, J. Jacquart, P.M. Kendall, Y. Labande-Mailfert, P. Miquel,

B. Quillet, E. Viennot, para no nombrar más que a los que se dedica-
ron al siglo XVI. La mejor manera de saldar mi deuda con ellos sería
que este libro dé a los lectores el deseo de saber más y los incite a
descubrir en profundidad una historia de la que sólo he evocado los
momentos más sobresalientes.

El oficio de reina

Ser reina de Francia en el siglo XVI no era algo envidiable. Una reina dejaba de pertenecerse a sí misma. Es cierto que llevaba una vida fastuosa, pero regulada por obligaciones muy estrictas, bajo la continua mirada de su entorno. Ejercía un duro oficio, que exigía una salud de hierro y un carácter bien templado, y para el cual un poco de inteligencia no estaba de más. Un trabajo de dedicación exclusiva, en el que cualquier mujer actual vería una intolerable esclavitud. Otros tiempos, otras costumbres: las interesadas no lo consideraban así en su época. Sería errado si midiéramos sus sentimientos con nuestros parámetros. La mayoría de ellas desempeñaron sin protestar un papel para el que su educación las había preparado, a menos que se maravillaran del feliz azar que les valió una grandeza inesperada.

Boda

A diferencia de los países vecinos, Francia siempre tuvo un rey. La reina no era más que su esposa. Si atravesáramos los Pirineos o el Canal de la Mancha, encontraríamos en Castilla o en Londres reinas en pleno ejercicio, lo mismo que en el norte de Europa. En cuanto a las poseedoras legítimas de un ducado o de un condado, en todas partes eran legión. Pero, tratándose de la monarquía francesa, una ley original, única en su género, regía la sucesión del trono e impedía el acceso a las mujeres. No solamente excluía a las hijas de la herencia paterna, sino que hasta les prohibía transmitir a sus descendientes varones el menor derecho sobre esa herencia. A un nieto, por su madre, del rey difunto, se prefería un primo en enésimo grado, por filiación masculina. Aunque los juristas han tratado de hacerla remontar a las antiguas costumbres de los francos salios para acreditar su carácter fundamental, esta ley famosa, llamada *sálica*, sólo se aplicó de hecho a partir de 1316, cuando los dos hijos segundones de Felipe el Hermoso fueron preferidos alternativamente a la hija de su hijo mayor muerto prematuramente. Desde hacía tres siglos, habiendo tenido todos los reyes un hijo para sucederles, se arraigó en las mentes la idea de que en Francia el poder sólo podía ser masculino: "El reino de la flor de lis no puede recaer en una rueca". Francia escapó así del riesgo de caer en manos extranjeras y pudo esperar sacar provecho de las reglas contrarias que prevalecían entre sus vecinos para ampliar su territorio casando a sus hijos con herederas bien dotadas.

Las bodas reales eran pues operaciones políticas, para las cuales la opinión de los futuros cónyuges casi no contaba. Nada más normal en una sociedad que subordinaba el individuo a la familia y veía en la pasión amorosa un peligroso principio de subversión: no había que casarse para uno mismo, sino para perpetuar la descendencia y hacerla ascender en la jerarquía social. El destino de las reinas estaba estrechamente ligado a las relaciones internacionales: su boda debía hacer efectiva la adquisición de una provincia, sellar una alianza y, de ser posible aunque molestara reconocerlo, sacar a flote las arcas del Estado siempre exhaustas. Su historia podía comenzar muy temprano. Desde la cuna se prometía su mano a diversos pretendientes sucesivos y hasta simultáneos; ellas eran peones en el tablero del ajedrez político, que se adelantaban o se retiraban al antojo de los intereses nacionales. Y el relato de las negociaciones previas a sus bodas solía ofrecer graciosas peripecias.

Salvo excepciones,[*] las reinas eran extranjeras. Pero las posibi-

---

[*] Ellas podían ser francesas, cuando había ruptura en la sucesión en línea directa. Los colaterales llamados al trono pudieron entonces desposar a una hija del difunto rey. Tal fue el caso de Luis XII con Juana de Francia, de Francisco I con Claudia y de Enrique IV con Margarita de Valois.

lidades de opción eran restringidas. Una vez anexionadas Bretaña a Francia y Flandes a España, los únicos partidos aceptables para los reyes de Francia eran pues, por orden de prestigio decreciente, las infantas y las archiduquesas, hijas de los Habsburgo de Madrid o de Viena, luego las inglesas o las escocesas, y finalmente las lorenesas o las saboyanas. Después, como los españoles se reservaron a las herederas de Portugal, casi no quedaban más que algunas princesas alemanas o escandinavas, entre las cuales habrá que excluir, a partir de mediados del siglo, a las que pertenecían a la religión reformada. En cuando a las italianas, quedan para lo último: Catalina de Médicis, apenas digna de un hijo menor de Francisco I, jamás habría sido desposada si se hubiese previsto que la muerte del hijo mayor haría de ella una reina. Se giraba pues dentro de un círculo muy estrecho. Los soberanos de Europa eran miembros de una misma red familiar.

Tampoco deben exagerarse, para las reinas, los sufrimientos del desarraigo. Algunas, venidas de Bretaña, de Lorena o de Saboya, eran casi francesas por el idioma y la educación. A otras les costaría más adaptarse. Se suponía que la costumbre que pretendía que la niña prometida a un rey debía educarse en su país de adopción, como garantía de los tratados, facilitaría también su asimilación. Y tal vez fuera menos cruel, en efecto, ser trasplantada a los cinco años que a los dieciséis y conocer a su futuro esposo en la inocente intimidad de la nursery antes que verse arrojada de improviso a la cama de un hombre que nunca ha visto. En cuanto a la separación de sus padres, casi no cuenta. Los niños principescos eran educados lejos de ellos. Más importante era para las jóvenes reinas la presencia de sus sirvientas, nodriza, gobernanta, y compañeras de juego, de las que por otra parte trataban de alejarla para afrancesarla cuanto antes.

Vida cotidiana

La prueba más dura no era el cambio de país, sino el cambio de medio. La princesa extranjera elegida para el rey de Francia sabía que se casaba, al mismo tiempo que con él, con lo que estamos tentados de llamar su tribu. Tenía que integrarse al grupo compacto formado junto a él por las mujeres de su familia. Si todavía no era más que la *reina delfina*, es decir la mujer del heredero del trono, le convenía empequeñecerse mientras esperaba su hora. La función de *reina reinante* —debería decirse *reina* a secas— le aseguraba la precedencia sobre todas las demás, pero no le garantizaba ninguna preeminencia efectiva: la *reina madre*, si la había, le llevaba considerable ventaja por la edad, la experiencia y la influencia ejercida sobre su hijo. Debía contar también con sus cuñadas y, eventualmente, con las hijas de un primer matrimonio, en las que, según los casos, encontraría aliadas o enemigas. La recién llegada viviría con todas esas mujeres más que con un cónyuge que llevaba una existencia aparte. Cada uno tenía su casa, sus aposentos, sus sirvientes, y la visita cotidiana que el rey hacía a las unas y a las otras era un homenaje protocolario de su parte al que no estaba obligado. Cuanto más compleja era la constelación femenina que gravitaba alrededor del rey, más abundaba en intrigas, en tensiones, en camarillas, y más podía esperar la joven reina, si era hábil, hacerse un lugar en ella. Si por el contrario tenía que habérselas con una suegra autoritaria y posesiva, corría el riesgo de tener que optar entre un conflicto perdido de antemano y una eterna dependencia. Feliz de ella cuando no se tenía que enfrentar a una amante que la tratara con superioridad, segura del amor del rey.

Pues si bien las costumbres imponían a este una boda de conveniencia, le concedían generosas compensaciones. Al lado de la esposa dedicada a la procreación, disponía de amantes para el placer del cuerpo y del corazón. El amor era un lujo que le estaba reservado y del que podía usar a voluntad. Hasta debía hacerlo: en él la abstinencia sería sospechosa. Por más que la Iglesia le recordara sus deberes, ella no podía nada contra la indulgencia cómplice del país entero, que veía en sus hazañas extraconyugales una prueba de buena salud y de vitalidad viril. La reina, por su parte, no tenía ese consuelo. Ninguna sospecha debía pesar sobre la legitimidad de los hijos que traía al mundo, sin lo cual les sería negada la consagración divina. Ella se adaptaba, de buen o de mal grado, a las infidelidades de un marido que estaba condenada a amar o a aparentarlo, pues la opinión pública así lo deseaba firmemente. Cuando ella lograba limitar esas infidelidades a pasatiempos, a que se mantuvieran fuera de la corte, a evitar la entronización de una amante oficial, era todo un éxito.

Una joven reina se jugaba su destino en la maternidad, única ventaja propia. Solo ella podía dar al rey herederos aptos para sucederle. Procrear era, en los primeros años al menos, su función exclusiva. Y no era una función descansada. En el siglo XVI un embarazo era una aventura de alto riesgo. Si no se moría en el parto, era raro que no se conservaran algunas secuelas. En este sentido, las reinas eran menos afortunadas que sus hermanas de condición más modesta. El matrimonio tardío era para estas una manera disimulada de control de la natalidad. Pero para las princesas, esas consideraciones no existían. Se las casaba prematuramente, a partir de los catorce años, a fin de consolidar los tratados de los que eran garantía. Y se esperaba de ellas hijos lo antes posible, para asegurar el futuro de la dinastía. La expectativa de vida era corta, la mortalidad infantil muy elevada. Las incertidumbres sucesorias, que despertaban las apetencias de los príncipes colaterales, eran fuente de disturbios: había que impedirlos oponiendo a su ambición uno o varios herederos prioritarios. Por poco fecundas que fueran y, como no estaban protegidas de las maternidades demasiado seguidas por la lactancia confiada a las nodrizas, reinas apenas salidas de la adolescencia podían estar embarazadas casi sin interrupción durante años. Solían morir por esa causa, de fiebre puerperal o de agotamiento, antes de alcanzar los veinticinco años. Sufrían por ello siempre, y la lucha que realizaban para sobrevivir a esas pruebas repetidas absorbía parte de sus fuerzas y contribuía a mantenerlas apartadas.

Demasiados hijos eran nocivos, demasiado pocos también. La esterilidad era para una reina la peor de las maldiciones. Corría el riesgo de ser repudiada. Por cierto, el divorcio estaba prohibido. Pero la Iglesia podía anular un matrimonio. Y aunque la esterilidad no fuera un motivo aceptable para ella, no faltaban juristas para descubrir vicios de forma en los que basar la sentencia. Nada era pues más precario que la situación de una reina sin hijos, amenazada por un humillante repudio que no tendrá otro refugio que un monasterio. Apenas preferible es la suerte de la que no tenía más que hijas: a lo sumo se conservaba la esperanza de que la próxima maternidad fuera la buena y le diera el hijo anhelado. Pero en caso de viudez, y si bien la atribución de una pensión le permitía llevar una vida decente en algún castillo de provincia, nada se hacía por retenerla. Si optaba por casarse de nuevo o por retirarse junto a los suyos en su país de origen, tenía que abandonar a su o sus hijas, que eran princesas francesas de las que Francia dispondría: así era la regla que prevalecía en todos los países de Europa. Era probable que no las volviera a ver. Por consiguiente, la posición de una reina sólo era realmente segura cuando había dado a luz un hijo. Solamente entonces accedía a su pleno estatuto social. En lo sucesivo, obtenía renovadas muestras de consideración y miramientos. Y sabía que podría gozar, en el caso de que su esposo muriera primero, de la envidiable situación de reina madre.

Representación

Por poco que contara la reina en la vida privada del rey, este no podía dejar de asociarla ampliamente a su vida pública. La celebración del culto monárquico, tal como estaba organizado a partir del siglo XVI, exigía la presencia de una mujer a su lado.

En la Francia de esa época, profundamente cristiana, la soberanía era delegación divina. El rey había logrado hacer olvidar que antaño era el elegido de sus pares. La consagración le confería una forma de sacerdocio y un vínculo místico lo unía a sus súbditos. El sentimiento monárquico era personal: el pueblo estaba ligado no a una forma abstracta de gobierno, sino a un ser de carne y hueso, que encarnaba en su persona el reino entero, misteriosamente solidario de su prosperidad. A su lado, la reina sólo tenía una posición inferior: la ceremonia que la consagraba le concedía dos unciones solamente en vez de nueve, por medio de un aceite menos prestigioso que el de la Santa Ampolla. Pero se la sabía insustituible: al asegurar el relevo de las generaciones, permitía a la dinastía, en su conjunto, desafiar la muerte. El amor del pueblo de Francia se dirigía a una pareja cargada de hijos, santificada por una vaga semejanza con las Sagradas Familias que adornaba los muros de las iglesias, y en quien ese pueblo creía leer la promesa de su propia fecundidad.

La reina tenía pues su lugar en el Consejo, en todas las ceremonias civiles y religiosas, recibía a los embajadores extranjeros, presidía junto a su esposo la apertura de los Estados Generales, lo acompañaba en los banquetes y danzaba en los bailes; iba con él en sus viajes —excepto en las expediciones militares— y tenía derecho, como él, a "entradas" solemnes ofrecidas por las ciudades que atravesaban. Encinta o enferma, debía ponerse los pesados ropajes de gala que la sofocaban, soportar la lluvia, el calor, el polvo, en literas sacudidas al paso de las mulas, adaptarse a albergues incómodos, desfilar, sonreír, dirigir a cada uno la palabra esperada, aguantar el aburrimiento, la fatiga, el sueño, aceptar estar en constante representación.

La antigua monarquía había comprendido, mucho antes de nuestras sociedades modernas, que a los poseedores del poder les convenía cuidar su imagen. El rey y la reina debían complementarse. Entre ellos, el reparto de papeles se efectuaba según el modo tradicional. Un rey guerrero y justiciero, una reina piadosa, buena, caritativa: era así como querían verlos, y con ese aspecto trataban de mostrarse en las festividades que acompañaban sus desplazamientos a través del país. Con el correr de los siglos, los reyes fueron despojados del gobierno, y su condición ya no era la de antes. Pero las reinas de hoy y las "primeras damas" de las democracias modernas, visitantes obligadas de hospitales, escuelas, guarderías infantiles, podrían reconocer en el programa descrito aquí algunas de sus propias obligaciones.

Poder

No tenían poder político, en principio al menos. Desde dos siglos antes, las reinas habían visto empequeñecerse su función, a medida que aumentaba la preponderancia de los reyes sobre los grandes señores poseedores de feudos.

La sociedad feudal asociaba estrechamente a las mujeres de la alta aristocracia a la política familiar. Mientras que los hombres, consagrados a la guerra, se alejaban con frecuencia de sus casas, sus esposas se encargaban no sólo de la educación de los hijos, sino de la supervisión de los sirvientes, de la administración de los dominios, de la entrada de ingresos, de todo lo que se llamaba "la casa" —nosotros diríamos la intendencia— y cuyo símbolo era la posesión de las llaves. Ellas poseían bienes propios que administraban y de los que disponían por testamento. Y la muerte de sus maridos podía convertirlas en jefes de familia. En una palabra, tenían los medios para desempeñar un papel considerable.

Las reinas no eran excepción. Pero los reyes, para asentar más fuertemente su autoridad, tendieron a despojar a sus esposas de esas prerrogativas, que podían volverse contra ellos. A partir de Felipe

Augusto se había iniciado un lento proceso para apartar a las reinas, coincidente con la instauración progresiva de la monarquía absoluta.

El proceso se interrumpió en el siglo XVI como consecuencia de graves crisis políticas y gracias a la muy fuerte personalidad de algunas reinas de esa época. Mujeres inteligentes y enérgicas, que sabían usar su influencia sobre los hombres de su entorno —esposo o hijos— o actuaban para imponerse a las divisiones de los que les disputaban el poder. Pero nada les pertenecía por derecho. Debían el poder que se les concedía a la buena voluntad del soberano o a las circunstancias y a su propia tenacidad.

Se les cedían con gusto algunas actividades concernientes en especial a la buena marcha de la "casa" real. A poco que su mujer o su madre demostraban cierta competencia financiera, el rey les confiaba sin reparos los cordones de la bolsa y solía darles carta blanca para la construcción y el amueblamiento de los edificios. También les competía la protección de las órdenes religiosas, las obras de beneficencia y el mecenazgo.

La diplomacia, que todavía adolecía del carácter familiar de las relaciones internacionales, ofrecía igualmente a la reina un campo de acción privilegiado. Si provenía de un país vecino, su condición de extranjera solía colocarla en una posición falsa cuando su país natal y su país de adopción estaban en guerra, pero no se la culpaba por ello. Se veía sobre todo en ella un jalón para la indispensable reconciliación. Cuando se trataba de negociar, se recordaba de pronto que era española o austríaca, parienta cercana del interlocutor que había que convencer: era promovida entonces al primer plano de la escena diplomática. Más generalmente, como todas las familias principescas estaban emparentadas, esposas, madres o hermanas eran excelentes intermediarias para los contactos previos. Sus encuentros pasaban por visitas privadas, que podían ser negados en caso de fracaso. Y un patronazgo femenino matizaba las negociaciones con una nueva forma de urbanidad.

Aunque sólo las regencias permitían a las reinas ejercer un verdadero poder político. Solían tenerlo provisionalmente: el rey, al partir a la guerra, optaba a menudo por delegar en su madre o en su esposa el tratamiento de lo que llamaríamos los asuntos corrientes. Pero, si era hecho prisionero, por ejemplo, y si ese poder provisional se prolongaba, incumbía a una mujer arreglar la situación: Luisa de

Saboya lo hizo honrosamente. Pero a veces lo que estaba en juego era mucho más importante: ¿quién gobernaría en nombre de un rey niño?

La legislación misógina tenía en Francia una laguna: ninguna ley fijaba la atribución de la regencia en caso de minoría de edad. Difícil empero negar a una madre la tutela de su hijo menor, admitida por el derecho público. ¿Pero una reina madre podía pretender ejercer la plenitud del poder, incluso en sus atribuciones militares? Los príncipes de la sangre* reclamaban que fuera la regencia pura y simple, y al menos un reparto del poder que les dejara, bajo el nombre de teniente general del reino, el mando del ejército. Sólidos precedentes, especialmente el de Blanca de Castilla, abogaban por la regencia de las reinas. Empero Catalina de Médicis debió luchar firmemente para obtenerla.

Paradójicamente, no era al tener una reina madre el título de regente cuando ella podía más; era cuando su hijo, declarado mayor pero todavía niño, la dejaba gobernar en su lugar. A pesar de que nuestros antepasados eran más precoces que nosotros, un rey de trece años† era incapaz de dirigir su país. Siempre que estuviera segura de contar con su aval, era pues su madre quien, fuera de todo control, poseía el poder real. El reinado efectivo de Catalina de Médicis superó ampliamente los dos años y medio durante los cuales fue legalmente regente junto a Carlos IX: se prolongó casi hasta su muerte.

Pero, de todos modos, aunque una mujer fuera superior a la mayoría de los hombres por su capacidad para gobernar, estaba en desventaja por el solo hecho de ser mujer. Se le atribuían las presuntas debilidades de su sexo y se actuaba en consecuencia: ella nunca sería obedecida como lo sería un rey. Además, una regente, una reina madre, no ejercía más que una autoridad delegada, mediata. Decidía en nombre de un hijo que siempre podía deshacer lo que ella había hecho: en la menor fisura entre ella y él se precipitaban los opositores. Casi siempre se le negaban los medios de una política continua-

---

* Así se llamaba a todos los príncipes emparentados con el rey, aun de manera muy lejana, por cuyas venas corría sangre de San Luis.

† A fin de acortar las regencias, que con toda razón pasaban por alentar las rebeliones feudales, Carlos V adelantó la mayoría de edad de los reyes. El término fijado por los edictos era al principio de *catorce* años, que más tarde se interpretó como la entrada en el decimocuarto año, es decir *trece* años cumplidos.

da. Buena parte de su tarea se asemejaba al trabajo de Sísifo, por recomenzar cada día. A tal punto es verdad que toda acción política eficaz reposaba ante todo en la cohesión y en la confianza.

Tal era a grandes rasgos el marco en el cual se desarrollaba la vida de las reinas de Francia en el siglo XVI. Fueron diez, cinco —o cinco y media— para el primer volumen, y otras tantas para el segundo, extremadamente diferentes las unas de las otras. Sus "reinados", que iban desde los tres meses al medio siglo, si tomamos en cuenta todo el tiempo pasado por Catalina de Médicis en la corte de Francia, ilustraban de maravilla los diversos destinos que podían ofrecerse a ellas. Pasividad dócil, resignación cristiana, combatividad, rebelión, ambición y voluntad de poder: cada una abordaba con su personalidad y sus recursos propios situaciones muy variadas. El relato de lo que alternativamente vivieron dirá más acerca de la condición de reina que todos los análisis.

Capítulo Uno

Las bodas de la flor de lis con el armiño

La historia de las reinas del siglo XVI comienza, como debe ser, con bodas. En 1491, el soberano de la flor de lis, Carlos VIII, se casaba con la pequeña duquesa Ana de Bretaña, cuyo escudo estaba sembrado de armiños. Operación de política territorial típica de esa época en la que el rey de Francia, siempre amenazado por los grandes señores feudales, sus vecinos, trataba de protegerse mediante anexiones. El padre del joven rey, Luis XI, espíritu práctico, realista y poco aventurero, prefería las alianzas matrimoniales a la guerra y, desde tiempo atrás, tejía su tela para apoderarse por interpósita heredera, de Borgoña y de Bretaña. Anhelaba preferentemente las posesiones borgoñonas, pero murió antes de cosechar el fruto de sus cálculos. Su viva misoginia no le había impedido confiar a su hija, Ana de Beaujeu, el cuidado de velar por el reino. Ella, llegado el momento, habría de elegir Bretaña.

Los cálculos de Luis XI

En cuanto al papel de las mujeres junto al rey de Francia, Luis XI obedecía a una doctrina simple y clara: cuanto menos interviniera en los asuntos del territorio, mejor sería. Estaba convencido de ello. Sus prevenciones valían tanto para las esposas como para las amantes. Consagradas respectivamente a la procreación y al placer, unas y otras debían permanecer en la sombra y el silencio.

Conservaba un mal recuerdo del matrimonio que su padre le había impuesto cuando él era todavía adolescente. Margarita, una encantadora y frágil muñeca, hija del rey poeta Jacobo I de Escocia, cantaba y bailaba maravillosamente, sabía rimar un poema casi tan bien como su padre y sólo pensaba en exhibir en las fiestas de la corte oro, pieles y piedras preciosas. Bebía vinagre, se hartaba de manzanas verdes y ajustaba fuertemente los lazos de su corsé, en la esperanza de evitar las maternidades, por las que sentía un agudo temor. Halagada por la admiración de los cortesanos, mimada por Carlos VII al que alegraba con su gracia juvenil, tomó partido por su suegro en contra de su propio esposo y se negó a acompañar al Delfinado al hijo rebelde. El futuro Luis XI, liberado por su muerte prematura, eligió a una sólida saboyana, poco atractiva pero llena de virtudes, y la desposó a despecho de la oposición paterna. Una vez rey, la instaló en el castillo de Amboise, donde la visitaba periódicamente a fin de asegurar su descendencia. Ella llevó allí, en compañía de su séquito, una vida recoleta de la que la historia retuvo poca cosa. Menos aún sabemos de las amantes del prudente monarca, a las que elegía discretas y de las que pronto decidió prescindir.

La política era seguramente cosa de hombres y Francia había estado bien inspirada al adoptar la ley sálica. La corona pasaba de varón a varón, según reglas cuidadosamente establecidas. Francia no corría el riesgo de ser anexionada, por los azares de una boda, al territorio de un soberano extranjero, ni de ser reivindicada por los descendientes de una rama femenina, como había ocurrido en la guerra de los Cien Años. Una norma indiscutida equivalía además a evitar muchos entredichos y guerras.

Sin embargo Luis XI, víctima de varias dolencias graves y sintiéndose condenado a morir, estaba preocupado. De los hijos que le diera Carlota de Saboya sobrevivían tres: dos hijas y un hijo. Era más de lo que tenían algunos de sus vecinos. Pero solía ocurrir que la naturaleza se equivocara en la atribución de los sexos. De los tres, él se reconocía en la que había heredado su inteligencia, su fuerza, su voluntad, su lucidez sin defectos: su hija mayor, su preferida, Ana, su "verdadera imagen". ¡Lástima que no hubiera sido varón! Habría encontrado en ella el sucesor esperado.

¿Y el delfín Carlos? No sabía qué pensar de él. Era un niño enclenque, de miembros delgados, frecuentemente enfermo, del que todos se preguntaban si se decidiría a crecer. Había sido educado en Amboise, al abrigo de las miasmas y de los accidentes. La preocupación por desarrollar su cuerpo con ejercicios físicos, equitación, caza, pelota, apenas compensaba el carácter cerrado de esa educación al margen del mundo, dentro de una burbuja que excluía lo imprevisto, el azar, el peligro. No sabía de la vida más que lo que decían los libros, las novelas de caballería sobre todo, que consumía con avidez.

Luis XI apenas lo conocía. Decidió de pronto ir a visitarlo, el 21 de septiembre de 1482, con gran despliegue de solemnidad.

Curioso encuentro, enfrentamiento helado entre el anciano monarca, ansioso por no dejar que su obra desapareciera con él, y un niño intimidado, llamado a comparecer como ante un juez. Examen de aprobación, prueba de entronización, de la que el alumno, debidamente adiestrado por sus preceptores, no salió demasiado mal. Luis XI no pedía más que creer en las aptitudes de su retoño. Pero tenía dudas. La entrevista apuntaba visiblemente a impresionar al muchacho y a atraerlo. El rey se entregó a una larga exposición política, e invitó al pequeño Carlos a suscribirla, para continuar así la acción de su padre. Su conversación, consignada por escrito y publicada, parece un testamento: todo el reino era tomado como testigo de los compromisos del delfín. Y, para mayor seguridad, el viejo zorro se aprestaba a encontrarle una esposa, cosa que se concretaría en el mes de diciembre. Volveremos sobre el particular.

A su muerte, el 30 de agosto de 1483, Luis XI dejaba tras de sí una heredad en paz. Había puesto término a las reivindicaciones de los ingleses, que no se consolaban de haber sido expulsados de Francia; había abatido, por aliados interpuestos, a su enemigo más temible, Carlos el Temerario, duque de Borgoña; había domeñado a los grandes señores feudales indisciplinados; había agrandado el dominio real. El país era próspero y la autoridad monárquica estaba bien cimentada.

Aunque Carlos, de trece años de edad, era considerado todavía como menor, Luis XI prefirió eludir la instauración oficial de una regencia, que habría provocado dificultades. El sólo confiaba en su hija Ana, a la que consideraba "la mujer menos loca de Francia". Pero esto no era más que una atenuación retórica, pues él sabía que "no había ejemplo en la historia de Francia de que se confiara la regencia a una joven princesa en detrimento de su madre". Se contentó pues con una delegación verbal del poder. Había que esperar menos de un año. El tiempo trabajaba en favor de Ana; la naturaleza también: la reina Carlota, que reclamaba la tutela de su hijo, murió cuatro meses después que su real esposo. Una vez proclamada la mayoría, correspondería a la joven actuar con diplomacia para apartar a los grandes señores ambiciosos e imponer a su hermano su autoridad de hecho: un esfuerzo de todos los días, una tarea cada vez más difícil a medida que aumentara en Carlos el deseo de emanciparse.

La habilidad de Ana y de su marido, Pedro de Beaujeu, no valía lo que la autoridad de un rey en ejercicio pleno, inteligente y firme. Un adolescente en el trono, halagado por su entorno, estaría tentado de rebelarse contra la tutela regañona de su imperativa hermana mayor. Un primer príncipe de la sangre, Luis de Orleáns, primo del rey y, en ausencia de otro descendiente varón de Luis XI, heredero designado de la corona, buscaría inmiscuirse en el gobierno de un reino susceptible de corresponderle un día. Esas circunstancias eran propicias para alentar las esperanzas de los grandes señores feudales e incitarlos a la agitación.

La heredera de Bretaña

El más temible de todos era Francisco II, duque de Bretaña, a quien pesaba su condición de vasallo del rey de Francia. Poseía un vasto dominio aislado en el extremo oeste del país, ampliamente abierto al mar, y cuya singularidad se acentuaba por las diferencias de raza y de idioma. Sus habitantes se sentían más cerca de sus hermanos del otro lado del Canal de la Mancha: la Bretaña a secas aspiraba a la Gran Bretaña.

Desde 1465, Francisco II no había cesado de guerrear contra Luis XI, aliándose con sus enemigos ingleses, borgoñones y austríacos, ofreciendo sus territorios como base de repliegue a todos los revoltosos. Una larga sucesión de reveses no lo hizo más prudente. El acceso al trono de Carlos VIII despertó sus deseos de independencia. En la primavera de 1487 recibió a Luis de Orleáns, y ambos elaboraron un proyecto de tratado con el emperador de Austria. Los cronistas de la época llamaron "guerra loca" a esa absurda aventura. El imperial aliado se hallaba lejos, los barones bretones, divididos, pasaban sin cesar de un bando al otro, las tropas conquistaban, perdían y reconquistaban las plazas fuertes, asolando todas las provincias del oeste. La muy sangrienta batalla de Saint-Aubain-du-Cormier, el 28 de julio de 1488, procuró al rey de Francia gran cantidad de prisioneros, entre ellos su propio primo, Luis de Orleáns, y obligó al duque a tratar. El vencido volvía a la obediencia; se comprometía sobre todo a no casar a sus hijas sin el acuerdo del rey, y entregaba en garantía cuatro fortalezas. Murió de pena seis semanas más tarde.

Era viudo. Sólo dejaba dos hijas, Ana, de once años, e Isabel, de siete.* La ley sálica no era válida en Bretaña. La hija mayor tenía pleno derecho a heredar el ducado. Así lo comprendieron los bretones que, negando al rey de Francia la tutela de las dos niñas, se apresuraron, el 10 de febrero de 1489, a proclamar a Ana duquesa de Bretaña en solemne ceremonia. Ella encarnaba mejor que nadie el blanco armiño emblemático de ese territorio. Con la mano de la niña, quien se casara con ella obtendría el ducado. Como es de suponer, no faltaron pretendientes.

Bretaña estaba exangüe, arruinada por esa guerra que no terminaba. Saltaba a la vista una solución simple: bastaba casar a Ana con Carlos. Algunos lo pensaban desde hacía tiempo, y la sugerencia gozó incluso de un portavoz fuera de lo común.

En una capilla escondida en el fondo de un parque de Plessislès-Tours, Luis XI había instalado a Francisco de Paula, un ilustre ermitaño al que convenció, no sin trabajo, de que dejara su Calabria natal. El santo hombre no había respondido del todo a las esperanzas del monarca moribundo: se declaró incapaz de prolongar su vida. Pero le aportó un poderoso consuelo espiritual. Permaneció en el lugar después de la desaparición de su protector, gozando de un prestigio realzado más todavía por el don de profecía. Ahora bien, en julio, antes de la muerte del duque de Bretaña, se había encerrado tres semanas en su celda, ayunando y orando por el rey y por la paz. Y había reaparecido anunciando que Carlos desposaría a Ana. Lamentable-

---

* Isabel habría de morir muy pronto, en 1490.

mente, agregaba, ese desenlace ocurriría "demasiado tarde": muchos desdichados sucumbirían hasta entonces. Trató pues de desmentir el segundo punto de su predicción, y delegó hacia ambas partes a dos de sus monjes, hermanos menores, para intentar acortar el plazo.

Fue en vano. Tropezó con una doble negativa, pues aquello parecía imposible. Los dos presuntos esposos estaban comprometidos, casi casados, cada uno por su lado.

"La pequeña reina"

La idea de una boda con una heredera es vieja como el mundo. Y hemos dicho que Luis XI ya había pensado en negociar la mano del delfín. Hubo un proyecto inglés, de pura forma, que nunca pensó en llevar a cabo: la hija de Eduardo IV, la pequeña Isabel, no aportaba nada de valor. Y quién sabe si un día los ingleses no esgrimirían esa alianza, a despecho de la ley sálica, para reafirmar sus presuntos derechos a la corona de Francia. No, Luis XI no quería eso. Se guardó muy bien de hacer ir a la niña a Francia, como lo estipulaba el contrato de compromiso. Se limitó a alimentar las esperanzas y la vanidad de un aliado receloso.

Codiciaba en cambio la heredad de la Borgoña, que se le escapó una primera vez.

Al día siguiente de la batalla bajo los muros de Nancy, en enero de 1477, se había encontrado en un estanque helado el cadáver del Temerario desnudo, con el cráneo partido de lado a lado. Se le reconoció únicamente por la falta de los incisivos superiores, perdidos en la guerra, y por sus uñas, que dejaba crecer como garras. Sólo tenía una hija: María.

De la larga franja de sus posesiones que, entre Francia y Alemania, unía el Mar del Norte con los Alpes, Luis XI comenzó por apropiarse de todo lo que pudo. Borgoña aceptó de bastante buen grado su anexión a Francia. Pero el Franco Condado la eludió y Artois intentó resistir: "Cuando los ratones se coman a los gatos, el rey será señor de Arras", cantaban en las calles de la ciudad. En cuanto a Flandes, se sublevó.

Luis XI sólo aguardaba una ocasión propicia para solicitar la mano de María en favor de su hijo. La joven ya tenía catorce años y el delfín estaba aún en pañales cuando se le hizo la oferta al Temerario, que la desechó con desprecio. Después de la muerte de este, la heredera no dio tiempo a su viejo enemigo para nuevas proposiciones. Se consideró autorizada por los proyectos paternos para elegir un pretendiente de su edad, Maximiliano de Habsburgo, hijo del emperador Federico III, que prometía una poderosa ayuda militar contra Francia.

Luis XI, paciente, sabía esperar. Unos años más tarde recuperó la ocasión perdida, en una forma menos ventajosa. La duquesa María de Borgoña murió a su vez en 1482, a los veintisiete años, a raíz de una caída de caballo. Había tenido tiempo de dar a Maximiliano dos hijos, Felipe, nacido en Brujas en 1478, y Margarita, nacida en Bruselas en 1480.

Los flamencos, muy apegados a su duquesa, no se sentían en absoluto obligados hacia el monarca austríaco. Temían su carácter belicoso: la guerra perjudicaba al artesanado y sobre todo al comercio, de los que vivían sus opulentas ciudades. Negociaron pues con Luis XI, el 23 de diciembre de 1482, el tratado de Arras. La paz firmada entre Francia y las ciudades de Flandes estaba garantizada por la unión del delfín Carlos y de la pequeña Margarita, que le aportaba como dote Artois y el Franco Condado. A Maximiliano no se le pidió opinión.

Más valía pájaro en mano: el tratado estipulaba que la niña fuera llevada de inmediato a Francia para ser educada en el país que más adelante sería el suyo. Los embajadores flamencos pronunciaron el juramento requerido en las formalidades. La pequeña historia pretende que Luis XI, que llevaba en cabestrillo su brazo derecho paralizado por la artritis, sólo tocó el Libro Santo con el codo o con la mano izquierda. ¿Presagio de mal augurio? ¿Astuto medio de preparar una excusa acusando al juramento de nulidad? Quién sabe...

En lo sucesivo, Francia trató a la niña como a una reina.

Llegó a París el 2 de junio de 1483, conducida por Ana de Beaujeu. En la puerta de Saint-Denis se había levantado un andamiaje simbólico de tres pisos. En lo más alto, como correspondía, figuraba el rey Luis XI. Debajo, "dos bellos niños", varón y mujer, representaban al delfín y a su futura esposa. Abajo de todo figuraban la pareja Beaujeu y cuatro personajes encarnando al trabajo, al clero, a los mercaderes y a la nobleza, es decir los diversos Estados del reino. En el trayecto del cortejo, colgaban en las calles tapices rutilantes y, en señal de regocijo, se abrieron las puertas de algunas prisiones.

En Amboise, se celebraron más festejos. Para recibirla, el domingo 22 de junio, el rey se molestó en ir hasta allí. Convocó a representantes de sus buenas ciudades e invitó a los burgueses, contenidos por los arqueros detrás de las barreras de madera, a aclamar a la niña reina. Se la condujo a la capilla del castillo, donde tuvo lugar la ceremonia de la "boda": ¡ella tenía tres años! Por supuesto, era imposible basarse en su consentimiento. Y para la consumación del matrimonio, habría que esperar bastante tiempo. Luis XI había especificado claramente que el compromiso, así consagrado por la Iglesia, no sería irrevocable hasta que ella tuviese doce años. Se guardaba una puerta de escape —por las dudas— sabiendo que no corría ningún riesgo por parte de sus nuevos aliados, pues conservaba a la niña entre sus manos.

Era más que un compromiso, pero menos que una boda. Era un contrato del que sólo Francia poseía la llave. Reina delfina titular, la pequeña Margarita era, de hecho, un rehén. Pero hay que olvidar, al pronunciar esta palabra, buena parte de lo que nuestra sensibilidad contemporánea le atribuye.

No era una práctica excepcional, todo lo contrario, educar a una princesa extranjera en el país donde estaba llamada a reinar. Transplante por transplante, era preferible que este ocurriera temprano, a una edad en que la niña, más capaz de adaptarse, sufriría menos el desarraigo de su medio de origen. En plena adolescencia, la ruptura podía ser más dolorosa. Las exigencias, primordiales, de la política no estaban necesariamente en desacuerdo con la humanidad.

El caso de Margarita es una prueba: se aclimató admirablemente a la corte de Francia y allí fue muy feliz. Al principio, al menos. Como futura reina, tenía su "casa", sus damas de honor, amigas de su edad. Muy pronto sedujo a todo el mundo. Era una chiquilla exquisita, llena de gracia y sensibilidad, que prometía ser alta y bella. En su joven rostro, el labio prominente de los Habsburgo adquiría la apariencia de una mueca encantadora. Cualidades más raras aún: a una inteligencia fuera de lo común, sumaba una madurez excepcional.

Algo imprevisto en un "matrimonio" así arreglado, Carlos la amó, como niño que era él también, especie de hermano mayor protector y tierno. Una vez rey, lejos de pensar en sustraerse a los compromisos tomados por su padre en su nombre, renovó libremente, en privado, su promesa de desposarla de verdad llegado el momento. Se dejó tratar de yerno por Maximiliano en los acuerdos de Francfort en octubre de 1489, que lo asociaban oficialmente a "su mujer y esposa". Se plegaba a los deseos de la chiquilla, conmovido, desarmado por la ingenua franqueza de sus palabras. Ella quería acompañarlo a todas partes y él cedía, vencido por su sonrisa o sus lágrimas.

Pronto llegaron a ella los rumores del proyecto bretón, se preocupó, se indignó. ¡Tenía ocho años! "Después de abrazarlo y besarlo llorando, le dijo que sabía que él se iba a Bretaña a casarse con otra mujer. A lo que el rey le respondió que su difunto padre le había prometido a ella como mujer y que tuviese la seguridad de que mientras él viviera no tendría otra." Ella pidió pruebas, exigió acompañarlo: "¡Llevadme entonces con vos!" Fue necesaria la insistencia del Consejo para que se le prohibiese salir de Plessis-lès-Tours. Es verdad que en esa primavera de 1488 partían a Bretaña con equipo de guerra.

Siguió todavía a su "esposo" al Verger, cerca de Angers, en septiembre de 1490, luego a Moulins, a casa de los Beaujeu, en octubre, y en un viaje al este del Macizo Central y al Delfinado, antes de regresar a pasar las fiestas en el Borbonesado. Allí la aguardaba un bellísimo regalo de Navidad: el anuncio de la boda de Ana de Bretaña con Maximiliano, su propio padre. La niña que todos llamaban "la pequeña reina" o simplemente "la reina", pudo creerse segura en el futuro.

Las desventuras de la duquesa Ana

Desde la derrota y la muerte de su padre, la heredera de Bretaña se debatía con vehemencia tratando de no someterse. Para resistir a Francia, ¿qué otro medio que ofrecer, con su mano, el ducado a quien quisiera asumir su defensa, como en los cuentos y leyendas? El duque Francisco ya había pensado en ello y, acorralado, había actuado a la ligera multiplicando las promesas. Pero no todos los pretendientes eran príncipes encantadores, ni mucho menos. El señor Alain de Albret, al que su padre había dado esperanzas —por suerte verbales—, era un viejo soldado viudo, ya con siete hijos, un verdadero patán. ¿Acaso no se introdujo una noche en la habitación de la joven para tratar de poseerla por la fuerza? A los gritos de la chiquilla, sus damas y sus guardias acudieron y sacaron de su cama al violador tirándole del cabello. Ella se salvó por el miedo. Pero bastó para que pudiera revocar —¡esta vez por escrito!— el compromiso adquirido por su padre.

En la fila de los pretendientes se hallaba igualmente el vizconde de Rohan, quien, después de haber oscilado largamente entre un bando y otro, estaba ahora del lado del rey de Francia: por lo tanto, ya no resultaba conveniente. El propio primo del rey, Luis de Orleáns —el futuro Luis XII— hubiera sido un partido mejor: pero lamentablemente ya estaba casado, por añadidura con la hermana de Carlos VIII, la pobre Juana, de la que mucho le costaría deshacerse. Los Beaujeu habían contrarrestado sus gestiones en Roma para hacer anular esa unión. Después de tres años de cautiverio, Luis de Orleáns debió prometer a Carlos VIII, que había acudido personalmente a liberarlo, que conservaría a su esposa. Volveremos sobre el particular. Por el momento, no podía pretender a Ana de Bretaña.

Quedaba Maximiliano de Austria, viudo de María de Borgoña, el más poderoso y prestigioso de todos. Acababa precisamente de ser elegido rey de los romanos, lo que lo designaba como sucesor automático de su padre a la cabeza del Imperio.* El duque Francisco II también le había prometido su hija en una carta del 23 de septiembre de 1487, contra la perspectiva de una ayuda militar. Ana estaba orgullosa: le agradaba la idea de ser emperatriz. Creyó en la eficacia de los apoyos anunciados. Se decidió a casarse con él, en diciembre de 1490.

La boda se realizó por poderes, como se hacía a menudo: los viajes eran largos y azarosos en esos tiempos. El feliz elegido no se molestó en viajar. El mariscal de Polheim lo representó en la ceremonia religiosa. Esa misma noche, según la costumbre germánica, la joven fue acostada en su cama y, en presencia de testigos autorizados, el enviado austríaco, sosteniendo en la mano el poder de su amo, se desnudó una pierna y la introdujo un instante en el lecho nupcial:

---

* La corona imperial era electiva. Para intentar transmitirla a sus hijos, los emperadores acostumbraban hacer proceder, mientras vivían, a la elección de su sucesor, que mientras tanto llevaba el título de "rey de los romanos".

toma de posesión simbólica en espera de la consumación efectiva. En adelante, Ana estaba debidamente casada con Maximiliano.

Ella no lo vio jamás.

Esperaba mucho de él: quedó decepcionada. Era un débil, un veleidoso, de medios inferiores a sus ambiciones. Tenía mucho que hacer en su territorio, con sus indóciles vasallos alemanes o húngaros y con la amenaza turca en sus fronteras orientales. Ella no recibió más que algunos lansquenetes que, a pesar del apoyo más eficaz de los corsarios ingleses, no impidieron a sus tropas desbandarse, a sus amigos traicionarla, a su buena ciudad de Nantes cerrarle sus puertas. Es verdad que ella era la niña mimada de Rennes, y las dos ciudades estaban enemistades. La guerra contra Francia estaba perdida. Los diputados de sus Estados, dispuestos a votarle todavía algunos subsidios, le suplicaban poner fin a los padecimientos de sus súbditos casándose con su vencedor. Ella se empecinaba en su negativa, repitiendo que no era libre y que Carlos tampoco lo era. Si se invocaban los vicios formales que afectaban su matrimonio o el hecho de que no se hubiera consumado, ella callaba. Si se le proponían soluciones alternativas en la persona de un gran señor francés o bretón, las rechazaba altivamente. Después de un futuro emperador, sería venir a menos: "Si el rey de los romanos me faltara, ahora no podría casarme más que con un rey o el hijo de un rey". Exceptuando a Juan de Aragón, que no era candidato, prácticamente no quedaba en el mercado europeo más que el rey de Francia. "¿No es suficientemente grande para vos?", le susurraban.

Ella tenía apenas catorce años. Ya sin poder de resistencia, derrotados sus ejércitos y ocupadas sus tierras, reducida al último extremo en la sitiada Rennes, capituló. Consintió en un tratado de paz en el que su mano estaba en juego, y aceptó encontrarse con Carlos.

Compromiso difícil

El rey, tan reticente como ella, se aseguró ante sus consejeros de que el matrimonio austríaco era jurídicamente nulo, y se hizo confirmar en público que el interés del país le exigía cambiar de esposa. Sólo después pidió ver a quien le imponía la razón de Estado.

Se preparó el encuentro en el mayor secreto. Una delegación previa fue a someter a la joven a la inspección prenupcial de rigor que, por más tradicional que fuera, no dejaba de ser desagradable: había que asegurarse de que una futura reina fuera sana y apta para la maternidad. La ligera cojera de Ana preocupaba un poco. Su comparecencia, con el más simple atavío, ante los enviados reales, apaciguó los temores, nos dice el embajador milanés, que no se pregunta cómo soportó ella la exhibición de su desnudez. Es verdad, como se verá a menudo más adelante, que el cuerpo de las reinas de Francia no les pertenecía y que les estaba vedada la intimidad.

Carlos partió hacia Rennes con el pretexto de una peregrinación y se detuvo en los alrededores, cerca del santuario de la Buena Nueva. Ana fue a su encuentro el 15 de octubre. Se veían por primera vez.

Ella era bajita y debilucha. Cojeaba un poco, pero su zapato, levantado por una plataforma, disimulaba el defecto. Poseía un rostro bastante bello. Más tarde, la crónica se extasiará en la fineza de sus rasgos y en la elegancia de su talle. Pero ese día, mediocremente vestida, fatigada por las pruebas, muerta de ansiedad y molesta por su derrota, no presentaba su mejor aspecto. Carlos la encontró fea: "De primera intención, ella no le gustó demasiado". ¿Cómo lo encontró ella? Nadie se tomó el trabajo de informarse.

El no tenía nada de Adonis. De baja estatura, la cara asimétrica afeada por una nariz aguileña demasiado larga, carecía singularmente de prestancia y de encanto. Bien es cierto que a los veinte años cumplidos, podía alardear de numerosos éxitos femeninos, aunque el brillo de la corona cubre fácilmente los peores defectos físicos. Por más que hayan dicho sus biógrafos, no era seductor. Pero, salvo accesos de cólera, se le sabía delicado y bueno. Presa él mismo de aprensiones y de escrúpulos, podía comprender los de Ana y perdonarle sus reticencias.

Lo esencial es que entre ellos no surgió ningún rechazo mayor. Tuvieron una segunda entrevista y enseguida se celebró el compromiso el 17 de noviembre, en la misma capilla, en presencia de cinco o seis testigos silenciosos. Sus destinos estaban unidos. Carlos retomó el camino del Val de Loire para preparar la boda.

Había un espinoso paso previo: ambos futuros esposos debían romper oficialmente sus compromisos anteriores.

La tarea más difícil correspondía a Carlos.

El 25 de noviembre, se decidió a enfrentarse a Margarita. Fue a verla en Anjou, en el castillo de Baugé. *Invitus invitam...* Lloró como antaño el emperador Tito, como más tarde su lejano sucesor Luis XIV. "Con lágrimas en los ojos y lleno de dolor por el remordimiento de su conciencia", le habló de su disgusto y le dijo que la amaba con todo su corazón. Invocó el interés del reino y el deseo de complacer al padre de ella, Maximiliano, que fingía reclamarla. Y detrás de esas excusas, se presentía la mano de la cancillería de ambas cortes tratando de salvar las apariencias, de disfrazar de restitución honorable lo que no era en verdad más que un repudio.

Ella dio prueba entonces de una dignidad, de una grandeza y de una sabiduría apenas creíble en una niña de once años y medio. Con "un alto coraje viril", "una muy prudente audacia nada femenina" rechazó los falsos pretextos. Declaró que una ruptura de compromiso que provocaba "despecho y vergüenza" era necesariamente penosa. Y ella la sentía como una ofensa. Pero, añadía, nadie podría acusarla nunca de haber merecido esa afrenta por una falta cualquiera o por haberlo disgustado: "Sólo sobre él recaerían los reproches". Príncipes y princesas asistentes a la escena rivalizaban en emoción, vertiendo lágrimas y lanzando suspiros por la "tan dolorosa separación"* de esos dos amantes. El viril Dunois, valiente guerrero, se impacientaba ante esos melindres sentimentales, en castigo de lo cual, según se dice, el destino quiso que se matara al caer del caballo una hora más tarde.

Quedaba Maximiliano, dos veces el peor parado de la boda, ya que al mismo tiempo le quitaban a su "esposa" y le devolvían a su hija, repudiada. El se hallaba lejos. Nadie fue a informarle de lo que se tramaba. Se decidió ponerlo ante los hechos consumados.

Lo más urgente era obtener la aprobación pontificia. No se pidió al papa la anulación del matrimonio de Ana. Para eso bastaban

---

* *Si dolente départie.*

los juristas franceses, invocando vicios de forma, la oposición del padre de la interesada, el hecho de que el rey de Francia no había sido consultado a pesar de lo estipulado en el tratado de Verger, y, naturalmente, la no consumación. Se supuso, pues, resuelto el problema. Se solicitó únicamente una dispensa para la nueva unión, en razón del parentesco de ambos esposos, doblemente parientes en cuarto grado. Pero era evidente que, al conceder esa dispensa, Roma confirmaría a los ojos de toda la cristiandad la nulidad del matrimonio precedente. Si se actuaba con rapidez tal vez podrían anticiparse a Maximiliano y prevenir la oposición que este no dejaría de presentar ante la Santa Sede. Los emisarios reales fueron diligentes: vieron al papa el 5 de diciembre, víspera del día previsto para la celebración. Si este consentía en anticipar la fecha de la dispensa, o al menos en fecharla ese mismo día, estarían a salvo de toda impugnación.

Ya advertido, Maximiliano, contraatacaba. Para salvar las apariencias negaba la afrenta, pretendía no haberse casado con Ana más que para inquietar a Francia a fin de recuperar a su hija, cuya dote él no deseaba ver pasar a manos enemigas. Pero se sabía que estaba furioso. Entre las eventualidades de un plazo prolongado, a merced del menor golpe de autoridad, y el inconveniente de una boda precipitada, los consejeros del rey no vacilaron: optaron por una celebración rápida y discreta del matrimonio. No se arriesgaba demasiado, a lo sumo una penitencia espiritual liviana por haberse anticipado a la dispensa pontificia. Esta jamás había sido negada para un parentesco tan lejano. Por el contrario, un escándalo habría sido desastroso. Se tuvo, pues, cuidado de no proporcionar ningún pretexto que pudiera favorecer la impugnación y se trató de paralizar a los que pudieran ser sus portavoces.

Una boda clandestina

Ignoramos a menudo que la Iglesia trataba de proteger a los individuos contra la omnipotente autoridad paterna. El libre consentimiento de los cónyuges era necesario y suficiente para una boda. En cambio las violencias, ya vinieran del exterior como en un rapto, ya de presiones familiares, provocaban la nulidad. Por consiguiente, no fue por caballerosidad, como se ha dicho, sino para prevenir cualquier imputación de presión, por lo que Carlos VIII cuidó en dejar ostensiblemente a Ana, después de la firma de la paz, en libertad de acción. Se le dijo que podía ir adonde quisiera, incluso a reunirse con su imperial esposo en Viena, llevando a sus servidores: se le proporcionaría una escolta. Si para hacerlo no quería recurrir a los franceses, tenía el recurso de embarcarse en una nave británica y ganar los Países Bajos vía Inglaterra. Los puertos bretones estaban libres.

Pero, por voluntad propia, de acuerdo con el plan elaborado durante el compromiso secreto, al abandonar Rennes el 23 de noviembre ella se dirige al Val de Loire. Ya su séquito tiene mejor aspecto que en las épocas en que recorría los caminos en búsqueda de un asilo: los generosos subsidios concedidos por el rey les han permitido vestirse, a ella y a su séquito. En La Flèche, donde la aguardaba Ana de Beaujeu, encontró algo mejor aún: un suntuoso ajuar de bodas y un vestido recamado en oro orlado de pieles preciosas.

Para la celebración de la boda, se eligió una fortaleza. En el paraje de Langeais, situado en una cornisa rocosa que domina la margen izquierda del Loire, Luis XI había hecho construir un castillo inexpugnable. Era como para desalentar a Maximiliano, en el caso de que hubiese intentado hacer raptar a su ex esposa. El no lo pensaba en absoluto, pero más valía prevenir que curar. Podía también delegar en algunos de sus hombres para que presentaran oposición durante la ceremonia. Para evitar esa eventualidad, se multiplicaron las medidas disuasivas. Los futuros esposos se dirigieron a Langeais por separado. Ana llegó primero, de improviso. Y se cerraron detrás de ella todos los accesos terrestres. Carlos se le reunió más discretamente aún, en la noche del 5 al 6 de diciembre, tres horas antes del amanecer, por vía fluvial, acompañado por un séquito reducido a su mínima expresión. Y de inmediato el Loire fue cerrado a toda circulación. Los embajadores extranjeros recibieron una invitación —exigencia de protocolo—, pero demasiado tarde para permitirles asistir. Así nadie podría presentarse a proclamar, en respuesta a la ritual demanda de objeciones, que los esposos propuestos ya estaban casados.

La ceremonia tuvo lugar enseguida, al alba del 6 de diciembre, en presencia de algunos grandes señores cuidadosamente escogidos. Asistían igualmente seis burgueses de Rennes, en representación de los Estados de Bretaña que tanto habían bregado por esa reconciliación. El obispo de Angers recibió el consentimiento de los esposos y el de Albi celebró la misa, después de lo cual se pasó a la firma del contrato.

Sus términos habían sido cuidadosamente sopesados por los juristas franceses, formados en la escuela de Luis XI. Se trataba de unir sólidamente Bretaña a Francia. La joven conservaba su título ducal, pero cedía al rey la administración de sus territorios. En un deseo de aparente igualdad, ambos esposos se hacían cesión recíproca de todos sus derechos sobre la provincia en cuestión, pero un juego de cláusulas complejas aseguraba, en la generación siguiente, su unión a Francia. Se habían contemplado varios casos. Si Ana moría primero dejando hijos, estos la heredarían naturalmente. En caso contrario, Bretaña pasaría a pertenecer a Carlos VIII. Ningún testamento ulterior podría anular esta cesión definitiva. Si Carlos moría primero, con hijos, su viuda recuperaría el ducado con carácter vitalicio, acompañado de una cómoda pensión. De todas maneras, la provincia pasaría luego a sus descendientes, por herencia. El riesgo más grave era verlo morir sin hijos. Para impedir a su viuda recuperar Bretaña y aportarla como dote a un nuevo marido, una insólita cláusula estipulaba que estaría obligada a casarse con su sucesor en el trono de Francia, si este último era libre, desde luego. De lo contrario, debería hacerlo con el primer príncipe de la sangre: temible eventualidad cargada de conflictos potenciales, en la que se prefería no pensar.

Tal era la solución encontrada para conciliar los derechos teóricos de Ana sobre su provincia natal con los intereses franceses, y "para evitar que las guerras y siniestros azares que acababan de finalizar no se repitieran". Ella no tenía aún quince años; el rey veintiuno. El problema dinástico no lo era todavía. Todos firmaron sin segundas intenciones, salvo tal vez Luis de Orleáns, el primer príncipe de la sangre, precisamente... Esa misma noche, se llevó a los jóvenes a la cama. Los seis burgueses de Rennes pudieron comprobar a la mañana siguiente que Carlos había cumplido su deber y se fueron a dar buena cuenta de ello a sus conciudadanos. El matrimonio, debidamente consumado, ya era indisoluble.

Los esposos tomaron luego, separadamente, el camino de Tours. La reina vestía un traje de viaje de terciopelo negro desprovisto de adornos. Entró en el castillo de Plessis disimuladamente, rozando las paredes. Para recibirla, su cuñada estaba sola. La hizo pasar por una estrecha poterna secreta y la guió a sus aposentos. Al día siguiente, en la misa, el vestido de la reina destacaba por su modestia frente a los oros y los terciopelos desplegados profusamente para honrarla por las damas de Ana de Beaujeu. Discreción, silencio. La orgullosa bretona entraba al reino de Francia de puntillas.

Pronto se disiparon los temores. Ya el 18 de diciembre, Carlos, tranquilizado, la presentó a su buena ciudad de Tours, que le brindó un recibimiento caluroso. Y en febrero, la condujo a París para ser no solamente coronada en la abadía de Saint-Denis, sino consagrada, lo que era un honor. El buen pueblo de la capital, encantado, se deshizo en alabanzas: "El la hacía ver, pues ella era bella y joven, y llena de tan buenas gracias que era un placer contemplarla". Algo habría alegrado aún más a los parisinos de haberlo sabido: ya estaba encinta.

El adiós a Margarita

Entre dos dotes, Francia había elegido la más ventajosa. Más valía apropiarse de Bretaña que reivindicar al este provincias por cierto más ricas y más apetecibles, pero hostiles: Artois y el Franco Condado preferían la tutela distante del Emperador a una autoridad directa, más pesada. Y además, Margarita no era la única heredera de Borgoña. Tenía un hermano, Felipe el Hermoso, a quien volverían las provincias de su hermana si esta moría sin hijos, según lo indicaba el tratado de Arras. Seguramente él defendería sus derechos. La elección de Bretaña era mucho más prudente.

Pero había que asumir las consecuencias al devolver a la niña, y restituir su dote. Un dolor de cabeza para ciertos consejeros, que recordaban la dura lucha contra el Temerario y temían ver renacer a la poderosa casa de Borgoña: no se debía devolver "ni niña ni niñita, ni villa ni villorrio". Luis XI, recordando oportunamente que su compromiso de Arras no había sido hecho según las formas, había hecho registrar por el parlamento de París su decisión de anexionarse los territorios atribuidos en dote a Margarita aunque el matrimonio no se realizara. Pero, bajo el reinado de su hijo, ya no se recurría a la mala fe. Ahora se tenía espíritu caballeresco, y el anciano almirante Graville no se atrevió a decir palabra sobre ese documento.

Se consintió pues en devolver Artois y el Franco Condado. A decir verdad, el rey nunca había tenido sobre esas provincias más que una autoridad nominal. La restitución no cambiaba demasiado las cosas. Se intentó solamente sacar de esa concesión el máximo de ventajas. Mientras el asunto quedara en suspenso, se disponía de un medio de presión sobre Maximiliano. Este se prodigaba en amenazas, proclamando el doble adulterio, denunciando la "bastardía" de los futuros niños reales de Francia. Se tornaba peligroso. Se conservó pues como rehén a Margarita y su dote, para dar tiempo a que la cólera paterna se agotara en vanas protestas; tiempo también, para ver llegar la aprobación de Roma, en forma de buenas cartas selladas. La ex "pequeña reina" fue arrastrada de castillo en castillo antes de ser instalada por un tiempo en Melun, en junio de 1492, con las damas de su séquito, en honrosas condiciones: Carlos VIII no tenía la conciencia tranquila.

La llegada de la bula pontificia, en julio, fue un alivio para la pareja real. Inocencio VIII, después de titubear ante las exigencias contradictorias del rey de Francia y del rey de los romanos, optó finalmente por el primero, "no sólo —según dijo— porque Francia es más poderosa, sino también porque esta casa siempre ha sido amiga y defensora de la Santa Iglesia". El texto de la bula callaba los compromisos anteriores de Ana y de Carlos. Subrayaba que su boda había sido concertada "para poner fin a las guerras". Los absolvía de la falta cometida al anticiparse a la dispensa y declaraba legítima a su descendencia. Sin embargo, el papa quiso mostrar su independencia, fechando el acta no el 5 de diciembre, víspera de la boda, como se lo habían pedido los embajadores de Francia, sino el 15. Poca cosa, en suma. Los esposos sólo se habían encontrado nueve días fuera del seno de la Iglesia. Salían bien parados.

Por su parte, Maximiliano tomó las armas. ¿Por su hija o por sus provincias? No se sabe. Al mantenerse inciertos los enfrentamientos militares en el Franco Condado y mostrándose remisos los habitantes de los Países Bajos a intensificar la guerra, se cedió la palabra a la diplomacia. En el tratado firmado en Senlis en la primavera de 1493, el hijo de Maximiliano, el archiduque Felipe, de quince años de edad, flamenco y borgoñón más que austríaco, aparecía como heredero de su abuelo, el Temerario. A él deberían regresar, después de un período transitorio, Artois y el Franco Condado.

¿Y Margarita? Ella esperaba, en un castillo muy cercano, que los juristas terminaran su trabajo. Luego fue llevada a la frontera de Cambrésis, que cruzó el 12 de junio, y donde firmó su renuncia a cualquier pretensión a la mano de Carlos VIII. Lloró al separarse de sus amigas francesas, pero el calor del recibimiento que le brindaron Cambrai y Valenciennes la reconfortó. Su padre, indiferente, no estaba allí. Pero encontró a su hermano y a su abuela, cuyo rostro casi había olvidado. Redescubrió un país que no conocía pero que era el suyo y al que amaría con pasión.

De Carlos VIII recibió, en recuerdo de sus amores infantiles, una cadena de oro de gran valor, que aceptó sin duda mucho más gustosa que el adorno para la cabeza que se creyó obligada a enviarle su rival. A su alrededor, ya se pensaba en el futuro. Había que encontrarle un nuevo marido, de rango al menos igual al del precedente. ¡Difícil! Se tomó el tiempo necesario y se le propuso, en 1496, el hijo único de los soberanos españoles, Fernando de Aragón e Isabel de Castilla: el infante heredero Juan. En el barco que la conducía hacia quien acababa de desposar por poderes, soportó una tormenta, creyó morir, y escribió por anticipado su epitafio:

> Aquí yace Margot, la gentil señorita,
> que tuvo dos maridos y sin embargo murió doncella.*

Esa gentil señorita que fanfarroneaba rimando en el peligro, tenía quince años. Sobrevivió, y volveremos a encontrarla.

En cuanto a los beneficiarios de la doble ruptura, algunos escrupulosos temieron por ellos. "Si esos matrimonios fueron así cambiados según la orden de la Iglesia o no, yo me remito a lo que es, escribió, mucho más tarde es verdad, Philippe de Comynes, pero varios doctores en teología me han dicho que no, y varios me han dicho que sí".

Margarita había vivido junto a Carlos VIII durante varios años;

---

* *Ci-gît Margot, la gente demoiselle, qu'eut deux maris et si mourut pucelle.*

por muy niña que fuese, había sido tratada como reina de Francia. Carlos y Ana, cada uno por su lado, habían celebrado solemnes compromisos y los habían violado. El viejo cronista no está lejos de ver, restrospectivamente, la mano de Dios en las desdichas ulteriores de los protagonistas de esta historia.

CAPITULO DOS

El primer reinado de Ana de Bretaña

Carlos VIII y Ana de Bretaña eran jóvenes. Su edad parecía prometerles un largo reinado. Sin embargo, su vida en común sólo duró seis años y medio. Comenzada bajo los auspicios más favorables, después de la expedición a Italia cayó en los pesares y los duelos.

Una unión armoniosa

La joven reina no dejó confidencias sobre su estado anímico frente al esposo que le imponían las armas. Nos vemos pues reducidos a las conjeturas.

Ciertamente, las hijas de las grandes familias no acostumbraban elegir a sus cónyuges y sabían que sus padres decidían por ellas. Pero Ana, huérfana y duquesa reinante, se había podido creer libre cuando optó por Maximiliano. Seguramente le resultó penoso renunciar a esa libertad, y abandonar también la administración de Bretaña. El contrato de matrimonio estaba plagado de cláusulas limitantes, y hasta humillantes para ella: estipulaba su dependencia.

El desenlace se produjo rápidamente. Ella había tenido menos tiempo aún que Carlos para adecuarse psicológicamente a esa unión. Hasta el último momento, ambos imaginaron un futuro diferente. Se abordaban llenos de reticencias y temores, pero conscientes de lo que estaba en juego y decididos a dar prueba de buena voluntad.

Ana, valiente, voluntariosa, madurada por las pruebas precoces, resolvió dejar de lado los rencores y no despreciar el regalo que finalmente le hacía la fortuna. Había sido educada en el odio hacia Carlos VIII. El interesado, visto de cerca, merecía una idea mejor de la que ella se hacía. El la trató con consideración e intentó agradarle. Ella nunca había pensado en un matrimonio de amor, pero, orgullosa, deseaba la grandeza. Su nueva condición ofrecía muchas satisfacciones a su amor propio. Había sido preferida a Margarita, a riesgo de un conflicto. ¿Ella, o Bretaña? Era lo mismo para la joven duquesa. El día de su coronación en Saint-Denis, vio a la dama de Beaujeu, tan encarnizada poco tiempo antes en la lucha contra su padre, caminar detrás de ella llevando la cola de su capa de oro. Y su antiguo pretendiente, Luis de Orleáns, que contaba conseguir gracias a ella un Estado en Bretaña, sostenía ese día sobre su cabeza la corona de Francia, tan pesada. Se la festejaba, se la honraba. Era la reina del país más poderoso de Europa. Hermosa revancha para la fugitiva que recorría los caminos en busca de un asilo.

Después de la guerra, del miedo, de la traición, de las arcas vacías y de los vasallos desbandados, pudo respirar al fin. Reencontró junto a Carlos seguridad y consideración, y se lo agradecía. Le gustaba el Val de Loire, lugar de residencia predilecto de los reyes de Francia; estaba más cerca de Bretaña, a la que seguía atado su corazón, que las orillas del Danubio. Ana era una bretona del interior; sus ciudades preferidas eran Rennes primero, y Nantes después. El Val de Loire se parecía a esta última: la misma suavidad del aire, el mismo clima cambiante, la misma variedad en los paisajes, el mismo río nutricio a pocas leguas más arriba. Medida, equilibrio, armonía: en Plessis-lès-Tours, en Amboise, no se sentía desarraigada. Ni siquiera en París o en Lyon, en ese reino a escala humana.

Ana era bastante inteligente y sabia para comprender que esa boda le ofrecía inestimables ventajas.

¿Encontró también el amor, contra todo lo esperado? A los historiadores les han encantado durante mucho tiempo las historias sentimentales en las alcobas reales y, bajo la pluma de algunos, solemos leer hoy que ella estuvo muy enamorada de Carlos VIII. Habría que saber qué se entendía por eso.

Los soberanos tenían aposentos diferentes y normalmente habitaciones separadas. Cuando el rey iba por la noche a visitar a la reina, toda la corte lo sabía. Fueron notadas las asiduidades de Carlos junto a su joven esposa, y el embajador veneciano anotaba crudamente: "La reina desea al rey de forma desmedida, a tal punto que, desde que es su mujer, fueron pocas las noches en que ella no durmió con él". ¿Acuerdo sexual súbitamente descubierto? Es posible entre seres jóvenes de temperamento vigoroso. Pero Carlos no era novato en la materia, pues tenía una larga experiencia de aventuras nocturnas en galante compañía. Así pues los cortesanos vieron más bien, en la atracción que Ana ejercía sobre su marido, el efecto de una estrategia deliberada. Ella estaba celosa. Quería retenerlo e intentó derrotar en su propio terreno a eventuales rivales. Una apuesta muy arriesgada.

Digámoslo enseguida: en ese juego, ella no obtuvo más que una victoria a medias. Evitó la entronización de una amante titular, como Inés Sorel, a la que Carlos VII instaló junto a él. Ella no compartió oficialmente a su esposo con ninguna otra, lo que ya era mucho. Pero no le impidió volver muy pronto a sus costumbres de borracheras y comilonas junto a mujeres fáciles, ni sucumbir al encanto de las bellas italianas que las ciudades por donde pasaba le arrojaran a los brazos. El rey "amaba su placer", todas las formas de placer. Casi no ponía sentimientos en ello y olvidaba rápidamente a sus múltiples compañeras. Nada de hijos naturales educados junto a él a la vista y a sabiendas de todos. Nada de intrigas bajo las cortinas de los castillos. Era fuera donde el rey se desenfrenaba. Ana supervisaba con despiadada mirada el buen comportamiento de su "casa".

¿Sus armas? Tenía encanto. Lo sabía y se aprovechaba. No poseía gran belleza, con su baja estatura, su nariz demasiado grande, su cojera. Pero sabía sacar partido de otras ventajas físicas. Se vestía con gusto, sin ostentación. Le agradaba llevar el traje bretón, cuya cofia negra favorecía su cutis, sobre todo cuando en ella brillaban algunos diamantes. Le complacía agradar y sabía cómo hacerlo, fingir fragilidad, mezclar risas y lágrimas, suplicar, exigir cuando hacía falta. Obstinada, volvía a la carga, vencía las resistencias, bastante hábil para no pedir lo imposible, pero ocupando todo el terreno que se le concedía. Era de esas mujeres ante quienes se cede por cansancio, a quienes se miente por cobardía, y que logran ejercer sobre los maridos infieles, actuando sobre su mala conciencia, una influencia considerable.

Con Carlos VIII, casi no tuvo tiempo de afinar sus talentos, y sólo pudo ejercerlos en el ámbito de la vida privada. Las ocasiones de enfrentamiento entre ellos fueron raras y —¿fruto de las prudentes medidas de la dama de Beaujeu?— ella tuvo pocos pretextos para intervenir en política. A lo sumo, alivió la miseria de algunos hidalgos bretones procurándoles empleos junto al rey. Pero no era a ella a quien se confiaban los asuntos de Estado cuando este se alejaba del reino.

Además, ¿habría sido capaz de hacer frente a esa tarea? Todas sus fuerzas estaban absorbidas por las maternidades.

Maternidades

¿Es indispensable buscar explicaciones psicológicas complicadas a la reiterada presencia de Carlos en el lecho conyugal al comienzo de su matrimonio? Ambos desean apasionadamente un hijo, lo antes posible. El, para asegurar la continuidad de su raza en el trono; ella, para fortalecer su posición, por sentido del deber y —¿por qué no?— por instinto maternal. Hicieron todo lo necesario para lograrlo.

La fuerza y la debilidad de una reina consistían en ser el receptáculo de las esperanzas dinásticas. Encinta, era objeto de todas las consideraciones. Pero era evidente también que una vez asegurado el embarazo, el rey se sentía más libre para buscar su placer fuera. No obstante, la influencia que ella ejercía entonces sobre él, no era menos fuerte por cambiar de índole.

Carlos se superó en el papel de futuro padre.

Ana permaneció durante la mayor parte de su embarazo en París, evitando las fatigas y los desplazamientos inútiles, limitándose a asistir como espectadora a las justas cortesanas que oponían amistosamente a los turbulentos señores de la corte. Su esposo la rodeaba solícitamente de atenciones. Un rey sin heredero no era libre en sus opciones políticas. No podía alejarse y correr peligros lejos sin arriesgarse a sumir al país en la anarquía por su desaparición. Tenía las manos atadas. También Europa estaba pendiente del plazo anunciado. Los embajadores extranjeros venían en busca de noticias, con el pretexto de presentar sus felicitaciones. Si era un varón, quizá Carlos emprendería los grandes proyectos que acariciaba desde hace tiempo. ¿Y si era una niña? Se impondría una postergación.

Fue un varón.

El nacimiento del delfín se rodeó de una leyenda complacientemente orquestada. Ana había ido a Plessis, donde todo estaba dispuesto para el alumbramiento. El trabajo de parto comenzó en la noche del 9 al 10 de octubre de 1492. Junto a ella, Carlos se agitaba, enloquecía, se exasperaba contra los médicos. Su piedad lo movía a solicitar la ayuda espiritual de Francisco de Paula, el mismo que predijo su boda. El "buen hombre" —como se decía entonces porque era muy anciano, sin ningún matiz de familiaridad peyorativa— comenzó a orar y luego declaró al enviado real: "Corre hacia tu rey y dile que esta mañana, al alba, le nacerá un hijo, *cui nomen erit Orlandus* —cuyo nombre será Orlando—." Y, en efecto, a las cuatro de la mañana, Ana daba a luz a un varón bien formado, perfectamente viable. Faltaba seguir, para bautizarlo, las sugerencias del anciano ermitaño.

¿Orlando? Curioso nombre para un futuro rey de Francia. Ningún antepasado lo había llevado. Ni siquiera era un nombre francés: *Orlando* es la forma italiana de Rolando. Sin duda alguna el ermitaño calabrés pensaba en el valiente compañero de Carlomagno pero, como todos sus compatriotas, lo asociaba mentalmente no a la derrota de Roncesvalles, sino a los combates victoriosos en Aspromonte. Ese *Orlando*, que Ariosto nos pintaría algo más tarde *furioso* —es decir loco—, era el más popular de los héroes de la lucha contra los sarracenos en Italia del sur. Semejante nombre era casi una promesa: hacía del niño un futuro campeón de la cristiandad.

Mientras tanto, los dos padrinos designados, Pedro de Borbón y Luis de Orleáns, ponían mala cara, tomaban muy mal esa intrusión extranjera en un asunto familiar francés y abogaban por la tradición. Por su parte la madrina, viuda del buen René de Anjou, rey destronado de Nápoles y de Jerusalén, apoyaba la elección de los padres. Después de tres días de tormentosas discusiones, se transigió: sería *Orlandus Carolus*, en latín, y Charles-Orland (Carlos Orlando) en francés. El principito fue conducido con gran pompa a la iglesia San Juan de Plessis, donde su padre aguardaba rezando junto al piadoso ermitaño cuya mano sostuvo durante toda la ceremonia, como supo el pueblo de Francia por un relato oficial. Ana aprovechó la festividad religiosa de purificación después del parto para afirmar nuevamente que se casó por propia voluntad, libre de toda presión, y Carlos se unió a ella para declarar por escrito que las dispensas necesarias les fueron concedidas a tiempo. El delfín era, pues, el heredero legítimo de Francia.

Carlos Orlando crecía sin sobresaltos, vigoroso y recio. Era un niño muy hermoso, de cutis blanco, ojos negros, grande y robusto para su edad. Visitantes que lo vieron a los catorce meses, luego a los dos años y medio, anotaron que se comportaba bien en público, lo que significaba que se mostraba sonriente y alegre. Según Comynes, a los tres años era "audaz de palabra" y "no temía a las cosas que los demás niños acostumbran temer". Todos creían descubrir ya en él, en lo físico y en lo moral, las cualidades de un rey. Un retrato conservado en el Louvre confirma esa impresión favorable.

Hacia los dieciocho meses se le instaló en Amboise, bajo la vigilancia de dos preceptores y una institutriz, rodeado de una nube de servidores y al alcance de las oraciones de Francisco de Paula. Era la felicidad y el orgullo de sus padres. Una nutrida correspondencia los mantenía al corriente de su salud y sus progresos. ¿Se resfriaba? El rey hacía celebrar varias misas por la curación del niño, a quien llamaba "la más bella de sus piedras preciosas".

El joven padre recordaba las medidas de protección de que Luis XI había rodeado su propia infancia. Las tomó más enérgicas todavía: bosque vedado a la caza, puertas de la ciudad reducidas a cuatro para facilitar la vigilancia, arqueros escoceses seleccionados cuidadosamente y diseminados en puntos estratégicos, control de la identidad de los monjes compañeros del ermitaño calabrés, aislamiento total de la ciudad previsto en caso de alerta. El precioso tesoro estaba bien guardado.

La pareja real, alentada por ese nacimiento, deseaba darle hermanos y hermanas. Ana era prolífica. Ya al año siguiente se encontraba nuevamente embarazada. Segundo embarazo: al no ser ya tan grandes las expectativas, se cuidó menos. Se empeñó en acompañar al rey que, como todos los de su época, llevaba de castillo en castillo una vida itinerante para recorrer su reino y consumir en el lugar los productos de sus dominios. En un día muy caluroso de agosto, lo siguió a una cacería en el bosque de Courcelles y perdió el niño que llevaba, estando lo suficientemente avanzado el embarazo para ver que era un varón.

Pronto se consolaron: una tercera maternidad se anunciaba ya. Carlos, padre satisfecho, seguro de la fecundidad de su esposa, creyó poder dedicarse a la gran empresa que meditaba desde hacía tiempo.

La Gran Empresa

No es este el lugar para exponer en detalle su política italiana. Baste decir que la península albergaba entonces un mosaico de Estados que se destrozaban mutuamente. Francia aparecía como un recurso para algunos de ellos. Además, los azares dinásticos habían dado al rey derechos sobre el reino de Nápoles, del que podía decirse heredero legítimo como descendiente de los angevinos, depuestos unos cincuenta años antes por un usurpador aragonés. Finalmente el papa, inquieto por las reiteradas incursiones de los turcos en el Mediterráneo central, se volvía hacia Francia, hija mayor de la Iglesia, al mismo tiempo que hacia España, que acababa de expulsar en 1492 a los últimos moros aferrados a la provincia de Granada: la reconquista había terminado. ¿No sonaba la hora de ir más lejos?

Carlos se había alimentado de literatura caballeresca. Sus sueños heroicos, alentados por las quejas y las peticiones de auxilio de los refugiados napolitanos, tomaron forma poco a poco. Su hermana, la prudente Ana de Beaujeu, le puso al principio paños fríos. Pero plenamente mayor, casado, padre de un delfín, él se le escapaba. A fines de 1492 se decidió: se lanzaría a la aventura.

Para tener las manos libres, firmó con sus adversarios políticos tratados de paz acompañados de concesiones territoriales o financieras que han parecido exorbitantes a los historiadores de hoy. A Enrique VII de Inglaterra le promete una sustancial pensión, a Fernando de Aragón le restituyó el Rosellón, a Maximiliano le devolvió, como hemos visto, la dote de su hija Margarita. Ese era el precio del tácito consentimiento de ellos a la expedición de Italia, y hasta de su ayuda ulterior contra los turcos.

Su objetivo era doble. Como paso previo, expulsar al usurpador de Nápoles y ocupar un trono que le corresponde. Servirse luego de

Italia del Sur como base de partida para una nueva cruzada. La recuperación de los Santos Lugares era para él, y debía serlo para toda Europa, la justificación de lo que de otro modo no sería más que una manifestación cualquiera de imperialismo. Convencido de estar investido de una misión sagrada, Carlos preparó la expedición italiana.

No sabemos en qué medida logró hacer compartir sus sueños a su mujer. Ana, muy posesiva, podía temerlo todo de una guerra larga y peligrosa, de la que él corría el riesgo de no volver, y que, en el mejor de los casos, implicaba una separación prolongada: sustraído a su influencia, sometido a innumerables tentaciones, se apartaría seguramente de ella; lo perdería. Empero, no parece haberse opuesto a sus designios. ¿Por qué? Su imaginación ambiciosa pudo verse halagada por el trono de Nápoles y, tal vez, el de Jerusalén, imperio más prestigioso que aquél sobre el cual su ex esposo Maximiliano mantenía una autoridad vacilante. Pero es más verosímil que su piedad profunda y exaltada contribuyera a convencerla: nadie se opone a la elección divina.

Los preparativos fueron largos. Durante un año, Carlos multiplicó los desplazamientos —peregrinaciones a santuarios, visitas a provincias recientemente anexionadas a la corona cuya fidelidad él reconfortaba— y solicitaba tropas y fondos. Las arcas reales estaban vacías, como de costumbre, y los súbditos del rey no abrían su bolsa fácilmente. Ana empeñó sus joyas ante un banco genovés. Evitaba en lo posible los desplazamientos por razones de salud. Pero, contra la opinión de los médicos, acompañó a Moulins y luego a Lyon a su marido, feliz de tenerla consigo el mayor tiempo posible antes de la separación. Para ahorrarle los vaivenes de los grandes caminos, que las literas no siempre absorbían, se le organizó un itinerario casi enteramente fluvial. Ella hizo a su lado, hacia fines de marzo, una entrada solemne en la capital del Ródano: ocasión de fiestas y brillantes celebraciones, combates navales en el Saona, juegos y misterios, cuadros vivos alegóricos a la gloria de la madre y del niño rey.

¿La litera en la que descansaba la sacudió demasiado sobre el empedrado irregular de las callejuelas de Lyon? Un nuevo accidente se llevó sus esperanzas de maternidad. Se afligió tanto más por cuanto se murmuraba que su esposo no era insensible a los encantos de una tal Sibila, a quien lo unía una vieja relación. Rodeado de alegres compañeros, recorrió los lugares de mala fama, a la manera de los gatos, se decía sonriendo, que poblaban la noche con sus quejas de amor. Ultimas locuras antes de la guerra, de la muerte tal vez...

Ana, no repuesta todavía de su aborto, lloraba, gemía, se aferraba a él. ¿Le suplicaba en el último momento que no partiera? Es probable, pues no fue la única en reprobar la expedición. Los médicos ponían en guardia al rey contra las fatigas que corría el riesgo de no poder soportar. En vano: Carlos estaba decidido. Ana se resignó a lo inevitable, más fácilmente desde que se supo nuevamente embarazada: habló de ese viaje en términos más medidos. El rey satisfizo sus últimos caprichos. Grandes barcas de remo los condujeron a Vienne, sobre el Ródano, donde tuvo lugar la separación. Ella insistió una vez más. Consiguió ir hasta Grenoble, donde pasaron juntos una semana entera. El la dejó finalmente el 29 de agosto de 1494 al alba, para cabalgar hacia los pasos de los Alpes. Por su parte, ella regresó a Moulins en etapas breves. Allí fue mimada —y vigilada— por los Beaujeu, a quienes se les había confiado, mientras durara la ausencia del rey, la administración del reino. Simplificación apreciable: allí había de llegar toda la correspondencia. Sería informada antes y más completamente. En cuanto al poder, fueron desde luego Pedro de Beaujeu y su mujer quienes lo ejercieron.

Ana tenía diecisiete años y medio. En los catorce meses que duró el alejamiento de Carlos VIII, pudo medir su soledad y su dependencia. Sin él, ella no era nada. Ninguna función en el Estado. No tenía clientela ni amigos, ni más servidores que los privados. Comprobó también su incompetencia: poseía experiencia en la guerra civil, no en el gobierno. No sabía nada, no podía nada. Todo estaba supeditado para ella al regreso del esposo, sobre quien ejercía una influencia que adivinaba frágil. Tenía todo el tiempo para pensar en ello. Tanto más, por cuanto su salud se recompuso. No sabemos exactamente cuándo, pero perdió el nuevo hijo que se anunciaba. Al abrigo por un tiempo de las reiteradas maternidades, se fortalecía y maduraba.

Los cronistas perdieron interés en ella para seguir a Carlos VIII a la guerra.

Al poner el pie en el avispero italiano, él no sabía qué celadas lo esperaban. A los veintidós años "apenas salía del nido", dijo Comynes, que era de la partida. Frente al viejo saqueador sin escrúpulos que era Ludovico Sforza, su "aliado lombardo", hizo triste figura.

El viaje de ida, pese a algunas peripecias, pareció un paseo triunfal. Carlos prefirió cerrar los ojos a los descubrimientos desagradables, por ejemplo, que Ludovico estaba envenenando poco a poco a su sobrino, Galeazzo Sforza, heredero legítimo del ducado de Milán, cuyo territorio y esposa codiciaba. Se tapó los oídos ante las súplicas de la joven que, es verdad, era hija del "usurpador" napolitano. Las aclamaciones de los florentinos lo aturdieron colmándolo de orgullo satisfecho. Se tomó el tiempo necesario para hacer un recodo hasta Monte Cassino a fin de pisar las huellas de Carlomagno, y llegó a Roma, donde el papa recién elegido, Alejandro VI, cuyo nombre era Rodrigo Borgia, le reservó una acogida forzada. Exhibiendo estandartes bordados en los que se inscribía la señal de su misión divina, entró en Capua vestido completamente de blanco, sobre un caballo blanco, como emisario de fe y de paz. Llegó sin combate a una Nápoles festiva abandonada por los soberanos aragoneses, y tomó en pocos días las dos fortalezas donde se había acantonado la resistencia. Desengaño para el bajo pueblo: el rey de Francia era un enano, "más parecido a un monstruo que a un hombre", y no el valeroso gigante salido de las canciones de gesta medievales. Se consolaron porque sus ojos irradiaban una bondad afable que manaba del conocimiento de su elección sobrenatural, y sus manos prodigaban oro, pues había encontrado llenas hasta el borde las arcas de sus predecesores fugitivos.

Para los guerreros franceses, triunfantes sin haber combatido, Nápoles era "un verdadero Paraíso terrenal". La exuberancia de la naturaleza, las maravillas del arte, la belleza de las mujeres embriagaron a los conquistadores. ¿Qué pensaban las esposas que habían quedado en Francia? Es verdad que el obstáculo idiomático reducía las posibilidades de conversación y que los celos de los maridos ponían fuera de alcance a las más nobles damas. Pero las había más fáciles en ese gran puerto, encrucijada de pueblos en el centro de la cuenca mediterránea.

Empero, con el correr de los días la euforia se disipaba. Los colores demasiado vivos, los vinos demasiado espirituosos, las mujeres demasiado deseables engendraban una ebriedad de la que se despertaba con la boca pastosa, la cabeza pesada y el corazón en los labios. Sobre todo hacía mucho calor, un calor aplastante, debilitante, y la fiebre corría las energías. Malaria, sífilis. El idilio se convirtió en acritud entre franceses y napolitanos, igualmente decepcionados. Los héroes saturados de comilonas y de orgías, extrañaban su país y soñaban con placeres tranquilos en brazos familiares, tiernos y tranquilizadores.

Por su parte, Carlos pronto comprendió que los soberanos cuyo apoyo, o al menos cuya aprobación tácita daba por descontada, lo dejaban solo. Lo creían destinado a una rápida catástrofe. Sus éxitos les sorprendieron desagradablemente. El Emperador no quería conceder a nadie el privilegio de conducir una cruzada que, por derecho, le correspondía. Al rey de España le preocupaba un asentamiento en Nápoles que podría amenazar su dominio en Sicilia. Aunque su deseo de recuperar Jerusalén a los turcos se reavivó por un sueño, Carlos comprendió que no se reunían las condiciones políticas para una expedición común, y que él carecía de los medios para llevarla a cabo solo. No le quedaba más que volver a Francia. La cruzada quedaría para más tarde. Se preparó para el regreso, no sin haber dilapidado desconsideradamente en manos de sus tenientes las riquezas del territorio. Dejó allí, para gobernar la provincia, a un primo lejano, Gilberto de Borbón-Montpensier. Prometió regresar el año siguiente, acompañado por Ana de Bretaña, nueva reina de Nápoles.

La vuelta fue mucho más dificultosa que la ida. Había que elegir entre florentinos y pisanos rebelados y, por tanto, ganarse la animosidad de uno de los dos partidos. Más al norte, la situación estaba envenenada por las ambiciones personales de Luis de Orleáns, que disputaba a Ludovico Sforza el ducado de Milán, del que se decía heredero por su abuela, Valentina Visconti. Venecia había tomado partido decididamente contra Francia. El ejército francés escapó por poco de la celada tendida en Fornovo a la salida de los Apeninos: la victoria tuvo visos de milagro, pero no hizo más que confirmar la necesidad de un rápido retiro. Una breve permanencia en Lombardía, el tiempo necesario para neutralizar provisionalmente a Sforza y firmar con él el tratado de Vercelli, y Carlos retomó el camino de los Alpes, amenazada su salud por las variadas enfermedades que diezmaban el ejército, y su libertad por el descontento de todos, especialmente de los mercenarios suizos cuyo sueldo no había sido pagado y que hablaban de secuestrarlo mientras esperaban lo que se les debía.

Habiendo partido de Turín el 22 de octubre, el rey llegó a Briançon, por Susa y el monte Genèvre. Apresuró las etapas: Embrun, Gap, Col Bayard, La Mure. Estuvo en Grenoble el día 27, en tiempo récord. Tres días de descanso y partía nuevamente, con más calma, hacia Lyon, que lo recibió el 7 de noviembre. En el balcón del arzobispado, había una silueta pequeña y endeble ceñida en tela de oro: era Ana de Bretaña, conmovida y feliz, muy decidida esta vez a retenerlo. El temor de haberlo perdido se lo hizo de pronto más querido.

Tiempo de pruebas

La pareja real, reunida al fin, casi no pudo gozar de su reencuentro. Dos pruebas terribles la golpearon una tras otra.

Las noticias de Nápoles eran malas. La muy reciente instalación francesa seguía siendo frágil. Las tropas, insuficientes en número y mal dirigidas, se mostraron incapaces de resistir a la contraofensiva del soberano destronado. Encerradas en el Castel Nuovo, imploraban a Carlos VIII socorros que llegaron demasiado tarde. Su capitulación, el 4 de diciembre, fue conocida en Lyon unos quince días más tarde. Nápoles estaba perdida.

Carlos acababa apenas de enterarse de la muerte del delfín.

Una epidemia azotaba desde hacía tres meses a Turena. ¿Rubéola, viruelas? El rey, en correspondencia casi cotidiana con los médicos, había establecido un plan de prevención. Si se trataba del "mal aire", el niño sería trasladado a otro lugar. Si se trataba de contagio directo, se le encerraría más cuidadosamente en el castillo. Era rubéola. Se quedó en el castillo y se cortaron todos los contactos con la ciudad. Fueron precauciones inútiles. Se anunció sucesivamente que el pequeño Carlos Orlando se hallaba afectado, que su mal empeoraba, que estaba en los últimos extremos, que, pese a los esfuerzos de los médicos y a las oraciones del buen hombre Francisco y de sus monjes, había muerto el 16 de diciembre de 1495.

La pena del rey fue profunda, pero tuvo la fuerza de dominar sus manifestaciones, pues la reina, por su parte, se abandonaba a un dolor tan violento que lo atemorizó. Se utilizó el único remedio conocido entonces contra el sufrimiento moral: se ofreció a la joven la diversión de un intermedio bailado por hidalgos de la corte. Nada fue capaz de consolarla, como era de imaginar. No obstante, la pena no la cegaba al punto de no ver pasar por el rostro de Luis de Orleáns un destello de alegría: esa desaparición lo convertía, hasta nuevo aviso, en el heredero del trono. Ella permaneció largo tiempo sin querer dirigirle la palabra y no se lo perdonó jamás.

Esa doble desgracia era el fin de la Gran Empresa. Por más que Carlos hablara de ir en persona a reconquistar Nápoles, nadie compartía sus esperanzas. Faltaban dinero y aliados: el entusiasmo y las ilusiones estaban agotados. Ana, de acuerdo esta vez con su cuñada Beaujeu, se opuso firmemente a cualquier aventura, y tanta pena causaba su dolor que el rey no sabía qué hacer para calmarlo. Por otra parte los parisinos le recordaron, por medio del Parlamento, que no debía marcharse del reino sin dejar un heredero, cuya pronta venida debía procurar.

El había conseguido aguantar la supervisión de las obras que inició en el castillo de Amboise. Y la reina esperaba de nuevo un hijo en la primavera de 1496. Bendición del cielo: nació un varón el 8 de septiembre, al que bautizaron Carlos. ¡Ay! Menos de un mes después, el 2 de octubre, el niño murió.

¿Se produjo también, en la primavera de 1497, el nacimiento prematuro de un varón al que habría habido tiempo de darle el nombre de Francisco antes de morir? Así sucedió a menos que se le confunda con el que estaba en camino cuando Carlos partió a Italia y cuya suerte se ignora. Los testimonios terminaban por confundirse en los embarazos abortados de Ana de Bretaña y la cuenta era azarosa.

Una cosa era segura. Ante la acumulación de desgracias, Carlos VIII se entregó a un examen de conciencia. En Lyon, durante la cuaresma de 1497, oyó a un predicador famoso reprocharle en pleno púlpito "su codicia por las cosas de Italia y del reino" (de Nápoles);

fue invitado a concertar la paz y a hacer penitencia. Su piedad era sincera y profunda. Había intentado devolver al buen camino a las órdenes religiosas corruptas y, al dirigirse a Italia, pensaba en una reforma general de la Iglesia. ¿No debía el aprendiz de reformador ejercer primero su esfuerzo sobre sí mismo? En esa época, todo el mundo creía en la intervención de la providencia en la vida cotidiana mediante causas secundarias. Todo tenía un sentido espiritual. Todo se convertía en signo. Los duelos sucesivos se percibían como el castigo de una falta, de un pecado, como "un golpe de Dios", dijo Comynes. Era fácil explicarse pues la "conversión" de Carlos, tan duramente golpeado. Si quiere que el Señor le conceda por fin un delfín, debe hacer penitencia. Oraciones, ayunos, misas, comuniones, limosnas, peregrinaciones, piadosas fundaciones, no bastaban. ¿Era castigado por donde había pecado? "Detestando ahora los placeres voluptuosos del pasado, comienza una vida casta"; se prometía guardar fidelidad a su esposa, echó a las mujeres de vida alegre de los alrededores de la corte y sermoneó a su primo de Orleáns. ¿Esas santas resoluciones dieron pronto resultado? En septiembre de 1497, pareció que Ana estaba nuevamente encinta.

El ocupó los meses de espera en mejorar la administración del reino, tratando, sin lograrlo, de aliviar el peso de los impuestos, controlando las nominaciones episcopales. Para Navidad, se reunió con la reina en Amboise. La representación del misterio de la Natividad, encargado expresamente, parecía de buen augurio a la pareja real sin hijos. Pero se temía un nacimiento prematuro y ambos se dirigieron a Le Plessis donde todo estaba preparado, como de costumbre. No fue más que una falsa alarma. El rey, tranquilizado, partió de viaje. Sería llamado urgentemente a mediados de marzo. El bebé nació el día 20. Doble decepción. Era una niña, a la que se le dio el nombre de Ana. No vivió. El día 23 su madre hizo una ofrenda *in memoriam* en la Santa Lágrima de Vendôme.

La pareja real, desesperada, regresó a Amboise. Ana, no repuesta del todo todavía, permaneció triste y doliente y su esposo trató de distraerla. El 7 de abril de 1498, sábado víspera de Ramos, la invitó a subir con él a una galería suspendida sobre el foso donde se desarrollaba un partido de pelota muy animado: desde allá arriba apreciarán mejor el juego. El trayecto suponía descender hacia los subterráneos para subir luego por otra escalera, en cuya cima una puerta baja daba acceso a esa galería, que llevaba el curioso nombre de Haquelebac. Carlos subía primero. De muy baja estatura, no estaba habituado a agacharse para franquear puertas y poternas: no lo necesitaba. Quizás esa fue la razón por la cual desembocó sin precaución en el rellano, no vio el dintel demasiado bajo y lo golpeó con la frente. Sin parecer afectado, se colocó para mirar a los jugadores, conversó con los otros espectadores, dijo a su confesor, que le dio la absolución esa misma mañana, que esperaba no cometer más pecados. Y de pronto, cayó de espaldas, desvanecido. En la galería manchada de excrementos de pájaros y de toda clase de deyecciones, permaneció tendido nueve horas sobre un jergón de paja improvisado y sólo recuperó el habla en tres oportunidades, brevemente, para invocar a Dios, a la Virgen y también a San Blas, que pasaba por aliviar las dificultades respiratorias. Arrancaron de sus brazos a la sollozante Ana. Los médicos intentaron hacerlo volver en sí tirándole de los pelos de la barba y de los cabellos, "a fin de que el catarro no lo ahogara". Todo fue en vano: murió hacia las once de la noche.

Pese a los habituales rumores de envenenamiento —había comido una naranja—, prevaleció el diagnóstico de que un "catarro", o apoplejía, "le había caído en la garganta". Se trataba de una congestión cerebral. Carlos era propenso: su padre, Luis XI, las había sufrido varias veces y finalmente había muerto a causa de una de ellas. El golpe contra el dintel de piedra provocó sin duda una hemorragia interna, de allí el plazo observado entre el accidente y sus manifestaciones.

Carlos era joven, aun para esos tiempos, para morir de esa manera: no tenía todavía veintiocho años.

Ana mostró una violenta desesperación, en la cual era difícil discernir la sincera pena, la preocupación por su futuro y el gusto por los gritos y las lágrimas, de rigor entre las mujeres de esa época. Hubo sin duda un poco de todo eso. Sentía afecto por Carlos VIII, a quien la habían acercado, en los últimos años, las pruebas padecidas en común. Lo había amado, tal vez no con un amor apasionado, pero sí con un afecto profundo y sólido. El se lo retribuía. A pesar de sus infidelidades, la quería. Ella sabía que al perderlo, era mucho lo que también perdía.

Se encerró en su habitación con las ventanas oscurecidas, según la etiqueta, por negras colgaduras. Exigió llevar luto de negro y no de blanco, como lo imponía la tradición para las reinas de Francia. ¿Era para afirmarse como duquesa de Bretaña o porque el negro era "el único color que no se puede borrar"? Permaneció un día entero sin comer ni beber, desplomada en el suelo. Luego se impuso un enclaustramiento obligado de cuarenta días.

Mientras tanto, se enterraba a Carlos VIII. ¡El rey ha muerto, viva el rey! La fórmula, que se haría ritual, había saludado a Luis de Orleáns, en adelante Luis XII. Al día siguiente, este hacía planes para casarse con la viuda, según la cláusula prevista, como recordaremos, en el contrato de boda de 1492. Un grave obstáculo se interponía sin embargo: él ya estaba casado...

Inició de inmediato un proceso de anulación, al que debemos lo esencial de lo que sabemos sobre su primera esposa, Juana de Francia, hija de Luis XI.

CAPITULO TRES

El calvario de Juana de Francia

El desdichado Luis XII no era en absoluto responsable de su primer matrimonio, como tampoco su esposa, Juana de Francia. Tenían respectivamente veintitrés meses y veintiséis días cuando sus padres los comprometieron oficialmente, catorce y doce años cuando se les casó, por la fuerza. Pero, aunque hubiesen vivido poco tiempo juntos, estaban legalmente unidos desde hacía veintidós años cuando Luis, convertido en rey, comenzó las gestiones de anulación ante la corte de Roma.

Siguió un proceso cuyos debates, en latín, han llegado hasta nosotros. Esos documentos arrojan una cruda luz sobre las prácticas matrimoniales de la época, sobre las costumbres también y sobre el carácter respectivo de ambos cónyuges. Pero entorpecen todo acercamiento a lo que pudo haber sido realmente su historia. De esa historia no sabemos nada, aparte de los testimonios tergiversados, abundantemente presentados al servicio de la causa real, ganada de antemano. Si se añade que las dos partes en litigio eran, por un lado el rey de Francia, por el otro una futura santa de la Iglesia católica, fundadora de la orden de la Anunciada, y que la anulación de su matrimonio fue pronunciada por un tribunal eclesiástico, se comprende mejor la circunspección de los sucesivos historiadores, preocupados por evitar críticas a los unos y a los otros. La mayoría de ellos acusaban a Luis XI, responsable de esa unión, para excusar a Luis XII, cuyo punto de vista adoptaban. Casi todos eludían algunas dificultades, evitaban sobre todo preguntarse por qué Juana eligió, contra lo que aconsejaba la prudencia, enfrentarse al proceso, y basada en qué principios actuó en él.

Formular las preguntas, tratar de comprender, proponer soluciones que el lector juzgará, es todo lo que se puede hacer a falta de informaciones fiables sobre el estado de ánimo real de los protagonistas de este lamentable asunto.

Novios en pañales

Debemos volver, una vez más, a las combinaciones matrimoniales de Luis XI.

A comienzos del año 1464, todavía no tenía un heredero. Su primer hijo, nacido en 1459, sólo vivió unos meses. Luego vino una hija, Ana, en 1461, el mismo año de su advenimiento.

Su pariente más cercano era por entonces el anciano duque Carlos de Orleáns, al que trataba de tío, pero que en realidad era primo hermano de su padre. Personalmente no tenía nada que reprochar a ese encantador poeta, que había entretenido el aburrimiento de veinticinco años de cautiverio del otro lado del Canal de la Mancha componiendo rimas sobre la "dulce Francia", exquisitos versos que leemos todavía. Ninguna ambición política que temer por ese lado. Pero he aquí que, después de dieciséis años de matrimonio, el feliz sexagenario empezó a procrear. Su mujer, María de Clèves, tenía la mitad de su edad. Hubo murmuraciones. Pero la maledicencia no bastaba para mancillar la legitimidad de los hijos que le dio: precedido y seguido por dos niñas, el 27 de junio de 1462 nació un varón que el rey debió apadrinar disgustado. Si él no tenía hijos propios, ese niño le sucedería. En caso contrario, podía ser un rival peligroso para el heredero legítimo. Luis XI conocía, aun sin haberlos experimentado en carne propia, los riesgos que los colaterales celosos pueden hacer correr a la corona cuando se alían con los grandes señores feudales ávidos de sacudirse la tutela de su soberano. Sabía Dios a quién desposaría ese futuro duque de Orleáns, sumando a las posesiones de su prometida el bello ducado situado en el corazón del reino, cuna soñada de todas las subversiones.

Entretanto, la reina Carlota quedó nuevamente embarazada. Luis XI estaba junto a su mujer, en Nogent-le-Roi, cuando ella dio a luz, el 23 de abril de 1464.

Lamentablemente no era el delfín esperado, sino una niña. El padre se sobrepuso a su decepción y permaneció tres semanas junto a su esposa antes de regresar a sus ocupaciones, una de las cuales consistió en un proyecto de boda para la niña. Propuso a "su muy querido y amado tío", el duque Carlos, unir su "muy querida y muy amada hija Juana" a su "muy querido y amado primo Luis". La mano de una hija del rey de Francia no se rechazaba. Carlos, halagado, aceptó gustoso y, el 19 de mayo, en Blois, firmó el contrato en buena y debida forma.

Si creyó ganar nuevos favores, pronto se desencantó, atrapado entre las exigencias de Luis XI y su amistad con los grandes señores feudales rebeldes. Conminado a desaprobar los manejos del duque de Bretaña, eludió hacerlo y abandonó bruscamente al rey, pero tomó frío en el camino y murió sin haber podido llegar a su castillo de Blois. Frente a Luis XI quedaba su viuda, la seductora e impulsiva María de Clèves, poco dotada para dirigir los asuntos de una casa principesca.

Aquí se plantean dos preguntas, estrechamente vinculadas, sobre el estado físico de Juana y sobre la responsabilidad moral de Luis XI.

¿Una mala acción de Luis XI?

¿Podía adivinarse, en la niña en la cuna, la mujer deforme en que se convertiría? ¿Y en quién confiar para representarnos a esta última? ¿En los testigos del proceso, que forzaron la nota para justificar la repugnancia de su esposo? ¿En los historiadores de Luis XII, todos masculinos, que, identificándose con él, afearon el retrato, describiendo el rostro de la desdichada basándose en su máscara mortuoria —¡hasta asombrándose de que no fuese más feo!—, viendo que en el pecho emergía una giba semejante a la que tenía en la espalda, adjudicándole un pie contrahecho para completar su deformidad? A esas caricaturas respondían los eufemismos de los contemporáneos de Luis XI, que le encontraban solamente "defectos de estatura", y la angelización de las crónicas de la Anunciada, para las que la ligera cojera se veía compensada por la dulzura de un rostro enmarcado por cabellos rubios e iluminado por unos ojos verdes. Todos coincidían en un punto: había heredado de su padre una nariz grande y voluntariosa. Más tarde se percibiría que ha heredado también su inteligencia.

¿Podía casarse o no? Como lo diría el procurador que evocó este precedente en la demanda de anulación de Enrique IV, "no hay gran príncipe que no considerase un favor y un honor tener por mujer a la hija de su rey, aunque su cuerpo estuviese marcado por alguna imperfección". Podemos compararla con Claudia de Francia, la futura hija de Luis XII, quien "aunque era tan imperfecta de cuerpo", fue ardientemente pretendida por el heredero del trono, el futuro Francisco I. En suma, nada redhibitorio. Y en esos tiempos la cojera era un defecto frecuente entre las reinas de Francia.

Parece ser cierto que las malformaciones de Juana no eran todas congénitas. "La reina había dado a luz una bella niña", escribió el cronista Jean de Troyes: fórmula convencional, es verdad, pero que él habría evitado si se hubiese tratado de un gnomo deforme. ¿Podía preverse que cojearía cuando estaba todavía envuelta en sus pañales? A posteriori se le diagnosticó raquitismo y escoliosis, deformación de la columna vertebral, desarrollo desigual de los miembros inferiores y de la pelvis y debilidad ósea generalizada. Frecuentemente de origen tuberculoso, esas son enfermedades evolutivas, inseparables del crecimiento, y que debieron acentuarse con los años hasta la pubertad. En el nacimiento, era imposible medirlas con exactitud.

¿La prueba? La niña vivió junto a su madre en el gineceo de Amboise hasta cerca de los cinco años. A esa edad, contrariamente a la costumbre que imponía que dos niños precozmente comprometidos fuesen educados juntos, se la mandó al castillo de Linières, en lo más alejado del Berry, mientras que su hermana Ana y más tarde su hermano permanecían en Amboise. Prueba de que se quiso sustraer entonces sus deformidades, demasiado evidentes ya, a las miradas malevolentes.

Cuando su padre la comprometió con Luis de Orleáns no la sabía tan deforme. Y no pensaba "sacrificarla". Dispuso de ella con toda naturalidad. Que tuviese la cabeza llena de segundas intenciones políticas al negociar esa unión, era algo conforme a los usos.

Menos trivial, en cambio, fue su manera de razonar. El interés nacional se impuso en él a las consideraciones de prestigio. Sus hijas podían pretender brillantes alianzas extranjeras, pero él no deseaba darles como dote territorios arrancados al dominio real. Eligió para ellas esposos menos encumbrados, pero franceses, a los que esperaba sujetar con una halagüeña alianza. Lo logró plenamente al conceder Ana a Pedro de Beaujeu. En lo posible, prefirió dotarlas en dinero antes que en provincias. Unir a Juana con Luis de Orleáns, significaba atar a este, impedirle casarse con otra y buscar fuera del reino un suegro complaciente hacia sus emprendimientos.

Con respecto a la niña no tenía nada que reprocharse. ¿La consideraba normal? Su rango debía otorgarle dominio sobre su esposo y asegurarle consideraciones que no estaba segura de encontrar junto a un extranjero. ¿La sabía gravemente afectada? En aquel entonces el convento recogía a los "impedidos de la casa", como dirá Rabelais, los despojos humanos que las familias no querían soportar. En vez de lo cual, él le había procurado un esposo inesperado. No, con toda conciencia, él no la perjudicaba. En todo caso era a Luis a quien pensaba jugar una mala pasada. Así lo juzgó este, que jamás se consoló.

En cuanto a Luis XI, con el correr de los años comenzó a percibir lo que ese matrimonio tenía de chocante y de peligroso para la paz del reino, pero ya no podía echarse atrás sin perder prestigio. Las protestas de María de Clèves y de su hijo no hicieron más que afianzar su determinación. No se desafía impunemente al rey de Francia. El joven sería, a su pesar, el esposo de Juana; cumpliría de buen grado o por la fuerza sus deberes conyugales junto a quien se había convertido en la prenda de un enfrentamiento con implicaciones políticas.

Adoptada por Berry

Según con que ánimo se mire, el castillo de Linières, en Berry, adquiría el aspecto de una siniestra fortaleza medieval o de una agradable residencia rústica.

Apartado de las grandes rutas, perdido en medio de estanques y bosques, era en efecto un edificio feudal que databa de la segunda mitad del siglo XIII. Se franqueaba, las murallas bordeadas de fosos profundos por un puente levadizo flanqueado por dos macizas torrecillas, para acceder al primer patio, con su torre de guardia, sus establos y su prisión. Un segundo puente levadizo, de portal más adornado, cruzaba el segundo foso, que defendía el patio central presidido por el torreón: una gruesa torre oval adornada también por varias torrecillas. En el interior, el gran salón sombrío, con su techo elevado y sus altas y estrechas ventanas, se asemejaba mucho a la nave de una catedral. Pero en los distintos pisos se habían dispuesto una cantidad de habitaciones y de departamentos más acogedores y confortables.

Ya no queda nada del antiguo castillo, ni de la iglesia unida a él, salvo un pequeño oratorio semicircular que puede visitarse todavía. Estaba reservado a Juana, porque tenía una chimenea. Se cuidaba su salud.

La elección de Luis XI obedecía a consideraciones políticas y económicas. Berry, herencia de su hermano Carlos, acababa precisamente de corresponderle en 1465, tras la rebelión y la derrota de este en la guerra de la Liga del Bien Público. Al instalar en Linières, con el pretexto de educar allí a Juana, a personas fieles, se aseguraba una manera suplementaria de vigilar la provincia. Y además, cuidaba su dinero. En el campo se vivía casi por nada. Las tierras aledañas proveerían ampliamente al consumo de los habitantes del castillo. Nada de vida mundana, nada de gastos en ropa. Bastaría una módica pensión.

Ese rústico exilio hubiera podido parecer agobiante a una princesa de más edad, habituada al lujo y a la animación de una casa real. Pero no era seguro que disgustara a una niñita de cinco años, siempre que simpatizara con su entorno. Francisco de Beaujeu, señor de Linières, y su esposa, Ana de Culan, elegidos por Luis XI, se encariñaron con la niña, que les retribuyó su afecto. Tuvo una pequeña corte de chiquillas de su edad. Se le enseñó a tejer, a pintar, a tocar el laúd, como convenía a su condición.

La enseñanza religiosa encontraba en ella un terreno muy fértil. Bajo la dirección de su primer confesor, un hermano menor llamado —¡oh, coincidencia!— Jean de La Fontaine,* luego bajo la del hermano Gilbert Nicolas, que la acompañó hasta su muerte, progresaba

---

* Su homónimo, el fabulista Jean de La Fontaine vivió dos siglos más tarde (1621-1695). (N. de la T.).

en piedad y tenía visiones desde la edad de seis años. Según la conmovedora crónica de la *Anunciada*, oía a la Virgen decirle: "Mi querida Juana, antes de tu muerte, fundarás una religión —es decir un monasterio— en mi honor". Sin duda en estas anécdotas hay parte de leyenda, pero no caben dudas acerca de la intensidad de su fe. Y su institutriz alentaba en ella esas disposiciones muy aptas para hacerle soportar una desventaja física que se anunciaba agobiadora.

¿Qué conciencia tuvo ella de sus malformaciones en ese medio cerrado, protegido, donde cada uno, habituado a ellas, terminaba por no verlas? Parece que amaba Linières, sus bosques, sus praderas sembradas de rebaños, su calma serena, su soledad. Más tarde, su corazón sufriría por la muerte de Ana de Culan y el nuevo matrimonio del señor de Linières con Francisca de Maillé. La nueva esposa no pudo reemplazar a quien le sirvió de madre. Pero ella seguiría muy ligada a Berry, su tierra de adopción, que fue más adelante su herencia y elegiría establecerse en Bourges, la capital.

Matrimonio forzado

Mientras ella crecía así apartada, Luis XI proseguía su proyecto de boda, con tanta más obstinación cuanto que las decepciones lo golpeaban reiteradamente. Le nació un hijo en 1466, que tuvo el dolor de ver morir enseguida. La atolondrada María de Clèves ya imaginaba a sus hijos ricamente situados: Pedro de Beaujeu para su hija y —¿quién sabe?— Ana de Francia para su hijo, a quien el Emperador acababa de conceder la investidura del ducado italiano de Asti como heredero de Valentina Visconti, mientras que Luis XI, por su parte, apoyaba al usurpador local, Sforza. Un violento altercado los opuso en 1468 acerca de la boda del pequeño Luis. La duquesa de Orleáns siempre carecía de dinero, pues las economías no eran su fuerte y el enorme rescate pagado a los ingleses por la liberación del duque Carlos arruinaron su casa. Incapaz de resistirse al rey, cedía ante la tormenta, contando con el tiempo para desembarazar a su hijo de su enclenque esposa: la muerte podría mostrarse caritativa...

El tiempo pasaba. Juana no se moría. Crecía con siete vidas como los gatos y con su cuerpo cada día más deforme. En 1470, Luis XI vio al fin colmadas sus esperanzas: nació un hijo, el futuro Carlos VIII. Pero la comparación del raquítico delfín con su hermoso primo de Orleáns, alto y vigoroso, hizo que este último fuera más detestable para él. El nacimiento y la rápida muerte de otro hijo, en 1473, lo amargaron aún más contra esos primos arrogantes, demasiado sanos, que acechaban solapadamente su sucesión y osaban despreciar la alianza ofrecida con una hija del rey de Francia. Si renunciara a la boda prevista, sería una muestra de debilidad, equivaldría a alentar la insubordinación. Decidió entonces precipitar las cosas.

Del mes de septiembre de 1473 —del 27 exactamente— data la carta en la que confía a su hombre de confianza, el conde de Dammartin, sus cínicos propósitos:

"Me he decidido a celebrar la boda de mi hijita Juana y del pequeño duque de Orleáns, porque me parece que no les costará mucho alimentar a los hijos que tendrán juntos, advirtiéndoos que espero hacer esa boda o, de otro modo, los que estén en contra jamás tendrán sus vidas seguras en mi reino; por lo que me parece que haré todo de acuerdo con mi intención."

Especulaba pues con la presunta esterilidad de Juana para acabar con la descendencia de los Orleáns: el opulento ducado, sustraído a los revoltosos, volvería a la corona. Esta carta es tan horrible, y fue tan oportunamente presentada en el proceso —volveremos sobre el particular—, que su autenticidad inspira dudas. Pero parece que, aunque esté escrita y firmada por un secretario, fue dictada por el rey.

Ese día fue cuando el proyecto concertado nueve años antes adquiría claramente la forma de una maquinación cuyo instrumento sería la pobre Juana.

La confirmación de la promesa de matrimonio se hizo sin ella. Juana no asistió a la visita improvisada de Luis XI a María de Clèves, en la que la obligó a renovar sus compromisos, el 20 de octubre, en Saint-Laurent-des-Eaux, ni a la firma del contrato, el 28. Sólo el pequeño Luis de Orleáns, en presencia de numerosos testigos, oyó que le preguntaban si aceptaba tomar por esposa a su prima Juana. Asustado, respondió que sí y los notarios consignaron en el acta que mostraba para su edad una madurez excepcional. ¡Tenía once años! Luis XI pagó liberalmente —una vez no hace costumbre— el precio de su victoria. De los cien mil escudos de oro de la dote, pagaderos al contado, la tercera parte sería de propiedad personal del futuro esposo.

Juana seguía sin aparecer. Ni su prometido ni su futura suegra la conocían. Su padre no la había visto desde que la relegara al campo cuatro años antes. Sin embargo, después de la firma del contrato la hizo ir discretamente a Plessis y se espantó al encontrarla tan deforme: "No la creía así", habría murmurado haciendo una gran señal de la cruz. Volvió a verla una segunda vez, en febrero de 1476, en una peregrinación que hizo a Bourges, repitió que no la sabía tan deforme y trató al señor de Linières de "poco leal" por haberle ocultado sus defectos físicos. Pero sin embargo no retrocedió. Con esas palabras se sentía liberado.

María de Clèves, por su parte, había hecho el viaje desde Linières para conocerla. Estuvo a punto de desmayarse al verla y se arrojó llorando sobre una cama: "¡Ah!, Nuestra Señora, ¿es posible que mi hijo tenga esta mujer tan deforme?" Por orden del rey, ella trajo sin embargo al muchacho, que debió prometerle pasar unos días junto a la pobre niña. Pero huyó en cuanto ella le dio la espalda.

Reprochaba a su madre lo que él llamaba su debilidad. En plena rebelión adolescente, rumiaba amargamente su desdicha, se enardecía en compañía de amigos de su edad derramando su bilis en baladronadas, jurando que jamás desposaría a Juana: "¡Que no me hablen de eso! ¡Quisiera estar muerto!". A su escudero que le decía: "Señor, estaréis casado", le respondía: "¡No, salvo contra mi voluntad!".

Se casó con ella sin embargo, cuando ambos alcanzaron la edad núbil legal, catorce años para los varones, doce para las niñas. Luis XI había preparado el terreno meticulosamente, comprando o intimidando a los familiares de Luis para disuadirlos de alentar su resistencia, solicitando a Roma, a su debido tiempo, la dispensa necesaria para una unión consanguínea, alterando en secreto el calendario para evitar excusas. El 8 de septiembre, se llevó a ambos niños al castillo de Montrichard. Juana, como hija del rey de Francia, vestía de tela de oro. Luis XI no estaba allí para zanjar cualquier discusión. Pero había delegado en su mujer Carlota. El obispo de Orleáns recibió de boca del joven una aceptación forzada, con la que debió contentarse: "Se me hizo violencia, y no hubo remedio". Eso al menos es lo que Luis afirmó en el proceso. Una ceremonia reducida a su más simple expresión, un almuerzo y una cena magníficos, que ambos jóvenes fueron incapaces de probar, con un nudo en la garganta. Al día siguiente, los recién casados hicieron su entrada solemne en Blois, residencia de los duques de Orleáns desde que el castillo de esta ciudad fuera destruido durante la guerra de los Cien Años. Luego Juana partió para Linières, sola.

No se ha filtrado el menor detalle sobre la noche de bodas. Discreción bastante extraña, dada la importancia que se otorgaba entonces a la consumación de los matrimonios, y de la que podían extraerse conclusiones diametralmente opuestas. Dejemos en suspenso el tema: lo reencontraremos más adelante.

Una cosecha de humillaciones

Una boda concertada bajo tales auspicios no podía ser más que desastrosa. Y lo fue.

Los contemporáneos compadecieron primero al bello joven encadenado a semejante esposa. No tenían por los discapacitados, muy numerosos en esos tiempos, la compasión que nosotros creemos deber manifestarles. Frente a Juana, bruscamente arrancada de su capullo protector, los recién llegados no disimulaban, y su marido menos. ¿Qué sintió ella al leer la repulsión en las miradas, al escuchar las palabras hirientes? Sabemos que lloró. En todo caso, jamás tuvo una palabra de protesta, un movimiento de rebelión contra su suerte, un gesto de cólera contra quien la colmaba de ultrajes.

—Señora, hablad a Monseñor —le decía el señor de Linières señalándole a su nuevo marido—, y mostradle un semblante de amor.

—No me atrevería a hablarle —respondía ella—, pues vos y cada uno de vosotros bien ven que él no me tiene en cuenta.

Su única respuesta al desprecio y las afrentas fue la paciencia, el silencioso aislamiento.

Tanta benignidad no dejó de merecer elogios: "Ella es buena, es la mejor mujer entre las mejores", "buena y honesta ante Dios y ante los hombres". Bondad, dulzura, que muy imprudente y equivocadamente se tomó por debilidad. De hecho, Juana era fuerte, mucho más que su orgulloso marido.

A los catorce años, Luis era un niño mimado y caprichoso, incapaz de dominar sus cambios de humor, entregado desenfrenadamente a los impulsos de una sensualidad precoz. A los doce, Juana era tranquila, reflexiva, madura: fruto de las pruebas y de la educación. Los que la cuidaron supieron prepararla —¿por orden de Luis XI?— para una vida que se preveía difícil. Encontraron en ella grandes recursos: era inteligente y valiente. Y se sostenía en una fe ardiente, que los sufrimientos no harían más que avivar. Aceptaba al orden del mundo, que era el de la Providencia. Consciente de sus deberes de hija y de esposa, aceptó sin discutir lo que se había decidido para ella. ¡Y sabe Dios que suele hacer falta fuerza para plegarse sin protestar a lo intolerable! Ella soportó y obedeció. Acudía cuando se la convocaba, se marchaba cuando se la despedía, dócil a las exigencias contradictorias de un padre y de un marido enfrentados, tratando de satisfacer al uno y al otro, sin pedir nada, aceptando la exclusión a que la obligaba su deformidad. No obstante, sin rebajarse jamás: sencilla, humilde, digna.

Amaba a Luis, se nos dice, a pesar de todo, con un amor no correspondido. Abstengámonos de construir sobre esta simple frase la novela de la malquerida: el abismo es demasiado profundo entre la mentalidad de su tiempo y la nuestra como para que podamos prejuzgar razonablemente sus sentimientos. Lo seguro, en cambio, era que la boda fue para ella un compromiso total y un sacramento, en el sentido pleno de la palabra. Y que exigía una dedicación absoluta, pasara lo que pasare.

Durante veintidós años, ella desplegará tesoros de dedicación al servicio de Luis, bastante valerosa como para soportar al principio las violencias del adolescente reacio, bastante inteligente luego como para tratar de establecer, con el hombre debilitado por la enfermedad y el cautiverio, una suerte de vínculo aceptable.

Los comienzos fueron muy penosos. Luis de Orleáns no podía escapar. Su terrible suegro lo mantenía a raya, conminándolo bruscamente a cumplir con sus deberes y lo enviaba a Linières a intervalos regulares, en promedio una vez por mes, amenazándolo, si no iba a ver a su mujer, según dirán testigos más tarde, con "hacerlo arrojar al río y que nunca se volvería a oír hablar de él". Amenaza exagerada: era muy raro que se ejecutara a un príncipe de la sangre. Pero el joven arriesgaba sus bienes y su libertad. Obedecía pues, furioso, y descargaba su rabia en la desdichada. No le dirigía la palabra, en la mesa le volvía ostensiblemente la espalda aun durante el recitado del

Benedicite, y, en su presencia, divertía a sus compañeros con el relato de sus hazañas amorosas, que multiplicaba frenéticamente.

Conviene manejar con precaución las declaraciones efectuadas en el proceso, todas las cuales ponen de manifiesto los incidentes más violentos, a fin de probar la presión soportada por Luis y mostrar el vigor de sus rechazos. Durante los siete años que vivió su padre, Juana no debió soportar continuamente una cohabitación tan conflictiva. Sufría más bien el aislamiento. Vivía sola en Linières la mayor parte del tiempo y, cuando su marido estaba allí, pasaba sus días cazando o persiguiendo mujeres fáciles. Ambos podrían haberse ignorado, sin el espinoso asunto de las relaciones conyugales.

Luis XI estaba absolutamente decidido a imponérselas. Para evitar las evasiones de su yerno, estableció, con la complicidad de servidores leales, una estrategia maquiavélica. Como desconfiaba de las noches, en las que el sueño sirve de refugio, un médico llamado Gérard Cochet imaginó arrinconarlo en pleno día, al salir de un partido de pelota que, según él, habría acalorado sus humores, y le arrojó a Juana entre los brazos en "la esperanza de que ella concibiera y tuviese descendencia" (¡Vaya! ¿Entonces ya no se la creía estéril?). Pero Luis habría respondido al servidor encargado de transmitirle esas órdenes: "¡Que me lleve el diablo! ¡Preferiría que me cortaran la cabeza antes que hacerlo!". Y en adelante tomó precauciones contra las sorpresas de la carne: cuando el médico, reincidiendo, introdujo a Juana en la habitación donde él se cambiaba después del juego, le contestó abriendo la puerta a otras "damas" que había convocado "para divertirse en su compañía". El testigo que contaba esta siniestra historia no afirmó si la esposa rechazada fue invitada a asistir a tales diversiones.

Situación intolerable tanto para el uno como para la otra. Pero más aún para Juana. Nos preguntamos cómo fue preparada y cómo hizo frente al innoble papel que así se le adjudicaba.Todo bajo la mirada experta del médico encargado de dar cuenta a su amo de la manera más cruda. Sus informes no han llegado hasta nosotros. Es evidente empero que la perseverancia de Luis XI y de sus secuaces socavaron la resistencia del joven, que fue llevado a compartir muchas veces el lecho de su mujer. Lo que allí hizo o no hizo fue el centro del debate en el proceso de anulación. Mientras tanto, Juana cumplía puntualmente todo lo que, dentro de sus deberes de esposa, dependía de su iniciativa. En abril de 1483, su marido se vio afectado de viruelas e inmovilizado en Bourges: ella corrió presurosa a servirle de enfermera. El la dejó hacer, pero le negó el menor agradecimiento.

Con la muerte del anciano rey, ese mismo año, Luis alentó esperanzas y recuperó la arrogancia. Tuvo un ataque de ira al ver llegar a Juana a Amboise, pero logró, por consejo de sus amigos, no ser demasiado grosero con ella. Debía acallar las desconfianzas para actuar bajo cuerda. Presentó discretamente una demanda de anulación ante Roma y, anticipándose al resultado, fue a Bretaña a solicitar la mano de la pequeña Ana, de siete años de edad en ese entonces. El proyecto, pronto conocido, inquietó con justa razón a Ana de Beaujeu, que gobernaba en nombre de su hermano. Y Luis le proporcionó imprudentemente todas las armas que ella necesitaba para abatirlo: intrigó en los Estados Generales, alternó sin discernimiento actos de rebelión y de sumisión, eligió finalmente la causa del duque de Bretaña y fue arrastrado en su derrota. Hecho prisionero en Saint-Aubain-Du-Cormier, pagó con tres años de cautiverio su participación en la "Guerra Loca".

Transferido de castillo en castillo, pero siempre estrechamente vigilado, no gozó de la amnistía concedida a los otros jefes rebeldes. Pues se obstinó en querer romper su matrimonio, al que acusaba de ser la única causa de su rebelión, y mantuvo sus pretensiones a la mano de la duquesa bretona. De allí la dureza del tratamiento que se le infligió a manos de un guardián feroz: padeció hambre, frío, y debió soportar una castidad forzada y vejaciones de toda clase. Vemos entonces surgir a la fiel Juana, a la que recibió primero groseramente, antes de que su interés lo incitara a un poco más de amabilidad. Ella le prometió intervenir para suavizar su detención y obtuvo en efecto su transferencia a la gran torre de Bourges, en la que hubo de pasar dos años. Poco confortable, ninguna probabilidad de evasión, pero algunos contactos con el exterior, y sobre todo visitas de Juana que le comentaba sus gestiones para hacerlo liberar.

El no podía esperar nada de su hermana Ana de Beaujeu que, como buena política, no deseaba dejar al revoltoso en libertad. Juana le dirigió con ese objeto dos cartas enternecedoras, que han llegado hasta nosotros, pero que no la conmovieron. Ella comprendió que encontraría mejor disposición en su hermano, Carlos VIII, irritado por la tutela de su hermana mayor y dispuesto a apiadarse de la suerte de un primo que había apadrinado su entrada en la caballería. Ella se arrojó a sus pies y, si prestamos crédito a un relato de la época, le habló de una manera emocionada y hábil a la vez, mezclando las excusas por el pasado a las promesas para el futuro, haciendo vibrar la cuerda sensible de la generosidad: "Creedme, ganaréis más gloria tendiendo la mano a un vencido, que la que habéis ganado triunfando sobre él". Carlos VIII cedió a sus súplicas, no sin dirigirle una advertencia: "Tendréis, hermana mía, al que causa vuestra pena; y quiera el cielo que no os arrepintáis un día de lo que habéis hecho por él", le habría dicho en el momento de abandonar Tours, el 27 de junio de 1491, para dirigirse a Bourges a abrir las puertas al prisionero.

Luis, a menudo enfermo, había envejecido, se había serenado. Sus ambiciones eran menos vivas, se habían esfumado sus esperanzas bretonas: seis meses después de su salida de prisión, el rey se casó con Ana de Bretaña. Entonces se estableció un *modus vivendi* con Juana. El se comprometía a conservarla y ella hacía su entrada solemne en Orleáns, vestida con una túnica de tela de oro, en una litera tapizada en oro.

El había descubierto en ella cualidades. Su cautiverio había provocado el secuestro de sus bienes. Entonces ella tomó en sus manos la administración de sus asuntos, solucionó lo más urgente y dedicó a mejorar su suerte buena parte de la pensión personal que el rey le otorgaba. En una palabra, ella se mostró capaz de cumplir al menos uno de los papeles tradicionales de una esposa de alto rango: el de dirigir la "casa". Así, cuando él partió para la expedición de Italia, es a ella a quien confió ese cuidado. La correspondencia que intercambiaban y en la que él la llamaba familiarmente "amiga mía" testimoniaba una evidente confianza en ese terreno: asociados y ya no adversarios, aparecían solidarios el uno del otro, como verdaderos esposos.

Ella estaba en Lyon, en compañía de toda la corte, para recibirlo a su regreso. El encuentro careció de efusividad: él la soportaba mejor de lejos que de cerca. Carlos intentaba acercarlos, insistió por visitas —"Hermano, id a ver a mi hermana"—, pero no tuvo sobre su primo la misma autoridad que tenía Luis XI. Cuando, convertido en devoto, lo sermoneaba sobre el tema de su desenfreno, Luis podía permitirse responderle que sería de otro modo si su mujer fuese menos repulsiva: el rey enrojecía de cólera, pero no dijo nada.

De hecho, Carlos había renunciado a intervenir en la vida íntima de la pareja. El espionaje doméstico se suavizó. Si lo hizo vigilar discretamente, fue en el terreno político. En cuanto al resto, se contentó con que se salvaran las apariencias: hija y hermana de un rey de Francia, Juana no podía ser repudiada. Bastaba que Luis la tratara públicamente como esposa para conservar la amistad del rey.

Ella, por su parte, supo hacerse tolerar: su dulzura y su modestia le valieron para ello. Ya no estaba confinada en Linières sino que circulaba de un castillo al otro, en Val de Loire, como todos los grandes señores de la época. Se los veía juntos en Blois y en Mesnils, muy cercanos en Amboise, donde ella asistió a su lado a un gran banquete ofrecido por su hermano. El resto del tiempo, Luis cazaba y viajaba. Los años pasaban y la vida de esta extraña pareja podría haber continuado así hasta su fin, sin el golpe imprevisto del 7 de abril de 1498. Ambos estaban en Montils cuando les llegó la noticia: Carlos VIII había muerto. Luis de Orleáns se convirtió de inmediato en Luis XII, rey de Francia.

Una reina molesta

Juana perdía a un hermano al que amaba. Pronto debió comprender que esa desaparición significaba el fin de su matrimonio. Ahora el poder se hallaba en manos de Luis. Y la anulación a su alcance. Siendo ya el amo, jamás reconocería en ella a la reina de Francia.

Mientras tanto, ella lo era de hecho, como esposa legítima del que acababa de ser saludado con el nombre de rey. Se consideró enseguida reina y, cuando ella se atribuyó ese título en alguna escritura notarial, nadie se atrevió a cuestionarlo. En cuanto a Luis, se abstuvo cuidadosamente de dárselo, haciéndola llamar solamente por su nombre, Señora Juana de Francia, sin ningún título. La mantuvo apartada, evitando todo trámite que pudiera asociarlos. Y, desde luego, ella no apareció en la consagración que, el 27 de mayo, lo convirtió en legítimo rey de Francia, investido por la divina unción.

Los historiadores están divididos en cuanto a la situación jurídica de Juana durante los nueve meses precedentes a la anulación.

Pues, como el juicio declaraba retroactivamente el matrimonio nulo y sin valor, su corolario era que, no siendo la esposa del rey, ella no era reina ni lo había sido nunca. Pero para sus contemporáneos ella fue indiscutiblemente, durante ese corto período en suspenso, la legítima reina. Y para algunos, lo siguió siendo. ¿Puede un juicio privar de existencia y borrar de las memorias lo que ha sido? ¿Pueden eliminarse todas las consecuencias de una unión que pasó por válida durante veintidós años, aunque luego se demostrara que no lo era?

Tanto más, por cuanto fue difícil probar la nulidad.

Luis, impaciente, creía poder liberarse muy pronto. Para separarse de Juana tenía, sumado a los rencores de orden privado, un motivo de interés nacional: el famoso tratado de Langeais, que imponía al sucesor de Carlos VIII desposar a su viuda para asegurar la unión definitiva de Bretaña a Francia. No podía soñar con una justificación más maravillosa. La historia retrocedía. Se veía devuelto a quince años antes, cuando partió clandestinamente a Rennes a pedir la mano de la duquesita, jurando a su padre que pronto se desembarazaría de su molesta esposa. Con la diferencia de que ahora tenía todas las de ganar.

Emprendió de inmediato dos acciones: una ante Juana, la otra en Roma, para obtener la anulación de su boda, dando por descontada una solución fácil y rápida. ¡Oh, sorpresa! Nada ocurrió según sus previsiones.

Envió ante Juana al fiel Luis de La Trémoille a proponerle un arreglo amistoso, acompañado de un torrente de buenas palabras, que nos transmitió Jean Bouchet en el *Panégyric du Chevalier sans reproche*:

"Señora, el Rey se encomienda vivamente a vos, y me ha encargado deciros que la dama de este mundo que más ama sois vos, su parienta cercana, por las gracias y virtudes que en vos resplandecen; y está muy disgustado e irritado porque vos no estáis dispuesta a tener descendencia, pues él desearía terminar sus días en tan santa compañía como es la vuestra." Pero, para evitar los problemas dinásticos —continúa él— "para impedir que el reino caiga en manos extranjeras —riesgo inexistente, pues había muchos colaterales—, se le ha aconsejado tomar otra esposa, si os place dar vuestro consentimiento, aunque entre vosotros dos no haya verdadero matrimonio legal, pues él dice no haber dado ningún consentimiento, sino haberlo hecho forzado y por el temor que sentía de que vuestro difunto padre, monseñor, presa de furiosa ira atentara contra su persona; sin embargo, os tiene tanto amor, que preferiría morir sin descendencia de su sangre a disgustaros."

En pocas palabras: el rey era muy bueno al pedir un consentimiento que no necesitaba en absoluto pues la boda, contraída bajo presión, es nula. Bajo las flores asomaba la amenaza: que ella aceptara de buen grado lo que no podía impedir.

La respuesta, obra de arte de prudencia y diplomacia, daba pruebas de la extremada inteligencia de Juana:

"Si yo pensara que no existe boda legítima entre el rey y yo, le rogaría con todo mi afecto dejarme vivir en perpetua castidad: pues lo que más deseo, despreciados los honores mundanos y olvidadas las delicias carnales, es vivir espiritualmente con el eterno rey y temible emperador" —es decir Dios. "Y, por otra parte, me haría feliz, por el amor que tengo al rey y a la corona de Francia de la que yo he nacido, que él tuviese esposa semejante a él, para darle el verdadero fruto de leal y honesto matrimonio, cuyo fin es tener descendencia, rogándole aconsejarse con los sabios y no casarse por amor impúdico, y menos por ambición y avaricia."

En este discurso, los verbos estaban en la irrealidad del condicional. Los deseos que expresan —la vida religiosa para ella, una esposa fecunda para él— no son realizables. ¿Por qué? Porque ella cree su matrimonio legítimo, irrevocable. El rey lo comprende de inmediato y lanza un gran suspiro de disgusto cuando La Trémoille le transmite esas palabras. Alaba la rectitud de Juana y añade: "Y aunque no tenga verdadero matrimonio con ella, ni haya sostenido carnal compañía, sin embargo, a causa de que durante largo tiempo fue considerada y reputada como mi esposa por la opinión común [...] me molesta separarme de ella, temiendo ofender a Dios, y que me critiquen las naciones extranjeras". Debía renunciar a que Juana confirmara sus dichos sobre la nulidad del matrimonio, lo que habría impedido toda crítica.

Por el lado de Roma no iban mejor las cosas. Cierto es que tenía que tratar con un papa comprensivo. Alejandro VI, antes Rodrigo Borgia, no era de moral austera. Su hijo, el famoso *condottiero* César Borgia, al que hizo cardenal desde su más tierna edad, prefería visiblemente a una carrera en la Iglesia la mano de alguna heredera dotada de provincias y de una buena renta. El pontífice estaba dispuesto, a cambio de un partido ventajoso para su retoño, a complacer al rey de Francia, cuyas pretensiones italianas esperaba también atemperar, gracias a esa transacción. Se daba por supuesta su buena voluntad de principio.

Pero el astuto zorro sabía cuán espinosos podían ser los problemas matrimoniales de los soberanos y no pensaba crear precedentes. El asunto no estaba claro. En vez de hacerlo arreglar discretamente en Roma por una comisión de cardenales bajo su responsabilidad directa, se remitió a un tribunal eclesiástico francés, designado por él pero autónomo, y que sesionaría en Francia. El se limitaba a enviar a ese tribunal la lista de todos los motivos de anulación retenidos por el derecho canónico y susceptibles de ser invocados. En una palabra, se lavaba ostensiblemente las manos.

Ana de Bretaña, por su parte, se mostraba reticente, preocupada por hacerse restituir la administración de su ducado antes de ligarse nuevamente a Francia. Habló de regresar a Bretaña, exigió la partida de las guarniciones reales que ocupaban sus plazas fuertes. Luis debió firmarle, el 19 de agosto, una promesa de matrimonio apremiante: si no la desposaba en el plazo de un año, los últimos castillos en posesión de Francia —Nantes y Fougères— le serían devueltos. Lapso muy corto para obtener la anulación y solicitar a Roma las dispensas necesarias para la nueva unión.

Por consiguiente, en las condiciones más detestables para Luis se inició un proceso escandaloso en el que el "demandante" era el rey y la "demandada" su legítima esposa hasta nueva orden, unida a él por matrimonio religioso desde hacía veintidós años.

Un proceso escandaloso

Fue un proceso extraño. Su resultado era conocido de antemano y, en efecto, resultó de acuerdo con los pronósticos. Pero la hábil y enérgica defensa de Juana le dio un giro que nadie había previsto, y menos que nadie el rey.

Los jueces eran todos adictos a él. En primer lugar Luis de Amboise, obispo de Albi, hermano del ministro y favorito Jorge de Amboise, era creación suya. Estuvo presente a lo largo de todo el proceso en compañía de Francisco de Almeida, un prelado portugués devoto al papa, y de Felipe de Luxemburgo, un fantoche, que lo asistieron tan pronto juntos, tan pronto separadamente. El tribunal no pedía más que conceder cuanto antes la anulación. Pero hacía falta respetar las formas: ni la Iglesia ni el rey deseaban que pesara sobre la sentencia una sospecha que comprometiera la legitimidad de la nueva unión proyectada. El proceso fue, pues, rigurosamente inatacable desde el punto de vista jurídico y enteramente tergiversado sin embargo por la evidente desigualdad del tratamiento acordado a las dos partes. Pero pronto los jueces perdieron el control de la situación, ya que su tarea se complicó por la tranquila obstinación de Juana por un lado, y por el innoble servilismo de los testigos por el otro, que comprometían a fuerza de torpe celo la causa a la que querían servir.

Sin embargo, todo había sido bien organizado para favorecer al rey en el proceso, que se abrió el 10 de agosto en Saint-Gatien-de-Tours.

No estaba prevista ninguna confrontación. Luis XII no debía siquiera ser interrogado. Se mantenía apartado, olímpico, acorazado en su novísima dignidad real, invulnerable. Daba a conocer sus acusaciones por intermedio de sus procuradores. Juana, por su parte, fue llamada a comparecer desde el principio, en la posición desfavorable de acusada. La instancia inicial le concedía un plazo de algunos días para tomar conocimiento de los argumentos de su marido. Después de lo cual debería presentarse ante el tribunal para aceptar sus conclusiones —en cuyo caso ya no habría razón para proseguir el proceso— o para refutarlas con documentos de prueba.

Se la sabía dulce, buena, discreta, enemiga de la agitación y el ruido. Se la creía débil y tímida. Se tenía por seguro que retrocedería, asustada, ante la prueba. Para sorpresa de todos, ella decidió hacer frente.

Necesitaba de mucho coraje pues se hallaba muy sola. Cuando el tribunal le asignó para su defensa la asistencia de tres jurisconsultos de Turena, estos sólo pensaron en declinar tan peligrosa comisión. El mismo pánico cundió entre los abogados que se trató de adjudicarle, un pánico que ellos no se avergonzaron en proclamar muy alto: "Tienen miedo de servirla contra el rey, al que temen mucho". Se excusan, diciéndose seguros del derecho de su soberano: ¿para qué litigar? Fue menester la amenaza de graves sanciones para procurar a la pobre Juana abogados y un notario.

Los juristas tomaron como base el breve pontificio del 29 de julio que enumeraba las posibles causas de nulidad. Alejandro VI daba más de las necesarias: había no menos de ocho. Pero una vez eliminadas las repeticiones y dejados de lado los impedimentos cubiertos desde hacía tiempo por dispensas pontificias —consanguinidad y "parentesco espiritual" consecuente de un padrinazgo—, sólo quedaban dos de posible discusión: la falta de consentimiento y la no consumación.

Luis bien sabía que la falta de consentimiento de su parte estaba, según la fórmula jurídica, "purgada" por la cohabitación ulterior. La presión ejercida sobre él en ocasión de la boda no había perdurado continuamente durante veintidós años. Si realmente lo hubiese deseado, habría encontrado, sobre todo en el reinado de Carlos VIII, la manera de anular su unión sin arriesgar su libertad o su vida. Optó pues por alegar en primer lugar la no consumación.

No así la esterilidad, como se pudo observar, aunque Juana no le hubiese dado hijos. Ese no era motivo de anulación admitido por la Iglesia. Los conocimientos médicos eran entonces muy someros al respecto. Digamos simplemente que una mujer, como una becerra o una oveja, parecía tanto más apta para procrear cuanto más vigorosa y sólidamente constituida fuese. Una especie de eugenesia instintiva hacía apartar a los animales frágiles y a las mujeres contrahechas, a los que se prefería suponer incapaces de concebir más que susceptibles de transmitir taras. Pero atención: no se podía rechazar a una joven más que en la etapa del noviazgo. Después, tanto peor para el marido por su mala elección. Severidad necesaria, mediante la cual la Iglesia prevenía los cuestionamientos que no habrían dejado de multiplicarse.

El informe presentado por Luis XII, aunque invocaba al paso la necesidad de perpetuar la descendencia real —el argumento pesaría tal vez en secreto en la balanza—, insistía pues, sin querer "atentar de ninguna manera contra el honor y la honestidad" de una hija de Francia, en los defectos físicos de la interesada, "imperfecta, viciada y con maleficio corporal, inepta para el comercio con el hombre". Era negar a priori la posibilidad misma de una consumación del matrimonio.

Juana se presentó el lunes 6 de septiembre y fue directamente al grano. A pesar de la desaprobación aterrorizada de sus defensores de oficio, declaró sin equívocos que ningún defecto físico le impedía la unión carnal y que su matrimonio había sido consumado.

El jueves 13 de septiembre comenzó el interrogatorio detallado. Fue acompañado de un juramento, que ella pronunció de buen grado, jurando decir la verdad. Entregó a los jueces una declaración redactada de su puño y letra, simple y digna, donde intentaba precaverse contra las celadas que pudieran tenderle: "Señores míos, soy mujer y no entiendo de procesos...". Después de lo cual, se dispuso a responder.

Para evitar abordar demasiado rápido los puntos delicados, se discutió insistentemente sobre el parentesco natural y espiritual que la unía a Luis XII y sobre la edad en que habían sido casados. Se recordó las presiones sufridas entonces por su marido: ella se excusó, invocando su ignorancia. Acerca del entendimiento de este con el duque de Bretaña, que él imputaba al solo deseo de romper con ella, y acerca de las pruebas que siguieron, ella dijo no saber nada, salvo que después de su huida y su derrota había sido encarcelado: "y un hombre prisionero no está muy cómodo". Pasó modestamente por alto la devoción que ella le testimonió y el papel que desempeñó en su liberación. Finalmente, hubo que referirse a sus impedimentos físicos. Ella declaró con sencillez saber bien que no era tan bella como la mayoría de las demás mujeres. Pero eso no le impedía ser apta para el matrimonio y la maternidad.

El tribunal se encontraba en un atolladero. Sobre el punto decisivo, la consumación del matrimonio, era la palabra del rey contra la de su mujer.

Había un medio de saberlo: bastaba con hacer examinar a esta por mujeres competentes, "sabias y conocedoras". Ahora bien, curiosamente, ante una proposición apta para zanjar el debate, Juana toma la iniciativa de maniobras dilatorias. Si el examen es indispensable, dice ella, debe ser confiado a personas "graves", designadas por mitades por ambas partes. Hasta que se las eligiera, tal vez su marido se decidiría a decir la verdad, añadía, tornando el procedimiento inútil. Y en tal espera, propuso que se examinaran los otros puntos.

A la lentitud normal del procedimiento se sumó, para demorar su finalización, una epidemia de peste: hizo que el tribunal abandonara Tours para instalarse en Amboise. Sólo contaba con dos jueces, pero la "dificultad de la causa" pareció justificar entonces el agregado de un tercero, totalmente adicto al rey, lo que permitió algo más tarde al papa, decididamente reticente, retirar el suyo. El malestar era evidente.

Y no lo disipó el lamentable desfile de testigos. En gran número se atropellaban para apoyar la tesis del matrimonio impuesto por la fuerza. Se retuvo a veintisiete de ellos. En cambio, los que Juana había propuesto se excusan, salvo cuatro, el más moderado de los cuales afirma no recordar nada, mientras que los otros tres la acusaban. Negaciones, traiciones: ella debió de recordar las lecciones del Evangelio, que sabía de memoria. Antiguas víctimas de Luis XI, vengándose en su hija, acudieron a descargar viejos rencores. Se vio comparecer lado a lado a grandes señores y a gente del pueblo, sirvientes, porteros, guardias nocturnos, arqueros de atalaya, que vier n a declarar que Luis de Orleáns había sufrido una intolerable presión. Sus intervenciones fueron humillantes para este, al estar su suerte en manos de sus más humildes súbditos y al verse obligado a recurrir a sus habladurías. Y ellos hacían demasiados comentarios, en su celo intempestivo. Describían con toda clase de detalles la violencia ejercida sobre él. De sus declaraciones surgió una imagen deplorable del nuevo rey. Un cobarde, que pasó veintidós años de su vida temblando no solamente ante Luis XI —algo al fin y al cabo comprensible—, sino ante su hija de Beaujeu y ante el bueno de Carlos VIII. Un patán, que multiplicó ante su esposa, víctima como él de una unión impuesta, las muestras más groseras de repugnancia.

Nauseabundas confidencias. La opinión pública poco a poco fue cambiando y el buen pueblo de Amboise comenzó a compadecer de todo corazón a la que llamaba su reina. Y Juana encontró de pronto un defensor inteligente y fiel en la persona del abogado François Béthoulas, que en adelante fue su portavoz. Decididamente, el argumento de la presión era de doble filo. Y ni siquiera eficaz. Pues si bien había cierta verosimilitud en lo que concernía al matrimonio mismo, luego se demostró que Luis habría tenido muchas ocasiones de pedir la anulación si hubiese consentido simplemente en sacrificar su posición en la corte. Prefirió gozar plenamente la recuperación de sus favores, acomodándose a su mujer. Se los había visto juntos demasiado como para que el tribunal pudiese pasar por alto esa circunstancia.

No se había avanzado un palmo. Se volvió al punto de partida: al rey le quedaba, como único recurso, el espinoso asunto de la no consumación. Y se habló nuevamente de los impedimentos físicos de Juana. Fueron discutidos en un latín médico oscurecido para nosotros por la distancia temporal, oscuro ya en ese entonces por estar mal adaptado al caso en litigio. Se la llamó *frigida, maleficiata*. Pero esos términos, propios para describir la impotencia masculina, en su forma fisiológica o maléfica —un sortilegio que "anuda los cordones"—, no implicaban en absoluto en una mujer la ineptitud para ser fecundada por su marido. Prácticamente no se hablaba de una eventual malformación congénita.

Pero, mientras el debate giraba en falso, Juana tomó en el mes de octubre una doble iniciativa.

Hizo presentar al tribunal una petición de extremada habilidad. En él solicitaba que se entregaran a ocho sabios, "los más letrados y conscientes del reino", propuestos por mitades por cada parte, todas las piezas del proceso. Una vez que tomaran conocimiento de ellas, serían invitados no a juzgar sobre el fondo del asunto, sino a decir si la demandada podía "sin cargo de conciencia y sin ofender a Dios", dispensarse de proporcionar la prueba de sus dichos —es decir someterse al examen corporal— y remitirse, para zanjar el diferendo, al juramento del rey, su señor, según el procedimiento llamado del *juramento decisorio*. El ofrecimiento iba acompañado de protestas de sumisión. Ella "siempre ha deseado, y deseaba todavía, complacer al rey, salvada su conciencia, para cuyo descargo y no por otra causa, [ella] sostenía el proceso que dicho señor realizaba contra ella y se defendió con gran dolor y disgusto, y no para lograr bienes y honores del mundo que no le sean debidos", dijo al principio. Y al final, le "suplica muy humildemente, como su señor, que no esté disconforme de ella, que no permita ninguna cosa que la disminuya en su estado, que es muy pequeño en comparación con la casa en donde ella nació." En esas perífrasis, no había que ver ninguna reivindicación del título de reina, sino más modestamente una petición de dinero: ella no tenía bienes propios y, privada de la pensión que le otorgaba su hermano, se encontraba sin recursos.

Por otra parte, hizo preparar por François Béthoulas un alegato recapitulativo, pronunciado el 26 de octubre de 1498. Su abogado desechaba uno a uno los argumentos reales, enumeraba todos los momentos de vida común de ambos esposos y, en un lenguaje tan crudo como el de los testigos de cargo, recordaba en latín las noches pasadas "a solas ambos, a fin de cumplir el deber conyugal por unión carnal, con risas, besos, abrazos y otras señales de deseo". Después de lo cual el marido se felicitaba por su valentía: "Bien he ganado beber porque esta noche monté a mi mujer tres o cuatro veces."*

Luis XII se preocupó. El tiempo trabajaba en su contra. Ana de Bretaña tomaba distancia. Era necesario terminar con esto. No sin reticencias, aceptó el procedimiento del juramento propuesto por Juana.

No era cosa de hacerlo comparecer ni de enfrentarlo a ella. Los jueces —entonces no eran más que dos— fueron a verle una primera vez, el 29 de octubre, en compañía de un representante de Juana, al pueblo de Madon, cerca de Montils, para una conversación previa. Sus respuestas evasivas no satisficieron a nadie, ni siquiera a sus magistrados leales. Reconoció haber hecho a su mujer visitas bastante frecuentes, pero que "él creía" no haberla conocido nunca carnalmente: habría necesitado estar "loco" para hacerlo. Lamentablemente, no había en aquel entonces psiquiatras para argumentar en su nombre enajenación temporal.

Fue entonces cuando se presentó ante el tribunal, el 20 de noviembre, la famosa carta de Luis XI al conde de Dammartin oportunamente reencontrada in extremis.† Allí estaban corroborados por el propio Luis XI los dos puntos litigiosos del proceso: Luis de Orleáns se arriesgaba a morir si se negaba a obedecer, y su mujer era considerada estéril, impropia para el matrimonio. Todos los ex servidores del difunto rey se disputaron el honor de certificar la autenticidad de esa carta, decisiva para la tesis real.

Luis XII aprovechó esa sorpresa favorable: se decidió a pronunciar el juramento solicitado, al que la carta de su suegro proporcionaba una suerte de confirmación anticipada. El 5 de diciembre, los

---

* *J'ai bien gagné à boire parce que j'ai chevauché ma femme cette nuit trois ou quatre fois.*

† Ver precedentemente, pág. 78. Los historiadores se han preguntado, con toda razón, por qué los herederos del conde, en posesión de esa carta de capital importancia, esperaron tanto para presentarla. La demora fue explicada por disensiones familiares. Pero la historia de ese documento sigue siendo oscura.

jueces lo encontraron en el pueblo de Ligueuil, cerca de Tours. Le hicieron solemnemente las advertencias acostumbradas. Después de lo cual él juró sobre el Evangelio y ante el crucifijo que "jamás actuó con ella como su mujer, ni se esforzó en conocerla por afecto marital; que por lo tanto no la conoció realmente y que, más aún, nunca se acostó con ella desnudo a desnudo". Y añadió, no sin ingratitud, que ella fue a verlo a prisión sin su consentimiento y que no le debía en absoluto su liberación.

Ahora el veredicto de anulación ya no podía tardar. Juana fue advertida oficiosamente el 15 de diciembre y experimentó tal emoción que quedó postrada. Dos días más tarde, se hacía la proclamación en la iglesia Saint-Denis de Amboise. Una multitud hostil señalaba con el dedo a los jueces: "Ved a Caifás, ved a Anás su suegro, ved a Herodes, a Pilatos, a los que juzgaron a la santa señora que ya no es reina de Francia". Estalló una gran tormenta, insólita para la estación, sacudiendo al pueblo con truenos y trombas de agua, "cambiando la claridad del mediodía en la oscuridad espantosa y triste de una negra noche"—como a la muerte de Cristo— y a la luz de las antorchas se leyó, en presencia de los más encumbrados personajes del reino, el decreto que establecía que jamás había habido matrimonio entre Luis de Orleáns y Juana de Francia. Contrariamente a la costumbre, la demandada, desestimada, no fue condenada a pagar las costas del proceso.

Ni el uno ni la otra asistieron personalmente a esa proclamación. Todo hace pensar que nunca volvieron a verse.

Dos días después, César Borgia, que deliberadamente se había demorado en el camino para aguardar la conclusión del proceso, llegó, portador de las bulas de dispensa para la boda del rey con Ana de Bretaña.

¿Dónde está la victoria?

Objetivamente, Luis había ganado y Juana había perdido. El asunto estaba cerrado.

La opinión pública se dividió. Juana se había mostrado digna y valerosa. Era preferida a la desconfiada bretona, poco amada. Era compadecida. Algunos hombres de Iglesia osaron criticar el juicio, sosteniendo que jamás le está permitido a un rey, aunque fuese el más grande, repudiar a una esposa no adúltera, afirmando que Juana seguía siendo "la verdadera y legítima reina de Francia". Los juristas, por su parte, protegiéndose detrás de la perfecta regularidad del proceso, aprobaban. El cronista Jean Bouchet manifestó una duda, pero se abstuvo de decidir: "Si eso estuvo bien o mal hecho, sólo Dios lo sabe". Mucho más tarde, el chismoso Brantôme, gran recopilador de habladurías, proclamaría crudamente su escepticismo: "Creo que su marido, como yo oí decir, la había conocido muy bien y vivamente tocado, aunque ella fuera algo estropeada de cuerpo, pues él no era tan casto como para abstenerse teniéndola tan cerca de sí y a su lado, dada su naturaleza, que era un poco codiciosa [...] del placer de Venus". Pero añade: "un rey hace lo que quiere", "nada es imposible para un gran rey". Entre los historiadores, uno solo parece haberse interrogado sobre la actitud de Juana: el italiano Guicciardini, quien sostiene que todo no fue más que una comedia y que ella había consentido de antemano a perder su proceso. Respuesta algo somera a un interrogante muy pertinente.

¿Qué quería ella, y por qué se obstinó en hacer frente a un proceso penoso? Repasemos los hechos desde su punto de vista.

¿Le interesaba ser reina de Francia? Dijo expresamente lo contrario y, cuando habló de las consideraciones debidas a su rango, pensó en una pensión que le permitió vivir decentemente, no en las prerrogativas de una soberana. Sabía muy bien que el mantenimiento del vínculo conyugal, cuando Luis era todopoderoso, la expondría a nuevos ultrajes o, en el mejor de los casos, a ser radicalmente apartada. Su vocación religiosa era antigua y ardiente: desde siempre se consideró llamada a fundar un monasterio. Agreguemos —pero no es más que una hipótesis— que la hija de Luis XI poseía tal vez suficiente sentido del interés nacional como para comprender la utilidad de la boda bretona por un lado, y la importancia de la continuidad dinástica por el otro. A los treinta y seis años, ya casi no tenía esperanzas de ser madre, si es que alguna vez las tuvo. No era la reina que Francia necesitaba.

Supongamos pese a todo que ella hubiese pensado, al principio, en seguir siendo reina. La composición del tribunal, el comportamiento de los hombres de leyes y de los testigos bastaron para convencerla de que no tenía la menor posibilidad. ¿Por qué, después de rechazar el arreglo amistoso propuesto por La Trémoille, persistió en su negativa, antes del comienzo del proceso? Cabe una sola explicación de índole moral y religiosa. El matrimonio era para ella un sacramento, ella estimaba su unión indisoluble; se consideraba la mujer de Luis, en la plena acepción de la palabra. Se negó a mentir. Era él quien quería el divorcio, no ella. Que él encontrara los medios jurídicos de anulación, si es que existían. Ella no iba a ser cómplice, contra su conciencia.

¿Un oscuro rencor la impulsó a complicarle la tarea? Estaríamos tentados de creerlo ante su obstinación en refutar sus tesis. Al parecer, ella no le facilitó las cosas. Y sin embargo...

Sobre el punto capital de la no consumación, el uno decía blanco, la otra negro. Sólo el famoso examen corporal hubiera permitido decidir. Ahora bien, en dos oportunidades, ella era quien tomaba la iniciativa de rechazarlo y de proponer otra solución, a su conveniencia. Y cada vez el tribunal la siguió.

¿Por qué lo eludió ella? Por pudor, se nos dice. Pero frente a las confidencias verbales hechas públicamente, una revisión médica discreta hubiera sido poca cosa. La verdadera razón era otra. Pudo temer la mala fe de las matronas delegadas a tal fin. Sospecharía con razón, en vista de la cobardía general, que le iba a costar encontrar cuatro parteras de confianza para sumarlas a las del rey. Si ellas la declararan virgen, se vería públicamente acusada de haber mentido. Y si, por el contrario, fueran honestas y confirmaran sus afirmaciones, su boda sería válida irrevocablemente. Ahora bien, ella no deseaba ni la una ni la otra solución, por ella, pero también por él.

Primer rechazo, o más bien solicitud de un plazo. Ella lanzó al rey un primer cable: que se escuchara primero a los testigos. Tal vez surgiera de allí algo para dilucidar el tema, por causa de falta de consentimiento, por ejemplo. Pero, en su exigencia de veracidad, se negó a cualquier concesión y no dejó pasar nada. Y por muy bien dispuestos que estuvieran los jueces, no podían decidir la existencia de una presión tan prolongada.

Se volvió entonces al examen corporal. Nuevo rechazo. Nueva contrapropuesta de Juana, acompañada de extraordinarias precauciones de orden jurídico y canónico. Si la Iglesia estaba de acuerdo, se remitiría al juramento del rey. Obsequio envenenado, ante el cual se comprende que él vacilara. Desde el principio él se mostró esquivo, dejando a los jueces decidir en su lugar, tratando de hacer compartir a Juana, y hasta de hacerle asumir la responsabilidad de una ruptura que a los ojos de ella era un sacrilegio. Despiadada, ella lo acorralaba, lo enfrentaba a sus responsabilidades. El sólo tenía que decir una palabra. Tendría su divorcio, ella se lo ofrecía en bandeja de plata. Con una condición: que pagara su precio, que asumiera la falta —el pecado—, solo.

Todo lo que sabemos de la personalidad de Juana nos hace pensar que no ha mentido. Entonces, ¿mintió Luis? A diferencia de los contemporáneos del proceso, la mayoría de los historiadores posteriores retroceden ante esta hipótesis. ¿Era un crimen de lesa majestad sospechar aquí que Luis XII cometió perjurio? El no pronunció ese juramento de buen grado, ¡oh, no! Se decidió a hacerlo como último recurso. Era profundamente creyente. Pero era mucho lo que estaba en juego: no por su placer sino en interés del reino debía desposar a Ana de Bretaña. Y debió de encontrar hombres de la Iglesia que le dijeran que gozaría de circunstancias atenuantes, al estar prisionero de una situación que no había elegido.

En ese largo enfrentamiento que los puso uno contra el otro, Juana, contra todas las apariencias, obtuvo la victoria: ella impuso su solución, la solución que descargaba su conciencia, concediendo al mismo tiempo a Luis su libertad. Lo hizo sin odio, con el deseo de complacerlo tanto como pudiera. No mintió cuando lo proclamó en cada una de sus intervenciones. Aceptó los interrogatorios humillantes, la publicidad dada a todos los tormentos de su vida. No cedió en lo esencial. Pero después del juramento del rey, ella calló definitivamente.

Al anunciarse el veredicto estuvo a punto de desfallecer. Se nos dijo que a causa del despecho y la decepción. Es poco probable: no era una sorpresa. Pero psicológicamente, era de todos modos un golpe. Una anulación es, en un sentido, para alguien que no la ha deseado, peor que un divorcio. Borraba de un plumazo veintidós años de una existencia que ella había deseado por entero al servicio de ese marido que la rechazaba. De pronto se le decía que no había sido duquesa de Orleáns, que no había sido reina, que no había sido nada, en suma, durante esos años bruscamente sumidos en el olvido. Era como para sufrir un instante de vértigo. Es probable también que, animada por el espíritu de caridad, experimentara un temor religioso ante la idea de los peligros espirituales que acechaban al hombre del que le costaba no sentirse solidaria, después de pasar tantas pruebas juntos.

Por su parte, Luis, cuya imagen salía ensombrecida de ese escandaloso proceso, supo mostrarse grande y prudente, una vez terminado todo. Sordo a los consejos de represión que le daban, dejó vituperar a los predicadores, contando con el tiempo para apaciguar los rumores. No se disgustó con Juana, cuyas razones comprendió muy bien. Fue generoso: el 26 de diciembre le aseguró mediante documentos rentas de acuerdo con su rango. Le concedía una pensión sustancial y la hacía duquesa de Berry en cesión vitalicia, pues ella quería entrar a la vida religiosa y a su muerte la provincia volvería a la corona. Pero moralmente su gesto equivalía a una reparación.

En el mes de febrero de 1499 ella tomó posesión de ese ducado que le recordaba su infancia y se instaló en Bourges. Destruida por un incendio doce años antes, la ciudad estaba entonces asolada por la peste. Permaneció allí para cuidar a los enfermos y luego decidió fundar una congregación femenina consagrada a celebrar la Anunciación y la Encarnación, elección que expresaba tal vez, inconscientemente, la pena de no haber podido realizarse ella misma en la vocación de toda mujer que es la maternidad. La regla de la nueva orden de la *Anunciada* fue aprobada por el papa en 1501. En el monasterio construido por ella, tomó los hábitos y pronunció sus votos en Pentecostés de 1503. "Sintiéndose capaz de contenerse en continencia y castidad", dirá Brantôme, "se retiró junto a Dios y lo desposó, tanto que nunca más tuvo otro marido: que mejor no podía tener".

Desgastada por el ayuno y las mortificaciones, murió el 4 de febrero de 1505. Tenía apenas cuarenta años. Se encontró sobre su cuerpo lacerado un singular cilicio: un trozo del laúd con el que distraía antaño su soledad en Linières; había clavado en él cinco clavos de plata, en recuerdo de las cinco llagas de Cristo, y lo mantenía fijo a su pecho por un círculo de hierro.

Tal fue el fin de esta mujer asombrosa, tan débil y tan fuerte sin embargo, que supo mostrarse superior a un destino cruel. El esposo que la había rechazado, el rey Luis XII hizo celebrar en su honor grandiosos funerales. Fue beatificada en el siglo XVIII y canonizada recientemente, el 28 de mayo de 1950, abandonando así la historia de Francia, que le niega el título de reina, por la historia de la Iglesia, que la honra con el nombre de Santa Juana de Francia.

CAPITULO CUATRO

El segundo reinado de Ana de Bretaña

Volvamos unos meses atrás y encontremos a Ana de Bretaña vestida enteramente de negro y enclaustrada durante cuarenta días en el fondo de sus aposentos.

El ostentoso dolor en el que se ha hundido no ha empañado en ella el agudo sentido de sus intereses. "Ella tuvo una gran pena a la muerte del rey Carlos", nos dice Brantôme, "tanto por la amistad que le tenía como porque sólo se veía reina a medias, al no tener hijos". A quienes la compadecían diciendo que, viuda de un gran rey, le costaría encontrar los medios para "volver a tan alta posición", ella les respondía "que prefería seguir siendo toda su vida la viuda de un rey que rebajarse a alguien menos que él".

Pero la solución estaba a su alcance. El singular tratado de Langeais, que la obligaba a desposar al sucesor de Carlos VIII, le resultó muy conveniente: no dejaría el trono de Francia y nadie tendría nada que decir de una nueva boda rápida que el propio difunto rey había aprobado de antemano. Estaba completamente decidida a casarse con Luis XII, si él lograba separarse de Juana. En el caso improbable de que no lo consiguiera, ella habría reinado en su ducado, que debía serle devuelto. Sea como fuere, le interesaba desatar las ataduras entre su provincia natal y su país de adopción impuestas en ocasión de su primer matrimonio: ¿no sería maravilloso ser a la vez reina de Francia y duquesa de Bretaña en ejercicio pleno? Carlos VIII estaba apenas enterrado cuando ella ya se aplicaba a conseguirlo.

En esa nueva negociación llevaba la mejor parte. En 1491, muy joven, vencida, acorralada, había debido aceptar las condiciones de los juristas formados en la escuela de Luis XI y dirigidos por Ana de Beaujeu. En esa ocasión, reina viuda, respetada, fortalecida por su experiencia, tenía frente a sí a un rey inseguro, enredado pronto en un humillante proceso. Podía dictar sus condiciones.

Luis era un solicitante y cometió la imprudencia de demostrarlo ya en su visita protocolaria de condolencias. Ella lo dejó hablar, emitió objeciones, desplegó su gran juego. ¿Acaso él no era casado? Envuelta en sus velos de viuda, invocaba escrúpulos religiosos, recordaba las dificultades encontradas en el pasado en ocasión de su propia ruptura con Maximiliano, ponía en duda la validez de una eventual anulación. Ella no consentiría a ningún precio una unión sospechosa, tachada de ilegitimidad. En una palabra, ponía en juego los elementos de un regateo para vender al más alto precio su consentimiento.

Carlos había muerto en la noche del 7 de abril. El día 10, ella enviaba a uno de sus pajes a convocar a su fiel Juan de Chalon, príncipe de Orange, que acudió a la llamada para verse confiar el gobierno de Bretaña. Las consignas que Ana le dio estaban explícitamente dirigidas contra Francia. En mayo, hizo nombrar una delegación de notables bretones a los que invitó a acompañarla a París cuando el fin de su enclaustramiento le permitiera ir allí a negociar. Actuaba como soberana independiente, tomando en sus manos la administración de su ducado, colocando a hombres seguros en sus fortalezas, desplegando una actividad jurídica sin precedentes para aportar la prueba de sus derechos y privilegios.

Pasó dos meses en la capital, tiempo suficiente para exhibir su fuerza y su determinación; luego hizo ostensiblemente su equipaje, juntando muebles y joyas, y habló de regresar a su tierra, a Rennes. Esta amenaza arrancó a Luis, sobre quien había adquirido rápidamente gran influencia, una primera medida favorable. Consintió en suprimir las guarniciones francesas que, desde la derrota bretona, seguían acantonadas en las plazas fuertes de la provincia. Francia sólo conservaría, a título de garantía, Nantes y Fougères.

Abandonó entonces París por Étapes, donde fueron discutidas, mientras se abría el proceso de Juana, las cláusulas del nuevo contrato. En esas discusiones la confianza estaba ausente. Luis, prudente, todavía no había transmitido a sus oficiales la orden de devolver las plazas fuertes a los bretones: Brest, Conches, Saint-Malo, seguían ocupadas. Ana se irritó. En el tratado firmado el 19, el rey debió jurar sobre los Santos Evangelios abandonar las fortalezas cuestionadas. En cuanto a Nantes y Fougères, las conservó "para seguridad y cumplimiento de la boda que declara querer hacer", pero habían de ser restituidas a los bretones si al cabo de un año no había desposado a la duquesa, o si llegaba a morir de allí a entonces. El compromiso fue tomado conjuntamente por el rey y por Luis de La Trémoille, gobernador de ambas ciudades.

Ana, por su parte, juraba desposar al rey "tan pronto como fuera posible". La promesa le costó poco. Era su más caro deseo.

Luis se comprometió peligrosamente al aceptar la fecha límite de un año, y se comprende que se desesperara ante la lentitud de un proceso que, llegado a su término, podía proclamar la independencia de Bretaña, cargada de conflictos ulteriores. Tuvo la prudencia de dar a sus capitanes, pese a su juramento, la orden formal de diferir por el momento la entrega de las plazas fuertes.

Mientras tanto Ana iba en pequeñas etapas a su ducado, donde la aguardaba un recibimiento triunfal. En Nantes, engalanada con suntuosas colgaduras, hizo su entrada solemne vestida de luto, blanco y negro sembrado de lágrimas de plata, para asistir a una grandiosa misa de Requiem. Luego fue a Rennes a presidir los Estados de Bretaña. Hizo acuñar escudos de oro con la fecha y su efigie grabadas. En ellos aparecía coronada, con la espada de la justicia y el cetro en sus manos, revestida de una capa donde se mezclaban armiños y flores de lis, soberana más encumbrada que el propio rey de Francia pues, a diferencia de este, como lo indicaba la inscripción —*Anna Dei Gratia Francorum Regina et Britonum Ducissa*—, ella poseía dos coronas.

Y sus medios estaban a la altura de sus ambiciones pues Luis, obligado a ponerla en posesión de su pensión de viuda, creyó su deber superar las promesas de Carlos VIII. Ella percibía las rentas de La Rochelle, de Saint-Jean-d'Angély, de Rochefort, de Loudun, del Aunis, de una parte de Saintonge y poseía además dominios en Languedoc. Era hora de que el proceso terminara.

La sentencia se dictó el 17 de diciembre y, por una vez, la suerte sonrió al rey. El papa se había mostrado previsor. Luis no tuvo que reclamar a Roma las dispensas necesarias por su parentesco con Ana: estaban allí, en el bolsillo de César Borgia quien consintió, de bastante mala gana, en entregarlas.

El 7 de enero de 1499, los futuros cónyuges se encontraron en Nantes para firmar un contrato de boda mucho más favorable para Ana que el precedente. El gobierno de su ducado le pertenecía de pleno derecho y ella cobraría sus rentas. Conservaba la pensión acordada por Carlos VIII, sin perjuicio de que se le sumara otra en caso de muerte de Luis XII. Y sobre todo se preservaba la autonomía de Bretaña, se mantenían sus libertades y se disociaba su transmisión por herencia de la transmisión del trono de Francia. En efecto, la provincia quedaba fuera de la ley sálica. El segundo hijo varón de la pareja, "o mujer a falta de varón", sería su heredero, a fin de que el pueblo de ese ducado "fuese socorrido y aliviado". De no haber más que un hijo, la herencia pasaría al segundo vástago de ese hijo. Por consiguiente, el rey de Francia ya no tenía nada que ver en los asuntos de Bretaña. A lo sumo se le acordaba a Luis su administración con carácter vitalicio si sobrevivía a su mujer, pero, después de su muerte, volvería a los herederos legítimos de ella, "sin que los otros reyes y sucesores de reyes puedan querellar ni solicitar otra cosa". ¡Un buen trabajo de los juristas bretones y de su ama!

Fue en Nantes, en las tierras de Ana, donde Luis desposó a la duquesa, el 8 de enero de 1499, en la capilla del castillo, en medio de una alegría fácilmente concebible. El se esmeró en ganarse a los súbditos de su mujer mediante liberalidades y desgravaciones fiscales, contando con el tiempo para acostumbrarlos a una coexistencia consentida. Y la generosidad demostraría ser sabiduría. Contaba también con el capricho de la fortuna para desarmar esas combinaciones demasiado sutiles. No se equivocaba.

¿La mejor de las parejas?

La política es una cosa, la vida privada es otra. La pareja así formada fue relativamente unida, gracias a la bonhomía de Luis XII y a la seducción desplegada por Ana.

La conmovedora novela de amor contrariado, narrada por Brantôme, sin duda no existió más que en la imaginación de algunas damas de la corte. Sí, era cierto que Luis había pedido a la chiquilla en matrimonio y le había enviado como prenda un anillo. Pero ella tenía entonces siete años y es poco probable que él hubiese concebido por esa niña una de esas "grandes pasiones" que difícilmente pueden olvidarse "cuando se han apoderado del alma". Ella, por su parte, cuando tuvo edad para dar su opinión, prefirió al emperador Maximiliano. Y más tarde Luis no pesó demasiado frente a Carlos VIII.

Pero es verdad que él había pedido su mano en varias oportunidades y que ella podía ser, en su imaginación, la perfecta antítesis de la pobre Juana, coja y contrahecha. Luis conservaba, de sus fallidos intentos ante ella, un vivo sentimiento de frustración. Con un deseo de revancha sobre la injusticia del destino, quería conseguirla al mismo tiempo que el trono de Francia del que Ana le parecía indisoluble.

En cuanto a ella, visiblemente no estaba enamorada de él ni lo estuvo jamás.

No era necesario recordar la alegría de Luis a la muerte del delfín Carlos Orlando. Bastaba con mirarlo. Si antes había sido "un bello príncipe muy amable", después había cambiado mucho. El fogoso duque de Orleáns se había convertido, a los treinta y siete años, en un hombre viejo, prematuramente gastado por los excesos y las enfermedades. La cara delgada, angulosa, de frente estrecha, ojos prominentes, de fosas nasales abiertas debajo de una nariz curvada hacia arriba, el pecho mezquino, los brazos demasiado delgados, casi descarnados, componían un personaje poco atractivo para una joven de veintiún años, refinada y coqueta. Pero ella estaba decidida a afianzar su influencia sobre él.

Cuando se casó con Carlos VIII era muy joven y se hallaba estrechamente vigilada por Ana de Beaujeu, que no le concedió prerrogativas honoríficas más que para excluirla mejor del poder. Pero Luis era más maleable que Carlos. Y sobre todo estaba solo. A su lado no había una madre —María de Clèves había muerto en 1487— ni hermanas ambiciosas. Ninguna influencia femenina contrarrestó la de Ana, soberana.

Veló porque no hubiese ninguna amante. Sabía cómo retener a un marido y, más experimentada, lo logró mejor con el segundo que con el primero. El terreno era más favorable. ¿No había proclamado

Luis muy alto que sus excesos eran el resultado de un odioso matrimonio? Ya que tenía a la esposa elegida por él, debía serle fiel. La edad y la enfermedad contaban también y los escrúpulos religiosos pudieron ayudarle a hacer de la necesidad una virtud. En todo caso cuidó su reputación. Algunos cronistas —¿complacientes?— proclamaron muy alto que se resistió, en sus campañas de Italia, a los avances de las más bellas damas del lugar. Y Jean d'Auton narraba cómo, en Génova, fue "requerido de amores" por una tal Tomasina Spínola, la perla de la ciudad, con quien sólo consintió en ligar una "amistad honorable y una amable inteligencia", en total castidad, en la más pura tradición cortesana. El resto del tiempo, especialmente cuando estaba en Francia, su mujer pareció bastarle y la honró con su homenaje viril, tanto más gustoso por cuanto deseaba ardientemente un hijo.

Lamentablemente en ese aspecto ella lo decepcionó. Era menos fecunda que antes y su salud era más y más delicada. En quince años sólo tendría cuatro embarazos. Vivirán dos hijas, no sin heredar su cojera y sus otras debilidades congénitas: Claudia, nacida el 14 de octubre de 1499, después de nueve meses de matrimonio, autorizando todas las esperanzas, y Renée, el 25 de octubre de 1510. Pero los dos varones, en 1503 y 1513, murieron enseguida. A Ana le costó consolarse; siguió esperando, mientras que, con el correr de los años, Luis pareció resignarse a lo inevitable.

La pareja real mostraba ante los visitantes la imagen de una vida conyugal sin nubes. Claude de Seyssel podía extasiarse así frente a su mutuo amor. Ana significaba "todos los placeres y todas las delicias" de Luis y jamás dama alguna fue "mejor tratada ni más amada" por su marido. No había otros esposos que supieran "mostrar tan buena cara el uno al otro como la que mostraban cuando estaban juntos".

Esta impresión fue tanto más fuerte en los observadores contemporáneos, por cuanto Luis XII, contrariamente a los soberanos anteriores, asoció ampliamente a su esposa a su vida pública y ella le hizo honor.

A Ana de Bretaña correspondió el honor de haber creado la corte tal como se la entendió después.

En sus orígenes, el entorno del rey de Francia era exclusivamente masculino y la palabra corte, empleada para designar a sus consejeros y allegados, sólo tenía significado político y jurídico. Bajo Carlos VII, en tiempos de Inés Sorel y por la influencia del "buen rey René" de Anjou, imbuido de cultura italiana, hubo un embrión de vida mundana, adornada con la presencia de mujeres. Pero casi se había perdido su recuerdo.

Luis XI suprimió todo fasto. Tenía gustos sencillos, se vestía como cualquiera de sus súbditos, de manera "funcional" diríamos nosotros, con telas burdas de colores apagados. Amaba la vida al aire libre —cabalgatas, cacerías, giras de inspección— o la meditación en su gabinete en compañía de sus hombres de confianza. Le horrorizaban las ceremonias y las diversiones colectivas. Ninguna corte, pues, a su alrededor ni alrededor de su mujer, confinada en Amboise con sus damas de compañía.

Su hijo Carlos, demasiado joven y ocupado en sus campañas militares, no tuvo al parecer ni el tiempo ni el gusto para gozar de una corte. Sólo Ana de Beaujeu reunió junto a ella, en Moulins, algo que podía parecérsele. La joven reina, casi siempre encinta y controlada por su cuñada, pocas iniciativas pudo tomar en la materia. Fue sobre todo en su segundo reinado cuando se dedicó a crear en torno a la pareja real una verdadera corte y a establecer sus características. Después de ella, todos los soberanos sucesivos mantuvieron, con éxito dispar, la tradición.

"Una corte sin damas es un jardín sin ninguna bella flor", diría más tarde Francisco I —que sabía de damas aunque no de flores—, un año sin primavera, una primavera sin rosas. Ana de Bretaña fue la primera y más brillante de esas mujeres flores, adorno de la corte.

No es que fuera verdaderamente hermosa; ya lo hemos dicho. Pero de primera intención se la sabía princesa, tanta distinción y majestad irradiaba. Menos frecuentemente agobiada por maternidades, sabía usar la moda para destacar su breve cintura y sus senos menudos. Sus vestidos, que llevaba muy largos, a ras del suelo para disimular la suela compensada que levantaba su pierna defectuosa, estilizaban su silueta. Sabía que un detalle propio —"personal" como diríamos nosotros— contribuía más a una fama de elegancia que un despliegue de oro y de bordados, y eligió cuidadosamente algunos adornos característicos. Puso de moda la toca bretona de terciopelo negro bordado, que realzaba discretamente la blancura de su cutis. Tomó del escudo de Bretaña el cordón franciscano que el duque Francisco introdujo en honor de su santo patrono Francisco de Asís, y lo llevaba a guisa de cinturón. Y fue esta también una manera de señalar doblemente su amor a su provincia natal. Tenía sus propios perfumes, la rosa de Provins y la violeta. Y esas dos flores, en ese siglo amante de los símbolos, colocaban a su corte, junto con el cordón franciscano, emblema de continencia, y el armiño ducal bretón, imagen de pureza, bajo el signo de una severa virtud.

El lujo estaba a su alrededor en la vajilla de oro y plata, las joyas, los tapices blasonados, los libros raros, las caballerizas, las perreras, la pajarera, en el enjambre de sus servidores de librea de terciopelo amarillo y rojo —los colores bretones— orlada de armiño, en la guardia de arqueros que se hizo atribuir privadamente —primero cien, luego otros cien—, que la aguardaban a la salida de la misa o cuando iba a pasear por la pequeña terraza del castillo de Blois que, por esa razón, fue llamada la Ronda de los Bretones, pues sus guardias eran, desde luego, bretones.

El lujo estaba también en el ramillete de mujeres de alto rango que le servía de marco. Es cierto que anteriormente el acceso a la corte no estaba vedado a las mujeres. Pero sólo iban ocasionalmente. Ana tomó la iniciativa de llevar a algunas a vivir en ella. Fue "quien comenzó a organizar la gran corte de las damas [...]; pues tenía un séquito muy grande, de damas y de doncellas, y nunca rechazó a ninguna; a tal punto, que preguntaba a los hidalgos, sus padres, que estaban en la corte, si tenían hijas y cómo eran, y se las pedía". Honor muy buscado esa "bella escuela de damas", prometedora de brillantes casamientos. Pudo reunir a las más nobles y a las más hermosas, "que parecían diosas del cielo".

"Las hacía educar muy bien y sabiamente, y todas, siguiendo su ejemplo, se formaban y se modelaban muy prudentes y virtuosas." En el caso de que estuvieran tentadas de perder la virtud, Ana las vigilaba, puntillosa, despiadada ante el menor extravío. Las desventuras de la pobre Ana de Rohan, de cerca de treinta años, sorprendida en la galante compañía de un pretendiente sin fortuna y exiliada en un alejado castillo de provincia sin ser autorizada a desposarlo, proporcionarían a Margarita de Navarra el tema de una de las *nouvelles* del *Heptameron*.

Ana no soportaba las bromas y carecía del sentido del humor que su marido parecía poseer. El toleraba las bromas sin consecuencias que le hacían algunos escribientes de la curia en sus juegos estudiantiles. "Pero, sobre todo, que nadie hablara de alguna manera de la reina, su mujer; de ser así, los habría hecho colgar a todos." "Prueba de que la honraba grandemente", comenta Brantôme. Signo también, quizá, de que temía su cólera. No se bromeaba con Ana de Bretaña.

Todo esto nos sugiere una corte un poco envarada pero brillante. La presencia de mujeres modificaba su clima, impulsaba a los hombres a destacar de otro modo que con la espada, los incitaba a la elegancia, les imponía más urbanidad y cortesía. Contribuía a valorar las letras y las artes. Ana, sin ser de inteligencia superior, amaba la espiritualidad. Además de las labores propias de las damas —bordado, tejido— y de la música, que formaban parte de la educación femenina tradicional, había aprendido algunos rudimentos de latín, un poco de historia. Le gustaba la lectura —las novelas de caballería sobre todo— y la conversación. Protegió y otorgó pensiones a escritores y artistas, Jehan Meschinot y Jehan Marot, el padre de Clément, así como al admirable iluminador Jean Bourdichon, que ilustró sus muy famosas *"Horas"*.

El rey, comprendiendo que el brillo de esa corte contribuía a su prestigio, no dejaba de invitar a personalidades extranjeras, príncipes o embajadores: "El reconocía en ella gran capacidad para entretener y contentar a tan grandes personajes", "ella poseía mucha y bella gracia y majestad para recibirlos y bella elocuencia para entretenerlos". A veces afectaba mezclar en sus frases, como delicada atención, algunas palabras de sus propios idiomas, que se hacía soplar por sus caballeros de honor, a riesgo de caer en la trampa de algún alegre bromista. Y las jóvenes de su séquito, formadas en su escuela, ofrecían a los encantados visitantes un vivero donde elegir esposa. La corte, entre las hábiles manos de la pareja real, estaba a punto de convertirse en el instrumento político que seguiría siendo a través de los siglos.

Ella sustraía a su esposo parte de sus prerrogativas. A la vez codiciosa y liberal —ambos calificativos le fueron aplicados— le arrancó considerable número de pensiones, dotes, rentas y cánones diversos, que le permitieron a su vez multiplicar las gratificaciones a su alrededor. "No había gran capitán de su reino a quien ella no otorgara pensiones e hizo obsequios extraordinarios de plata o de gruesas cadenas de oro cuando iban o volvían de viaje; y lo mismo hacía con la gente humilde, según su calidad; así todos acudían a ella y pocos salían disconformes." Esta práctica correspondía a las costumbres aristocráticas: el más grande señor se reconocía por su mayor liberalidad. Es así como en todos los tiempos se constituyeron las clientelas y se consolidaron las fidelidades. El buen Luis XII, tan excelente administrador del dinero de sus pobres súbditos, pasaba por tacaño y "ella suplía su defecto". Pero exageraba. Excepto los bretones, los súbditos en cuestión no se equivocaron y fue al rey a quien atribuyeron el bello apodo de *Padre del Pueblo*.

Luis, después de todo, lo merecía. Quería a "su bretona", como la llamaba familiarmente. Le perdonaba su mal carácter, disculpaba parte de sus caprichos, soportaba su obstinación en reconstruir a su alrededor, estuviera donde estuviese, un enclave de su querida provincia. Como muchos hombres, detestaba los gritos, las lágrimas, las escenas y era sensible a las sonrisas, las caricias y los mimos. En los conflictos que los enfrentaron, él era quien cedía con mayor frecuencia, siempre que el asunto no tuviera consecuencias. Y cuando lo que se discutía era grave, él daba rodeos, incapaz de negarse frontalmente, pero esforzándose en contrarrestar, mediante disposiciones secretas, las consecuencias enojosas de sus debilidades.

Dos episodios, sobre todo, los enfrentaron con efectos diversos: la boda de su hija Claudia y el conflicto con la Santa Sede.

Un marido para Claudia

Para la boda de su hija mayor, Claudia, Ana tomó iniciativas que habrían podido tener enojosas consecuencias, y a las que a Luis XII le costó oponerse.

Apenas había nacido la niña cuando, según la costumbre, se le buscó un pretendiente.

Las negociaciones que siguieron dependían de dos incógnitas. A la pequeña Claudia podía nacerle —como todos esperaban— un hermano, un delfín, y todos los proyectos contemplaban la hipótesis de que tal eventualidad modificaría el reparto de la herencia. Por otra parte, Luis XII podía morir. Las enfermedades recurrentes de que adolecía, sobre todo en los primeros años de su reinado, obligaban a plantearse esa cuestión que él era el primero en afrontar valientemente.

Bretaña, excluida por contrato de boda de la herencia del futuro rey de Francia, debía corresponder a Claudia, salvo el caso improbable de que la reina le diera no uno sino dos hermanos varones. La niña la aportaría pues como dote a su futuro cónyuge. Dilema crucial.

Ana, doblemente preocupada por sustraer a su provincia del dominio francés y por procurar a su hija bienamada la posición más brillante, tomó nota de todos los príncipes disponibles en Europa. La lista era corta. Pronto decidió que el mejor partido era Carlos de Gante, apenas unos meses menor que Claudia,* que sería más conocido con el nombre de Carlos V. En efecto, ¿qué esposo más envidiable que ese niño? El juego coincidente de bodas interfamiliares y de muertes prematuras, hacía converger sobre su cabeza las herencias borgoñona, española y austríaca.

Por su padre, Felipe el Hermoso, era nieto de Maximiliano de Habsburgo, el rey de los romanos, del que Ana de Bretaña fue por un momento la esposa de paja, y de María de Borgoña, hija del Temerario. Tenía de su abuela las diecisiete provincias flamencas de los Países Bajos, Artois, el Franco Condado, y en su nombre podía reivindicar la Borgoña afrancesada recientemente, mientras que su ascendencia paterna le confería, además de la soberanía sobre Austria y Hungría, las mayores posibilidades de acceder al Imperio, coto cerrado, a pesar de su carácter electivo, de la casa de Habsburgo. En cuanto a su madre, Juana, que más adelante sería llamada la Loca, era la única superviviente de los tres hijos de la pareja real española. Al pequeño Carlos le estaba destinada la mitad de Europa al menos, con la añadidura del Nuevo Mundo y sus tesoros, cuya amplitud no se sospecha-

---

* Claudia nació el 14 de octubre de 1499 y Carlos el 24 de febrero de 1500. Para la genealogía del futuro Carlos V, ver el cuadro que figura como Anexos.

ba todavía. ¡El mejor partido que pudiera presentarse jamás, a cuyas posesiones propias la mano de Claudia sumaría además Bretaña!

Luis XII vislumbró enseguida los peligros que presentaba tal unión. La mejor manera de evitarla era, a su entender, prometer la niña preventivamente a otro, al más apto para defender los intereses franceses, en este caso, el presunto heredero del trono, a falta de delfín, es decir Francisco de Angulema, duque de Valois.

Sabía que se enfrentaba a la hostilidad irreductible de su mujer. Ella odiaba a ese hermoso niño de cuatro años, cuya estupenda salud le parecía un insulto al fracaso de sus propias maternidades. Odiaba a su madre, la orgullosa Luisa de Saboya que, viuda, ponía en su hijo todas sus ambiciones, que eran muchas. ¿Acaso un horóscopo no le prometía el trono? Odio de mujer, odio de madre: jamás Ana de Bretaña consentiría una boda que satisficiera los anhelos de su rival. Hasta su último suspiro soñó con dar a luz un hijo que reinara en Francia y con poner sobre la cabeza de su hija la corona imperial. Mientras esperaba al improbable delfín, se convirtió ante el rey en la obstinada abogada de la boda austríaca.

Luis XII trató de no discutir. En vez de enfrentarse a ella, prefirió andar con dobleces, aparentó ceder para proteger la paz doméstica. En esta solución hallaba otras varias ventajas. Necesitaba el apoyo de Maximiliano para sus empresas en Italia. Haciéndole algunas promesas no arriesgaba demasiado, pues los niños se hallaban en la cuna todavía y el tiempo podía proporcionar escapatorias. A condición de que él estuviese personalmente allí para velar por ello. En cambio, si desaparecía —y desde 1500 hasta 1506 enfermedades recurrentes lo convertían en un perpetuo moribundo—, la reina lograría sus fines. Intentaba, pues, prevenir ese peligro mediante disposiciones testamentarias confidenciales, pero debidamente registradas por juristas. Como Penélope, se dedicó a deshacer en la sombra las tramas que tejía a la luz del día. ¿Supremo maquiavelismo? ¿Torpe esfuerzo por conciliar lo irreconciliable? No lo sabemos. Como tampoco conocemos el papel exacto desempeñado por sus consejeros, especialmente por Pedro de Gié, preceptor de Francisco de Angulema y principal artesano de la boda franco-francesa. Lo que veía el historiador, con documentos originales, era un extraño juego de engaños.

Ya el 30 de abril de 1501, poco antes de la expedición de Nápoles, firmó e hizo registrar en Lyon una declaración secreta, pero sellada y firmada en buena y debida forma,* declarando por anticipado la nulidad de todo acuerdo matrimonial que diera su hija a otro que no fuera el pequeño duque de Valois-Angulema. Gracias a lo cual, pudo maquinar a su antojo otras combinaciones, proponiendo para Carlos de Gante, con la mano de la niña, un conjunto de ducados y condados dignos de sus dos temibles abuelos. Se celebró solemnemente, en agosto del mismo año, el compromiso de los dos niños, en medio de grandes festividades. Y en noviembre, Felipe el Hermoso y Juana, que todavía no era viuda ni loca, acompañados por su hijo, realizaban un viaje triunfal a través de Francia. El chiquillo arrancaba a Luis XII un grito de admiración sincera o fingida: "¡Qué bello príncipe!". Los padres estaban encantados, Ana exultante. Y el rey invitaba burguesamente a la tiesa y afectada pareja española a conversaciones distendidas entre futuros consuegros. Esperaba obtener a cambio la investidura imperial para "su" ducado de Milán.

Con el correr de los meses, las alternativas de la campaña de Italia modificaron en un sentido o en otro el contenido de esos acuerdos. Luis oscilaba, tan pronto dispuesto a confiar en los Habsburgo, tan pronto preconizando de nuevo la boda francesa, con gran furor de su esposa, cuyos lloriqueos daban a su vida conyugal aires de comedia. Un día él creyó salir del paso con una alegoría sobre las ciervas, que, porque Dios les había dado cuernos como a los ciervos, pretendían dominar a estos. El Creador las privó entonces de ese ornamento "para castigarlas por su arrogancia" y llamarlas a la modestia de su rango. Ana aceptó la lección pero, no obstante, no bajó los brazos. La vemos especular abiertamente con la muerte del rey.

A comienzos de 1504 este se hallaba en Blois, gravemente enfermo. Se le daba por perdido. Ana preparó fríamente sus maletas, "hizo cerrar su equipaje, joyas y muebles", y los embarcó en el Loire con destino a Nantes. Proyectaba retirarse a Bretaña no bien se anunciara el deceso, llevándose a su hija. Fue entonces cuando el fiel mariscal de Gié, al que sus orígenes bretones no le impedían trabajar por Francia, tomó una iniciativa que le costó cara. Hizo pedir al enfermo confirmación escrita del acuerdo de 1501 por el que se prometía

---

* Esta declaración parece haber sido ignorada durante mucho tiempo por los historiadores (ver B. Quilliet, *Luis XII*, pág. 296).

Claudia a Francisco. Luego hizo controlar el río y las rutas hacia el oeste, con la orden de interceptar la mudanza. Proyectaba sin duda asegurarse de la persona de ambos niños para arrancarlos a sus irascibles madres y enviar tropas a Bretaña. No tuvo que llegar a tanto: el rey se restableció. Pero la reina lo persiguió con odio feroz, consiguió suscitar contra él un proceso de lesa majestad y estuvo a punto de hacerlo condenar a muerte, pese a los esfuerzos de Luis XII. ¿Ana de Bretaña era "vengativa", según Brantôme? Sí, por cierto, cuando se la observaba en sus obras y se desnudaba la verdad de sus sentimientos. A Pedro de Gié nunca le perdonó lo que ella consideraba, sobre todo por parte de un bretón, una traición.

Después de apartar al mariscal, creyó haber ganado la partida. Los tratados de Blois, firmados el 22 de septiembre de 1504, incluyeron una cláusula indicando las condiciones de la boda entre Claudia y Carlos. La chiquilla —bajo reserva, como siempre, de que no le naciera un hermano— tendría como dote Milán, Génova, Asti, Bretaña, el condado de Blois, el ducado de Borgoña, Auxerre y el Auxerrois, Mâcon y Bar-sur-Seine. ¡Nada menos! Era instalar un enemigo en el corazón del reino.

Ana, triunfante, aprovechaba su ventaja, se hacía conceder por el papa la colación de los beneficios eclesiásticos en Bretaña, enviaba a su ducado sus bienes más preciados, preparaba ostensiblemente una partida, probable ante la muerte anunciada de Luis XII. Pero como le interesaba el prestigio vinculado a su título de reina de Francia, pidió realizar lo que siempre había demorado hasta entonces: su entrada solemne en París. Tal consagración valió a Luis XII un gesto por parte de Maximiliano: se le confirió finalmente la investidura de Milán. Ilusorio obsequio, pues, a falta de herederos varones, se especificaba que el Milanesado correspondería después de su muerte a su hija Claudia y al marido de esta, el joven Carlos de Gante, para ser transmitido a su descendencia.

Luis XII tuvo miedo, temió de pronto haber caído en una trampa. Creyéndose de nuevo moribundo, convocó al cardenal Jorge de Amboise y al secretario de Estado Robertet. Les confió su voluntad de ver a Claudia desposar a Francisco de Angulema no bien estuviesen en edad de hacerlo, prohibió que se permitiera a la niña abandonar el reino antes de su boda y nombró un consejo de regencia de acuerdo a su conveniencia. Pero la muerte no quiso llevárselo todavía. Y, restablecido contra todo lo esperado, tuvo esta vez la energía de poner por escrito su decisión en forma de cartas patentes, el 31 de mayo de 1505.

La reina lo amenazó con regresar a su patria, es decir a su amada Bretaña. El la dejó hacer, dando a ese viaje, a los ojos del público, el aspecto de una peregrinación de acción de gracias por su curación. Cuando ella se cansó de las aclamaciones, las alabanzas y las entradas triunfales, ya no supo qué hacer. Vacilaba, al acecho de noticias, "bien decidida a no volver a poner los pies en Francia si él moría". Pero él seguía bien, no claudicaba. En julio de 1505, el rey publicó su decisión sobre la boda de Claudia e hizo jurar a todos los gobernadores militares que respetarían su voluntad, es decir, claramente, impedir a Ana llevarse a su hija. La reina se dio cuenta de que su desplante de orgullo había ido demasiado lejos y que si lo prolongaba sólo se pondría en ridículo, como le había escrito, no sin humor, su marido. Regresó pues, mucho menos arrogante, justo a tiempo para enterarse de la sentencia, demasiado leve para su gusto —multa y exilio— del mariscal de Gié, cuya política aplicaba Luis XII resueltamente.

Ella no podía hacer gran cosa. Luis, para poner fin a sus tejemanejes y también para cubrirse ante Maximiliano, encontró el medio de hacerse atar las manos públicamente, gracias a una asombrosa manipulación de la opinión pública. Comenzaron a circular rumores hostiles a Carlos de Gante, un desconocido, un extranjero. En los mercados, en las casas, en las iglesias, se escuchaba a hombres "de todos los estados" expresar su perplejidad, su reprobación, sus deseos. Esas buenas gentes pensaban lo que decían, podemos estar seguros. Pero la misma amplitud del movimiento, después de todo muy insólito, prueba que fue organizado y orquestado muy hábilmente. Cuando Luis comprobó que había logrado su objetivo, invitó a sus fieles súbditos a enviarle delegados para manifestarle sus anhelos. Esos notables le solicitaron unánimemente, en "libre negociación", la boda de Claudia con su primo Francisco, "que era enteramente francés". Se adelantaban a sus deseos y le proporcionaron el mejor apoyo que hubiera podido encontrar, el de toda Francia. Bellas ceremonias, torrentes de elocuencia acompañaron esa petición que el rey se complació en satisfacer para cumplir con su pueblo, pese al compromiso celebrado con los Habsburgo que, después de todo, no consistía "más que en palabras". Y *last, but not least*, toda Francia, en caso de muerte del rey, prometía, por boca de sus representantes, hacer respetar su voluntad: millones de ojos velarían para no dejarse quitar a la niña.

Ana tuvo el disgusto de ver a los representantes bretones firmar ese convenio como los demás. El 21 del mes de mayo de 1506, tuvo que participar junto con toda la corte en la ceremonia del compromiso matrimonial, celebrado oficialmente por el legado pontificio, a la espera de que ambos niños alcanzaran la edad de consumar su unión. Y el rey caracoleaba feliz sobre un brioso corcel en las justas y torneos con que culminaron las festividades. Parecía salir de un baño de juventud.

La comedia había terminado.

La reina debió renunciar a cuestionar una decisión rodeada de semejantes garantías legales. A lo sumo intentó, cuando le nació en 1510 una segunda hija, Renée, reanudar para ella el proyecto que había fracasado para la mayor. De no ser Carlos, tal vez Fernando, su hermano menor, podría resultar conveniente para la menor de las niñas de Francia. Fue en vano. Renée de Francia, a la que encontraremos más adelante como protectora de la Reforma, se casó finalmente, muchos años después, con Hipólito d'Este, duque de Ferrara.

Luis XII contra Julio II

La lucha por la boda de Claudia no había agotado la combatividad de Ana de Bretaña ni su deseo de llevar a cabo una política autónoma. Sólo aguardaba una ocasión. Un conflicto con la Santa Sede se la proporcionó.

Ella era piadosa, de una piedad rígida, estrecha, llena de rigor pero muy viva. Aprobó al principio las ambiciones italianas de su esposo quien, alentado como su predecesor por el inevitable ermitaño calabrés Francisco de Paula, consideraba el establecimiento de los franceses en la península como el primer paso hacia la liberación de Tierra Santa. Aunque Milán, tomada, perdida, recuperada, fuera una conquista frágil que requería consolidarse, ella se entusiasmó de entrada por una expedición hacia el Mediterráneo oriental, abrió sus cofres e hizo armar, a sus costas, una gran carraca a la que bautizó *La Cordelière*. La ingobernable nave, demasiado pesada y mal construida, fue maltratada por una tormenta en el Mar Jónico y mucho le costó regresar a su base de Brest. Habría de naufragar diez años más tarde cañoneada por los ingleses, perdiéndose tripulación y bienes, "lo que afectó mucho a la reina".

Como Carlos VIII, Luis XII, después de Milán, había puesto sus ojos en Nápoles. La conquista, en 1501, por tenientes delegados, resultó de una desconcertante facilidad, pero engendró múltiples conflictos, locales primero, generalizados luego, de extremada confusión, hasta el día en que surgió el papa Julio II, elegido en 1503, que no era un hombre contemplativo. Tan dotado para los asuntos temporales como para los espirituales, calzó las botas y el casco y, al frente de los ejércitos pontificios, se propuso expulsar de Italia a todos los revoltosos extranjeros —él los llamaba "los Bárbaros"— que pululaban en ella desde hacía años y, en primer lugar, al más molesto de todos, su antiguo protector, el rey de Francia.

Las peripecias de una lucha despiadada que, llena de cambios de alianzas, defecciones y traiciones, asoló a casi toda Italia, fueron espantosas: devastación de los campos por la táctica de la tierra quemada, masacre de los defensores en las ciudades que no se rendían a la primera intimidación, sangrientas batallas sin cuartel, pillajes, violencias, exacciones de toda clase. Fue una guerra horrible, en la que los más tranquilos cedían de pronto a una sanguinaria embriaguez, y cuya desesperante inutilidad no lograban enmascarar el genio militar y la muerte heroica de Gastón de Foix.

Nadie sabe lo que pensaba de ello Ana, cuya piedad formalista no implicaba la caridad hacia el enemigo, cosa tan rara. Pero tomó muy mal la iniciativa de su esposo cuando este intentó, en 1510, atacar en su propio terreno al papa, inspirador de la Liga antifrancesa.

Desde siempre, el clero francés se mostraba reacio a la autoridad pontificia, a la cual oponía la de los prelados de toda la cristiandad reunidos en concilio, los únicos habilitados para determinar la política de la Iglesia. Luis convocó, pues, en Tours al episcopado del reino y confió al cardenal de Saint-Malo la misión de denunciar los "delitos" de Julio II. La asamblea recusó de antemano las sanciones que pudiera tomar contra ella ese pontífice *condottiero* extralimitándose en sus atribuciones. Propuso, si él se negaba a transigir, la reunión de un concilio general. Era esta una iniciativa inaudita por parte de Luis XII, como no se había visto desde Felipe el Hermoso; imprudente también, pues no tenía más respaldo que su propio clero. De este asunto mal encarado lo sacó, en 1513, la muer e de Julio II y la pérdida de sus posesiones en Italia. El concilio quedaba privado de toda razón de ser.

Hay que destacar que Ana de Bretaña no sólo no lo apoyó en este conflicto sino que actuó por su cuenta. Podía desde luego invocar sus escrúpulos de conciencia y su terror ante la temible perspectiva de un cisma. Y tenía todo el derecho, en privado, de llamar a su esposo a la prudencia. Pero no se limitó a eso y tomó posición públicamente contra él. Prohibió al clero bretón asociarse a la acción de la Iglesia gala. Ella seguía su política personal al margen de la del rey, mantenía correspondencia con España, uno de los beligerantes enemigos y llevaba la contraria a la diplomacia francesa ante la Santa Sede, enviando ofertas de reconciliación mediante un fiel saboyano, Claude de Seyssel, obispo de Marsella. Tuviera o no tuviera razón en el fondo, era grave para el prestigio del reino que hiciese oír una voz discordante junto a la de su marido. Se daba aires de soberanía poco compatibles con la función tradicional asignada a las reinas de Francia. Sería la última vez que lo hiciera abiertamente.

El fin

Era más joven que su marido y parecería lógico que le sobreviviera, pero fue ella quien partió primero.

En enero de 1513, su último parto —otra vez un niño muerto al nacer— la dejó muy débil, consumida por una infección urinaria y minada por una fiebre persistente. Los cálculos renales, o las piedras como se decía entonces, habían adquirido en ella un carácter agudo. Sufría mucho. Se arrastró dolorosamente durante todo el año y se acostó al día siguiente de Navidad para no levantarse más. Se confesó, perdonó a sus enemigos, y hasta hizo el meritorio sacrificio de confiar sus hijas a Luisa de Saboya, la madre de Francisco de Angulema, al que así aceptaba como yerno. Murió en Blois el 9 de enero de 1514, a los treinta y ocho años de edad.

Luis la lloró mucho, "tan afligido que durante ocho días no hacía más que lagrimear" y hablaba de ir a reunirse pronto con ella:

"Antes de que este año haya pasado, estaré con ella y la acompañaré". Hizo celebrar suntuosos funerales cuya descripción, impresa y ampliamente difundida, inspiró a Brantôme tanta admiración que la reprodujo extensamente en su libro titulado *Dames,* al que remitimos al lector amante de las pompas fúnebres. Su cuerpo se depositó en Saint-Denis en la sepultura preparada para ella, que sería violada durante la Revolución. Según la costumbre se le extrajo el corazón, depositado junto a la tumba de su padre en la iglesia de los carmelitas de Nantes. Así sus restos quedaron divididos, más allá de la muerte, entre Francia y Bretaña.

Los historiadores han formulado a menudo severos juicios sobre ella, por ser emitidos desde un punto de vista nacional —"buena bretona y mala francesa"—, o estrictamente moral —corazón seco, dura, egoísta, interesada. Pero sus contemporáneos razonaban de otro modo y, si no siempre la amaban, al menos la comprendían. Ni Carlos VIII ni Luis XII, a quienes se enfrentó a veces, se lo reprocharon, y su afecto por ella no disminuyó por eso.

En el fondo, ella siguió siendo la heredera indómita conquistada por la fuerza de las armas en el pillaje de su ducado. A través de dos matrimonios sucesivos, ambos impuestos por el vencedor, persiguió dos objetivos a veces contradictorios, pero conformes al espíritu feudal que alimentaba su orgullo.

Por una parte, aspiró a elevarse por el matrimonio: sólo un emperador, o a falta de él un rey, le parecían dignos de su mano. Pero, por otra parte, frente a los maridos que la hicieron reina, conservaba la nostalgia de su soberanía perdida. Con el segundo, sintiéndose más fuerte, intentó instaurar una suerte de diarquía, un gobierno de dos, en el cual Francia y Bretaña actuaran juntas, preservando al mismo tiempo su autonomía. Europa ofrecía entonces un ejemplo ilustre de ese tipo de asociación, el de los Reyes Católicos Fernando de Aragón e Isabel de Castilla, socios en igualdad de condiciones que seguían en común una política armoniosa de la que sus respectivos reinos salieron engrandecidos. Lamentablemente para Ana, la unión Francia-Bretaña era demasiado desigual para que sus veleidades de independencia fuesen otra cosa que simples bravatas. Luis XII lo sabía y se acomodaba a la situación. Bretaña estaba destinada a ser francesa, lo mismo, por otra parte, que Aragón y Castilla iban a fundirse bajo una autoridad única.

Ana fue en la historia de Francia la última de esas novias cuya mano valía una provincia: el reino se agrandó en adelante por la conquista y las bodas fueron prometedoras de alianzas más que de anexiones territoriales. Con ella se pasa una página en la política matrimonial de la monarquía francesa.

CAPITULO CINCO

Una estrella fugaz venida de Inglaterra: María

¿Qué esperaba pues Luis XII para casar a su hija Claudia con Francisco de Valois-Angulema? Desde que se retrasara la ceremonia por consideración a Ana de Bretaña habían crecido, eran perfectamente núbiles según la naturaleza y según la ley canónica: él tenía más de diecinueve años, ella pronto cumpliría quince. ¿Qué esperaba, ahora que nada lo retenía?

La fuerte personalidad de la reina, su vigorosa oposición, habían reforzado tal vez por reacción la determinación de Luis XII. Como ya no había obstáculos, su voluntad se debilitaba. De pronto hizo un gran vacío. El rey vacilaba.

¿Desconfiaba del joven Francisco, impetuoso, ávido de placeres, derrochador, poco interesado en los asuntos de Estado? El lo intentó aleccionar a través de una anécdota en forma de alegoría: el campanario que un viajero creía percibir muy cerca, detrás de la colina vecina, podía estar en realidad mucho más lejos de lo previsto. La marcha hacia el trono podía ser larga. Pero consejeros avezados, bien al tanto de la salud del rey y previendo una inminente sucesión, se encargaban de reprender al aturdido joven y enseñarle los rudimentos del oficio.

A principios de mayo, Luis, preocupado por causar buen efecto, partió para Saint-Germain diciéndose completamente recuperado. Pero aplazó las esperanzas de los que concluían que la boda de Claudia y de Francisco era inminente, dejando correr rumores alarmantes sobre una reiniciación de las negociaciones con los Habsburgo: al parecer ya no habría una sola boda sino tres. Se unirán las dos hijas de Francia con los dos infantes de Flandes, mientras que él mismo, su propio padre, viudo, se casaría con la hermana de estos últimos. El rey experimentaba evidentemente un agradable sentimiento de poder al mantener así en suspenso el destino de su yerno designado.

No obstante se decidió bruscamente. La cancillería anunció el 13 de mayo que la ceremonia tendría lugar el día 18, casi subrepticiamente, al margen de lo que dijera el memorialista Fleuranges, para quien el fasto era inseparable de la realeza. La corte llevaba todavía luto por Ana de Bretaña: buen motivo, junto al escaso tiempo restante, para reducir el número de invitaciones. La familia real vestía de negro, así como todos los asistentes, aunque las costumbres permitieran que, para la circunstancia, se usasen excepcionalmente colores. "Ni la sombra de una tela de oro o de seda, raso o terciopelo." Nada de música, nada de torneos. Una sencilla comida después de la misa y eso fue todo. En suma, una boda sin consecuencias y que no merecía ser celebrada con bombos y platillos. Luis XII, que ocasionalmente sabía ser fastuoso, indicaba así que todavía estaba sólidamente sentado en el trono. Y no renunciaba a ninguna de sus prerrogativas: cuando Francisco le reclamó, de acuerdo con el famoso contrato firmado en 1506, la administración de Bretaña, fue reprendido ásperamente.

Luis pensaba en volverse a casar. Dos clases de razones lo movían a hacerlo, unas de índole privada, las otras de índole política.

Una nueva esposa para Luis XII

Los torrentes de lágrimas vertidos sobre el ataúd de Ana de Bretaña no impidieron que la idea se abriera camino en la mente del rey: ¿Y si se casara nuevamente? ¿Con una joven y sana princesa en condiciones de procrear hermosos hijos? El había tenido a Ana en segundo lugar, ya desgastada por seis maternidades frustradas a medias. El, siempre fogoso, se había mostrado capaz de fecundarla muy recientemente todavía. La responsable de sus decepciones era ella, su salud frágil, su edad relativamente avanzada para ser madre. Pero en ese terreno los años no cuentan para un hombre: ejemplo de ello era su propio padre, Carlos de Orleáns, que tenía entre sesenta y tres y setenta años cuando nacieron sus tres hijos.

También lo incitaba la situación política. Los miembros de la Santa Liga, unidos contra él, no habían tardado, después de expulsar-lo de Italia, en tirar cada cual para su lado al capricho de sus propios intereses. La mano del rey de Francia constituía una propuesta halagadora, para ser puesta en la balanza en el tratado que pudiera firmarse con uno de los enemigos de la víspera.

Esos enemigos eran dos —al menos los principales—, España e Inglaterra. Por una feliz coincidencia, ambos tenían princesas casaderas. Jovencitas y menos jóvenes, vírgenes y viudas. Las mayores no tenían ninguna posibilidad. Ni Margarita, hermana mayor del rey de Inglaterra, viuda de Jacobo IV de Escocia, ni la otra Margarita, la de Austria, la antigua "pequeña reina" de Carlos VIII, que luego había perdido uno después de otro a un esposo español y a otro saboyano, convenían al rey, ansioso de una mujer joven en su gran deseo de tener hijos. En las filas quedaban la archiduquesa Leonor y la princesa María, la joven hermana del soberano inglés. Entre ellas dos, los avatares de la política inclinaron su decisión.

La alianza entre Inglaterra y Austria había sido sellada, en diciembre de 1508, por un proyecto de unión entre la pequeña María y el inevitable Carlos de Gante, el mismo que codiciaba Ana de Bretaña para una de sus hijas. Boda por poderes, debidamente validada por un compromiso oficial, pero que no debía efectuarse, según la costumbre, hasta que los esposos alcanzaran la edad requerida. No había prisa: si bien ella tenía trece años, él sólo tenía ocho.

Pero con el tiempo las relaciones entre los dos países se deterioraron. Los ingleses, apoyados en su cabeza puente de Calais, se pusieron en campaña en Artois y en Picardía en el verano de 1513 y lograron algunos triunfos, apoderándose especialmente, en la batalla de Guinegatte, de algunos prisioneros franceses de alto rango. Mucho se disgustaron, pues, al enterarse de que los austro-españoles habían tratado separadamente con Francia, mediante el abandono implícito de Italia. ¿No era el momento de atraer a los ingleses al bando de Francia? Y en tal caso, había que quitarle la princesa a su prometido flamenco.

En Londres, los prisioneros de mayor alcurnia fueron admitidos en el círculo familiar de Enrique VIII. Dunois, duque de Longueville, lo conquistó. Asistían a fiestas. Apostaban fuertemente en juegos de azar, al punto de que los prisioneros no desesperaban de ganar lo suficiente para pagar su rescate. Embajadores franceses iban y venían. Oficialmente encargados de negociar la liberación de los cautivos, trataban en secreto la inversión de las alianzas, arreglando uno después de otro los puntos en litigio. Sin llegar a ver en Luis XII, como el autor de la *Vida de Bayardo*, un "pelícano" que se sacrificaba para poner fin a una guerra "que él no habría podido proseguir sin oprimir grandemente a su pueblo", podemos pensar que la perspectiva de una reconciliación franco-británica pesó mucho en su resolución.

El 30 de julio de 1514, en el castillo real de Wansthead, Enrique VIII anulaba oficialmente el compromiso que unía a su hermana con Carlos de Gante, y el 7 de agosto firmaba con Dunois el contrato que se la concedía a Luis XII. La paz se proclamó discretamente en Londres el día 11 y la boda por poderes tuvo lugar en Greenwich dos días más tarde. El duque de Longueville representaba al rey. Se releyó el contrato, María lo firmó y recibió un anillo que colocó en el dedo anular de su mano derecha. Después de la misa, el cortejo engalanado de oro se dirigió a la cámara nupcial. Según un procedimiento que ya conocemos, se acostó a María en una cama donde Longueville, en nombre de su amo, la tocó con su pierna desnuda. Ya era reina de Francia.

Las conversaciones precedentes a la boda habían sido laboriosas. Enrique VIII tenía un talento muy particular para hacer dinero de todo. No pudiendo obtener a cambio de la paz, como pidió al principio, un millón y medio de ducados además de Thérouanne, Boulogne y San Quintín, propuso a su otra hermana, la viuda de Jacobo IV de Escocia, y sólo consistió en dar permiso a María al precio de ventajosos arreglos financieros. Como digno precursor de Harpagón, la entregó sin dote, aunque el testamento de su padre preveía expresamente una dote para ella, y se las compuso para que el ajuar y los muebles que no podía evitar darle por razones de prestigio, fuesen considerados como tales y, por lo tanto, recuperables de ser necesario.

Al enviar su hermana a Luis XII, sabía que le hacía un peligroso regalo.

"Más loca que reina"

"Más loca que reina", tal era la divisa que acompañaba su retrato en el *Recueil* de Mme de Boisy. No era que fuese una mala mujer. Pero, como su hermano Enrique VIII, se hallaba indefensa contra sus pasiones.

Ambos nacieron de padres con destino shakespeariano, que fueron los protagonistas de la más negra de las tragedias del poco tierno dramaturgo: la del abominable y grandioso *Ricardo III*. Su madre, Isabel de York, hija de Eduardo IV, hermana de los dos desdichados niños asesinados en la Torre de Londres, prometida a Ricardo en circunstancias dramáticas, había desposado finalmente a su vencedor, el conde de Richmond, convertido en Enrique VII. Hombres feroces, y frente a ellos mujeres pasivas, aterrorizadas y a veces fascinadas: tal era la familia de donde provenía María.

Era una niña delicada y frágil cuando la comprometieron con Carlos de Gante. Lo aceptó complacida y se sintió encantada de mostrar sus talentos sociales cuando el padre de su prometido visitó Londres en 1505; se imaginó toda una novela alrededor de un retrato del infante. Se dice que lo invocaba diez veces al día, reprochándole su ausencia. ¿Cuándo iría a buscarla su príncipe encantador? Pero su vida no cambió. Crecía, se hacía fuerte y embellecía a ojos vista.

Era poco inteligente y la habían educado mal. Por supuesto se le había enseñado a cantar, bailar, tocar el laúd y el clavicordio y a sostener una conversación. Y en esos frívolos dominios fue una bastante buena alumna. Pero su instrucción no avanzó más allá y, aunque se hablaba usualmente el francés en la corte de Enrique VIII, ella no lo aprendió hasta que la necesidad se hizo sentir. Y sobre todo, no se la había preparado en absoluto para sus deberes de reina. Una piedad sólo de conveniencia no contrariaba en nada sus inclinaciones naturales.

Había perdido padre y madre muy temprano. Su hermano Enrique VIII había subido al trono a los dieciocho años, en 1509. En una corte muy disoluta que seguía alegremente el ejemplo dado por el soberano, ella pronto mostró disposición para todos los placeres, que ningún esfuerzo educativo contrarió. Su institutriz francesa, Jane Popincourt, amante del duque de Longueville, tenía una reputación tan detestable que Luis XII se negó a dejarla entrar en Francia, diciendo: "Lo que ella necesita es una hoguera de bruja". Nacida el 18 de marzo de 1495, María tenía tres años menos que Enrique. Seductora, alegre, coqueta, "nada melancólica, muy juguetona", no era la última en reír y ya se la adivinaba de "tan amorosa índole" que algunos consideraban imprudente unirla a Carlos de Gante, mucho más joven y que, en lo inmediato, necesitaba más "de una madre que de una mujer". El pretendiente que se prefirió, por razones similares corría el riesgo de ser demasiado viejo.

Y lo que era más grave todavía, el corazón de María no estaba libre.

Se había enamorado de un diabólico don Juan que había sabido conquistar el favor de su hermano. Carlos Brandon, alias de Lisle, a quien el rey hizo duque de Suffolk cuando se le retiró el título a su precedente poseedor culpable de traición, provenía de un muy modesto origen. Hijo de una nodriza del palacio, él mismo antiguo mozo de montería, se había movido diestramente entre las intrigas de la casa real hasta elevarse a la primera fila. Oscuras historias femeninas le daban una aureola de romanticismo. Había tenido un hijo con una y se había casado con otra, de la que debió divorciarse para volver a la primera. Esta vivía todavía cuando él se permitió, durante una embajada en Malinas, cortejar a la duquesa de Saboya, Margarita de Austria, que lo puso severamente en su lugar. Ambicioso y ladino, no tardó en darse cuenta de que agradaba a la joven princesa y concibió el audaz proyecto de desposarla.

¿Cuándo cayó ella en sus brazos? En todo caso lo amaba demasiado, y le contó sus amoríos a su hermano, quien debió negociar con ella para convencerla de que aceptara a Luis XII. La edad del real pretendiente le prometía una rápida viudez: después de un breve purgatorio, estaría libre para casarse con su bienamado. Entretanto, le sería agradable y provechoso pasar un tiempo en la corte de Francia, que Enrique VIII le pintó como un lugar de delicias, junto a un rey por cierto viejo y enfermo, pero de una suntuosa liberalidad, que la cubriría de obsequios si ella sabía conformarlo. La recepción de un ajuar a la moda francesa, acompañado de un maravilloso diamante, terminó por convencer a la coqueta María, que tuvo el buen tino sin embargo de encontrar la frase adecuada: "La voluntad de Dios me basta", declaró inclinándose.

Había hecho bastantes progresos en francés —para lo que se

130

procuró la ayuda necesaria— a fin de dirigir a su novio una cartita bien escrita, donde le hablaba de su alegría y lo invitaba a "decirle y ordenarle sus buenos y agradables placeres, para obedecerle y complacerle". Firmaba: "Vuestra humilde compañera, María".

Pero, incapaz de separarse de su amado Suffolk, preparó su ida a Francia. El ya era un personaje demasiado encumbrado para formar parte de la escolta que la acompañaría a su destino. Quedó entendido que se le uniría poco después, con misión de embajador, para ultimar los detalles de la nueva alianza franco-inglesa.

Las "amorosas bodas"

El viaje a Francia fue accidentado.

María abandonó Londres para dirigirse a Dover con gran séquito, acompañada por el rey, seguido de cuatro de los lores principales, de cien barones y caballeros y de doscientos hidalgos. El tiempo ya era tormentoso cuando se embarcó. Se desencadenó una violenta tempestad de equinoccio dispersando la flota, haciendo naufragar a algunos barcos. Los que se salvaron, tocaron tierra donde pudieron. El que la llevaba logró llegar no sin trabajo a Boulogne y, para depositar a María en tierra firme, un hidalgo tuvo que entrar en el agua hasta la mitad de los muslos y cargarla en sus brazos. Desembarco romántico, pero dificultoso. Ella estaba empapada y sus vestidos salpicados de espuma y agua. Y, por supuesto, su marido no se hallaba allí para recibirla. Era el 2 de octubre.

Llegó el día 8 a Abbeville donde la aguardaba Luis XII. El tiempo era tan malo que no pudo ir a su encuentro más allá de los suburbios. No bien la vio, avanzó hacia la joven, le puso un brazo alrededor del cuello y la besó tan simplemente como si hubiese tenido veinticinco años. Cambiaron algunas palabras y la cabalgata partió en dirección a la ciudad, los nuevos esposos cabalgando juntos bajo la lluvia, en medio de las aclamaciones y los gritos. Tras las huellas de la nueva reina podía verse al heredero designado, Francisco, dividido entre el mal humor y la admiración.

En efecto, estaba muy hermosa, a pesar de su palidez y su fatiga. Baja para una Tudor pero bien proporcionada, rubia de piel translúcida, de formas llenas pero no invadidas todavía por la grasa, irradiaba el esplendor de sus diecinueve años, sonriente, feliz. La vista de Luis XII no logró empañar su alegría natural. Le pareció hasta peor de lo que imaginaba, "anticuado y débil", pero posiblemente no tendría que soportarlo mucho tiempo. En todo caso le puso buena cara y, en la cena alegrada por danzas y música, el embajador veneciano, conquistado, exclamó: "*She is a paradise.*"

Del otro lado del río, las fogatas encendidas en su honor se extendieron a las casas de madera. Se incendió todo un barrio de Abbeville. Pero ni el ruido, ni el olor alteraron el perfecto orden del festín.

En la mañana del lunes 9 de octubre, la procesión nupcial abandonó por los jardines la morada de la futura reina. Jinetes, trompetas, músicos de toda clase la precedían. María, peinada a la inglesa, con vestido de brocado orlado de armiño, era seguida por sus gentileshombres de gran gala: un verdadero reguero de oro en movimiento. ¡La hermana del rey de Inglaterra "no venía como una dama cualquiera"! El cortejo desfiló entre los *Scots Guards* y los arqueros reales y penetró en la nave mayor iluminada por vidrieras representando la vida de San Vulfran, patrono de la ciudad. El rey aguardaba, sentado en una silla cerca del altar, también él vestido de oro y armiño.

El se quitó el gorro, ella se inclinó. Se besaron. El le puso al cuello una cadena adornada con un gran diamante y un rubí de dos pulgadas de largo, sin un solo defecto. Según la costumbre el delfín asistía al rey y Madame Claudia a María. Claudia se mostraba doliente, con "una maravillosa y gran pena, pues no hacía mucho que la reina su madre había muerto, y ahora debía servir a esta". Oficiaba el cardenal de Bayeux. Los casó, luego celebró la misa, partió una Sagrada Forma en dos, para la comunión, y dio la mitad a cada uno. El rey besó la suya antes de tragarla y luego besó a su mujer una vez más: evidentemente le gustaba hacerlo.

María se dirigió luego a sus aposentos para comer con las princesas francesas. En el gran baile de la noche, todos rivalizaban en esplendor. Se reconocía a los ingleses por sus cadenas de oro. La reina se había hecho peinar esta vez a la francesa, y fue motivo de discusión saber qué peinado le favorecía más. Luis XII la abrazaba estrechamente. Le prometió que irían juntos a Venecia. A decir verdad, se trataba más de una expedición militar que de un viaje de bodas. Enrique VIII tenía una vieja cuenta que arreglar con la República Serenísima y era posible que María sugiriera, por orden suya, ese destino.

Llegada la noche se acostaron y, al día siguiente, 10 de octubre, el rey resplandecía de jovial contento, alardeando de "haber hecho maravillas". Pero en un hombre de edad y enfermo, las hazañas amorosas se pagan: pronto sufrió un ataque de gota. En cuanto a la opinión de María sobre su noche de bodas, quedó, como se debía, envuelta en el silencio.

No se esperaba más que la partida de los ingleses, cuyo mantenimiento costaba caro. Fueron despedidos por el Consejo con todos los honores debidos a su rango y se redujo el séquito de la reina, como estaba previsto en el contrato, a dos docenas de personas, hombres y mujeres, incluidos el médico y el capellán.

El despido de la institutriz que dirigía la casa de María, lady Guildford, dio lugar a un intercambio de cartas vodevilescas entre ambos reyes. María lloró, reclamó a la que llamaba familiarmente "mamá Guildford", escribió a su hermano para quejarse. El ministro británico Wolsey se encargó de responder por su amo: "María no sabe bien el francés, que Guildford habla a la perfección. Es joven y necesita consejos. Si no tiene a alguien a quien confiarse, corre el riesgo de enfermar". Seguía un entusiasta elogio de la dama y veladas amenazas. Luis XII tomó a mal esa intrusión en su vida conyugal, que tenía un enojoso olor a espionaje: la institutriz no se apartaba un palmo de su pupila, asistía a todas las conversaciones y comenzaba a hablar más de la cuenta entre las damas de la corte. Luis replicó furioso que él y su mujer estaban en edad de saber conducirse y no necesitaban de sirvientes para guiarlos: si ella requería consejos, él era perfectamente capaz de dárselos. Y torpemente mostraba su talón de Aquiles. La presencia de la institutriz lo paralizaba. Llegó a decir que preferiría separarse de María antes que soportarla. Seguramente nadie amaba más a su mujer que él, pero estaba enfermo y necesitaba, para mostrarse con ella como un "alegre compañero", un clima de intimidad cómplice. ¡Es de imaginar la hilaridad que provocó en el truculento Enrique VIII la lectura de esa lamentable epístola!

¿Hizo María milagrosos progresos en francés? Al cabo de tres semanas, revigorizada más bien por el esplendor de las fiestas, bailes y mascaradas cuyo adorno era ella, o segura ahora de que la prueba sería de corta duración, escribió a Wolsey diciéndole que podía prescindir de los servicios de la buena dama. Esta, que aguardaba impacientemente en Boulogne que se la llamara de nuevo, tuvo que volver a Londres con las orejas gachas.

Un nuevo intercambio de cartas nos muestra a Luis XII confiando en sus esperanzas de paternidad, mientras que Enrique VIII, previendo incidentes, manifestaba el deseo de que el humor antojadizo de su hermana no le impidiera ser como su esposo la deseaba y "hacer todas las cosas que [a él] puedan ocurrírsele, para placer o contento".

Las fiestas volvieron a comenzar al regresar la corte a París. El 5 de noviembre María fue coronada en Saint-Denis, con toda la pompa requerida. Al delfín Francisco le correspondió la misión de sostener sobre su cabeza la corona, demasiado pesada. Luego ella hizo su gran entrada solemne en París, en litera, adornada como un relicario, cubierta de joyas. Y mientras la fuente de Ponceau derramaba sus aguas de un lado sobre una flor de lis, del otro sobre una rosa, los músicos celebraban a la nueva reina, mensajera de paz:

> Nuestra Señora sea bienvenida a Francia:
> Por ti vivimos en el placer y la alegría,
> Franceses, ingleses, viven en su solaz:
> Loado sea Dios por el bien que nos envía.
>
> Como la paz entre Dios y los hombres
> Por medio de la Virgen María
> Fue antaño obtenida, así en el presente nos vemos
> Los burgueses franceses, descargados
> de nuestras preocupaciones,
>
> Pues María se casa con nosotros.*

La ceremonia de la tarde en Notre-Dame fue seguida de una cena en la que los cocineros se superaron. Se presentó un ave fénix

---

* *Notre Dame bien soit venue en France: / Par toi vivons en plaisir et en joie, / François, Anglois vivent en leur plaisance: / Louange à Dieu du bien qu'il nos envoie. / Comme la paix entre Dieu et les hommes / Par le moyen de la Vierge Marie / Fut jadis faite, ainsi à présent sommes, / Bourgeois françois, déchargé de nos sommes, / Car Marie avec nous se marie.*

que aleteó hasta que el fuego la hubo consumido, el combate de un gallo y de una liebre y otras obras de arte de la arquitectura gastronómica. Y las puertas se cerraron —a medias solamente— sobre los secretos de la alcoba real.

Una pareja muy vigilada

Luis XII desmejoraba a ojos vista. No sólo forzaba a la naturaleza en su esperanza de tener un hijo, sino que había alterado sus hábitos de vida. "Si solía cenar a las ocho, convenía que comiera al mediodía, o si solía acostarse a las seis de la tarde, con frecuencia se acostaba a medianoche." Con ese régimen, enfermó rápidamente. María permanecía a su cabecera, cantaba y tocaba el laúd para distraerlo. El derramaba sobre ella torrentes de joyas. A los embajadores ingleses, preocupados, ella les afirmaba que él usaba de ella tanto como es posible a un hombre usar de una mujer. Pero la corte comenzaba a interrogarse y los leguleyos decían en voz alta lo que los otros pensaban por lo bajo: "Que el rey de Inglaterra le había enviado una hacanea* para llevarlo pronto y más dulcemente al infierno o al paraíso".

Ahora bien, en el entorno del rey había gente a la que su estado de salud concernía directamente. En primer lugar Francisco de Angulema, presunto heredero del trono, amenazado de verse apartado por el nacimiento de un hijo. De carácter optimista, intentaba tomar las cosas por el lado bueno. Al primer rumor del eventual nuevo casamiento de Luis XII, había dicho con filosofía: "Después de todo, admito que el rey cometa la locura de casarse nuevamente, pero vivirá poco. Si tiene un hijo, ese hijo será un niño, hará falta un regente y, según el orden del reino, el regente seré yo". Ahora, ante el estado del pobre rey, la eventualidad de un nacimiento le parecía cada vez más improbable: "Me siento tan feliz y cómodo como nunca lo estuve en veinte años, pues estoy seguro (o me han mentido mucho) de que es imposible que el rey y la reina puedan tener hijos".

---

* Yegua de silla, usada para los viajes.

La vista de la encantadora María contribuía visiblemente a ese buen humor. Ella tenía diecinueve años, él veinte. Ella "hace muy buena cara" a ese "joven príncipe hermoso y agradable" al que se complacía en llamar "mi señor yerno", como esposo de su hijastra Claudia. El, encantado, mariposeaba a su alrededor, hasta el punto de que un hidalgo de su séquito se creyó en la obligación de aconsejarlo:

"¡Cómo, por la Pascua de Dios! (pues así juraba él), ¿qué queréis hacer? ¿No veis que esta mujer, que es aguda y astuta, os quiere atraer a ella para que la dejéis embarazada? Y si llega a tener un hijo, seguiréis siendo simple conde de Angulema y jamás rey de Francia, como esperáis. El rey, su marido, es viejo y no puede hacerle hijos. Vos la tocaréis, os acercaréis a ella tanto que, siendo vos joven y ardiente, y ella lo mismo, ¡Pascua de Dios!, la seduciréis. Tendrá un hijo, ¿y qué será de vos? Luego podréis decir: "Adiós mi parte del reino de Francia. Por lo tanto, pensadlo bien."

Ante las reticencias del interesado, el fiel servidor, temiendo carecer de autoridad, advirtió a su madre, la temible Luisa de Saboya, "que lo reconvino e increpó tan bien que él no insistió más". Y, para mayor seguridad, ella hizo vigilar estrechamente a la reina por un grupo de princesas y damas de honor, con la orden de no apartar los ojos de ella ni de día ni de noche, salvo cuando estaba en compañía del rey.

Pues había descubierto, entre tanto, otro peligro.

El duque de Suffolk había desembarcado en Boulogne el 20 de octubre y se había unido al cortejo real en Beauvais el 25. Con gran despliegue de reverencias y cumplidos, entregó a la joven un mensaje de su hermano. Ella se mostró perfecta en su dignidad. "Jamás hubo reina de Francia que se condujera de manera tan honorable y prudente", escribió él en su primer despacho. "El rey es muy atento" y ella era tan complaciente con él que Enrique VIII podía estar tranquilo.

Sin embargo, pronto se comprendió que el embajador británico "no quería nada mal a la hermana de su amo", por decirlo de algún modo. Se empeñó en brillar ante ella en las justas y torneos que, a partir del lunes 13 de noviembre, animaron hasta el fin de la semana la arena construida en la calle Saint-Antoine. Ante los ojos del rey enfermo, que hubo de ser conducido en litera, y de una María resplandeciente, franceses e ingleses se enfrentaron en una competición en la que el orgullo nacional iba acompañado, en el delfín de Angulema y en Suffolk, por una secreta rivalidad de hombres. La suerte de las armas fue diversa, pero Luis, por consideración a sus huéspedes y para complacer a su mujer, dijo que los ingleses habían estado mejor, y Francisco, malhumorado, fue a consolarse junto a una de sus numerosas amantes. Ese fue el fin de las festividades. Pero el inglés se quedó para tratar temas políticos.

"Jamás mujer hábil murió sin herederos", dice un refrán que cita Brantôme. ¿Había que adjudicar a María, como hicieron los franceses, el propósito muy calculado de tener un hijo con un tercero, a defecto del rey, para asegurarse después de la muerte de este la envidiable posición de reina madre y de regente? Según la correspondencia conservada en Inglaterra, nos parece que sería suponer en ella un maquiavelismo muy ajeno a su naturaleza y a su capacidad. No tenía suficientes ambiciones para concebir ese proyecto, ni suficiente inteligencia para pesar en sus pormenores. Ella sólo tenía una idea: casarse con su amado Suffolk. Y este era muy capaz de comprender que un nacimiento comprometería para siempre sus posibilidades. Eran vanos los temores de Luisa de Saboya.

Cuando Suffolk se marchó, a mediados de diciembre, portador de un proyecto de alianza contra España, se sabía próximo el fin. El rey no abandonaba la cama, ardiendo de fiebre, adelgazado por la disentería. La última carta que el desventurado escribió a Enrique VIII es un himno a las virtudes de María. Sin embargo ella no estaba a su lado cuando murió: había ido a dormir, como de costumbre. Durante toda la jornada del 1 de enero, en el castillo de Tournelles, adonde se había hecho llevar para huir del Louvre glacial, él luchó contra la muerte, "haciendo muchos gestos" y agitándose. Expiró cerca de medianoche. "Afuera hacía el tiempo más horrible que jamás se hubiese visto."

Había sido buen profeta. Menos de un año después, con diferencia de días, se reunía con la esposa tan llorada y tan pronto reemplazada. Según sus deseos, fue sepultado en Saint-Denis, junto a Ana de Bretaña, la que le había dado sus hijas. El monumento que encargó a Jean Juste sería instalado sobre sus tumbas sólo en 1531 y fue violado, como las otras sepulturas reales, durante la Revolución. Pero para la posteridad, Luis XII será *in aeternum* el esposo de Ana de Bretaña. El interludio inglés quedaba cerrado.

El destino de María

¿Es cierto que el moribundo murmuró al oído de María: "Preciosa, os doy mi muerte como regalo de año nuevo"? Y si fue así, ¿cómo lo entendió él? No lo sabemos. Por su parte, los cronistas alabaron el "hermoso regalo de año nuevo" que recibía Francisco de Angulema, y los supersticiosos, amantes de las coincidencias, observaron que había perdido a su padre un 1 de enero y se convertía en rey también un 1 de enero: circunstancia de buen augurio, decían, para un reinado que se anunciaba brillante.

Rey, se decía fácil. Faltaba asegurarse de que María no estuviera encinta de un hijo póstumo, a quien correspondería la corona.

Ella se había desvanecido cuando le anunciaron la muerte, empero previsible, de su esposo. ¿Dolor o alegría, desesperación ante las dificultades que le esperaban, o simplemente una reacción nerviosa? Se vio condenada, como todas las viudas reales, a un enclaustramiento de seis semanas en su habitación, al solo resplandor de las velas, y lo soportó muy mal. Le horrorizaba el silencio; la soledad y la oscuridad la atemorizaban. El porvenir se le antojaba cargado de amenazas. Veía todo negro. Suffolk había partido en busca de nuevas instrucciones. Se sentía abandonada.

En esas condiciones es poco verosímil, a despecho del relato de Brantôme, que intentara hacerse pasar por embarazada poniéndose almohadones en la cintura: una superchería que Luisa de Saboya habría descubierto y denunciado. Pues otros testimonios la mostraban, por el contrario, tranquilizando muy pronto a Francisco I, que iba a buscar noticias con el pretexto de distraerla: "Ella no reconocía más rey que él, pues no creía tener fruto en el vientre que se lo impidiera". Y el interesado lanzó un gran suspiro de alivio.

Faltaba arreglar el futuro de la joven.

A los diecinueve años, hermana del rey de Inglaterra y viuda del rey de Francia, se cotizaba a muy alto precio en el mercado casamentero. ¿Pero quién, de los dos países, tendría la iniciativa y se beneficiaría con la boda? Francisco I deseaba conservarla el tiempo necesario para negociar él mismo su futuro. Enrique VIII la reclamaba, pero interfirieron consideraciones financieras: él no quería verla regresar sin el oro y las joyas de que la había cubierto Luis XII. Invitaba, pues, a contemporizar. Cuando ella le escribía, al día siguiente de su viudez, recordándole su promesa de dejarla desposar a Suffolk, él le hacía dar por Wolsey consejos de paciencia y de prudencia: esperar, no hacer nada, no decir nada sin su consentimiento y, sobre todo, rechazar cualquier propuesta de matrimonio. Estaba autorizada solamente a mostrarse encantadora ante el nuevo rey para ganarse su gracia: pero el arma era de doble filo.

La aristocracia inglesa no estaba unánimemente conforme ante la idea de ver a ese arribista de Suffolk convertirse en cuñado del soberano. Se intentó apartarlo de María. Ella vio desembarcar a un monje, fray Langley, que la puso en guardia contra el duque promovido demasiado recientemente, acusado de hacer pactos con el diablo. Estaba muy enamorada para creer esos rumores. Se burló, viendo en ellos la confirmación de que en Londres el rey había hablado de esa boda, puesto que intentaban obstaculizarla. Concibió esperanzas, recuperó la confianza. Cuando Francisco I le propuso permanecer en Francia con una pensión muy confortable —en Blois— o casarse a su elección con el duque de Saboya o el duque de Lorena, se negó.

Pero otro monje fue a apoyar los argumentos del primero. Pasaban los días. Las negociaciones franco-inglesas se retrasaban. La desdichada, encerrada en sus aposentos con colgaduras negras, se exasperaba esperando, sin saber nada, tanto más desalentada cuanto que había creído cercano el fin de sus tribulaciones. Si hemos de dar crédito a la correspondencia que ella y Suffolk intercambiaron más tarde con Wolsey y que se conserva en Londres, Francisco I habría experimentado un placer maligno comunicándole el rumor que circulaba: descontento de sus conversaciones con Francia, su hermano pensaba ofrecerla nuevamente a Carlos de Gante, cuya alianza le parecía más prometedora; sólo esperaba su regreso a Inglaterra para dársela. Ella sollozaba, suplicaba a su hermano en cartas desconsoladas, le recordaba el trato que habían hecho: "Sire, Vuestra Gracia bien sabe que esta vez me casé según vuestros deseos, pero ahora cuento con que me dejaréis casarme como me agrade". Y decía —¡debía de estar muy desesperada!— que prefería un convento a otra unión.

Francisco iba a verla a menudo, demostrándole su simpatía. Enloquecida, implorando su ayuda, terminó por confiarse enteramente a él, le contó la historia de sus amores, le habló de las promesas de su hermano, llegó hasta a confiarle la clave del código epistolar secreto. El vio enseguida el partido que podía sacar del asunto. Ayudarla a desposar a un simple gentilhombre inglés era la solución ideal para Francia. No se correría el riesgo de que, casada con un poderoso esposo extranjero, se convirtiera en el portavoz de los intereses británicos. Le prometió de buen grado una ayuda que estaba bien dispuesto a proporcionarle. Y, por otra parte, las confidencias de María le otorgaban influencia sobre Suffolk, al que se esperaba de un momento a otro para hablar de política.

Precisamente, en esos momentos el embajador, recién desembarcado, iba al encuentro de Francisco I, en camino a Reims para hacerse consagrar. No se había visto todavía con María e ignoraba que ella había hablado. Fue tomado por sorpresa. A la entrevista, muy convencional, en la que agradeció oficialmente al rey de Francia lo que hacía por la viuda de su predecesor, siguió una conversación privada de otro tenor. Francisco, muy directo, reveló al inglés que lo sabía todo, incluso la clave del código cifrado, y prometió a los enamorados una ayuda inesperada. La contrapartida —pues evidentemente la había— era su complacencia en las negociaciones que se iban a iniciar.

El domingo siguiente Suffolk llegó a París y María se arrojó en sus brazos, llorando: "Jamás vi a una mujer llorar tanto", escribió él a Londres para disculparse. Pues, persuadida de que su hermano la destinaba a Carlos de Gante, ella exigía a su amante que la desposara "de inmediato". Si él hablaba de aguardar el consentimiento de su amo, ella se enojaba, gritaba, amenazaba con no verlo más. El le prometía que se casarían antes de regresar a Inglaterra, pero trataba de ganar tiempo. Ella le dio un plazo máximo ¡de 4 días!

Mientras tanto, Francisco I, de regreso de Reims donde acababa de ser consagrado, hizo su entrada en París el 13 de febrero. María asistió. El rey multiplicó sus atenciones hacia ella. Luisa de Saboya halagaba y lisonjeaba a Suffolk, mientras que Francisco ponía los puntos sobre las íes con él: "No quisiera en absoluto que se hiciese algo que pudiese avergonzarme, ni al rey de Inglaterra, mi hermano, con el que deseo conservar [...] alianza y amistad. [...] Y para ello os ruego que no hagáis cosa alguna que no me honre; y si hubiese promesas entre vos y la reina, haced lo que vuestro amo, del cual sois bien amado, me escribe, y que lo contentaría mucho. Pero de otro modo cuidaos con vuestra vida de no hacer algo indebido: si yo fuese advertido de ello, os convertiría en el hombre más pesaroso del mundo". Por consiguiente, nada de boda sin el consentimiento de Enrique VIII. Así quedaron salvadas las apariencias.

¿Qué pasó exactamente en el mes que siguió? ¿Francisco I lo ignoró o prefirió cerrar los ojos? María atormentaba sin cesar a su amante: "Puesto que ambos reyes están de acuerdo, ¿por qué esperar?". Se acercaba la Cuaresma, durante la cual no se celebraban matrimonios. El suyo tuvo lugar secretamente, se dice, sin duda en la capilla del Hôtel de Cluny, pero no se conoce la fecha exacta —¿segunda semana de febrero?—, como tampoco el nombre del sacerdote que los unió. Por otra parte, ¿hubo realmente boda o esa presunta ceremonia fue invocada más tarde para disimular que se habían anticipado?

En marzo María se sintió mal, estaba nerviosa, inquieta. ¿Embarazada? Ella lo creyó así, pero fue sólo una falsa alarma. Suffolk permaneció sereno, aunque por poco tiempo. Los dos reyes, por razones diferentes, estaban descontentos. Enrique VIII había descubierto no sólo que su hermana se había casado sin su consentimiento, sino que su embajador apoyaba las reivindicaciones de Francia sobre Tournai. Por su parte, Francisco estaba dispuesto a perdonar una boda clandestina o hasta una relación ilícita. Era muy indulgente para los pecados de amor y, en el fondo, la cosa le convenía. Pero acababa de descubrir que el más bello diamante de la reina, el Espejo de Nápoles, iba rumbo a Inglaterra, junto con otros obsequios de Luis XII. Y estaba furioso.

Los amantes se asustaron. De carta de explicación en carta de excusas, terminaron por confesar todo el asunto al ministro Wolsey y luego a Enrique VIII. María, que arriesgaba menos, asumió valerosamente la culpa, decía ser la única responsable y pidió humildemente perdón. Pero conocía bien a su hermano; sabía que no era hombre de contentarse con palabras. Al donarle todos los valiosos objetos recibidos de Luis XII, estaba segura de tocarlo en su punto débil. Sí, pero esos objetos, muchos de los cuales ya habían cruzado el Canal de la Mancha, ¿le pertenecían exclusivamente?

Francisco argüía, muy legítimamente, que las reinas de Francia sólo son depositarias de las joyas de la Corona, que deben transmitirse de las unas a las otras. En todo caso una viuda puede conservarlas hasta su muerte, con carácter de pensión de viudez, si permanece en Francia. Pero no puede llevarlas al extranjero, ni disponer de ellas a voluntad. Los ingleses lo entendían de otro modo y consideraban las joyas ofrecidas a María como regalos personales.

Francia no iba a dejarla partir sin obtener satisfacción. Los protagonistas del escándalo, de los que ya nadie se preocupaba en saber si estaban realmente casados, sirvieron entonces de rehenes en una transacción propia de mercaderes de alfombras entre las dos cancillerías. Se discutió acaloradamente. Se transigió, desde luego. *Fifty, fifty*, a la inglesa. La mitad de la vajilla y la mitad de las joyas —alrededor de cincuenta mil coronas— para cada uno. El arreglo estuvo a punto de fracasar por el famoso Espejo de Nápoles, que la reina Claudia reclamaba a gritos y que Enrique VIII no quería soltar. Finalmente fue incluido en su lote.

Sólo restaba a Francisco I desembarazarse de la molesta pareja. Se casaron el 30 de marzo, en plena Cuaresma, sin pompa alguna pero oficialmente, y ambos países lo comunicaron a las otras cortes europeas. Su partida se vio por poco demorada a causa de dificultades entre Inglaterra y Escocia, tradicional aliada de Francia. Pero el rey estaba demasiado ansioso por asegurarse las espaldas antes de emprender su gran expedición a Italia. Los dejó partir, no sin haber hecho firmar a María una confirmación del acuerdo financiero concertado, una especie de descarga para saldar todas las cuentas. Digna hermana de su hermano, ella encontró la manera de sustituir, a propósito de las joyas restituidas a Francia, ¡la palabra *debidas* por *donadas*!

Al hacer el balance de la operación, el canciller puso el grito en el cielo ante el precio que había costado al tesoro esa efímera reina. El nuevo embajador enviado por Venecia, retrasado en el camino, volvió a embalar el obsequio que debía entregarle por su boda con Luis XII. Ella tuvo la audacia de reclamárselo, pero el veneciano no cedió.

María y Suffolk abandonaron, pues, París el 16 de abril, sin que se lamentara su partida, llegaron a Calais, ciudad inglesa, donde fueron abucheados y se embarcaron no para Londres sino para un discreto castillo donde esperaron el veredicto real. Ultimo regateo: María devolvió a su hermano la totalidad del ajuar —vestidos y muebles— que él le había otorgado a su partida. Finalmente, el 13 de mayo pudieron presentarse en público y fueron casados nuevamente en Greenwich, en presencia de toda la corte. Era la segunda o la tercera vez, la definitiva. Luego se reescribió la historia de ese medio año para satisfacer las conveniencias. Ya resultó inútil: el relato de sus aventuras había dado la vuelta a Europa.

Una estancia en el campo, para dar tiempo a que se apaciguaran los rumores, y la pareja recuperó su lugar en el entorno del soberano. Volvió a verse a María en Francia cuando la entrevista del campo del Paño de Oro. Pero sólo figuraba a título privado, en segundo plano. Había abandonado la escena de la historia. Seguía siendo la misma, impulsiva, apasionada, aturdida, impaciente, con un toque de locura. Su marido, llegado a la cumbre de sus ambiciones, se había tranquilizado. Se acomodó a sus cambios de humor y a sus caprichos. Ella le dio tres hijos. Una de sus nietas, Juana Grey, disputó el trono a María Tudor, la Sanguinaria: fue reina de Inglaterra nueve días, del 10 al 19 de julio de 1533, antes de morir en el cadalso, el mismo año en que su abuela murió olvidada.

Al pie del retrato de María se grabó:

Cloth of gold do not despise,
Though thou be matched with cloth of frize:
Cloth of frize be not too bold,
*Though thou be matched with cloth of gold.**

Ese fue el fin de María de Inglaterra quien, después de haber sido reina de Francia durante tres meses, regresó a compartir la vida de un señor de su país. Fue la única entre las princesas reales de esa época que prefirió a la gloria su placer: una vez no hace costumbre. Y esa elección la hizo feliz: cosa aún más rara.

"¡Deshonrado sea quien piense mal!", era la divisa de la orden inglesa de la Jarretera.†

---

* "Con ropaje de oro no seas desdeñoso, / Aunque te hayas desposado con ropa de frisa: / Con vestido de frisa no seas presuntuoso, / Aunque te hayas casado con ropa de oro." La frisa es un género grueso de lana.

† *Honni soit qui mal y pense!*

CAPITULO SEIS

Claudia de Francia

Sobre Claudia de Francia, que compartió durante diez años la vida de Francisco I, los cronistas no agotaron las alabanzas. Fue "muy buena, muy caritativa y muy dulce con todo el mundo, y jamás disgustó o hizo daño a nadie de su corte o de su reino". Su divisa era una luna llena acompañada de las palabras *Candida Candidis*: blanca para los que son blancos, y el rico simbolismo de la blancura puede evocar aquí conjuntamente pureza, inocencia, e incluso candor y sencillez de corazón. Rasgos que nos hacen adivinar en ella a una víctima, para quien virtudes y desventuras eran promesa de salvación.

Y es cierto que, después de una infancia excepcionalmente feliz, fue aplastada por una condición demasiado pesada para sus fuerzas.

Una infancia feliz

Su infancia comenzó bajo los más felices auspicios. Nació en medio de la alegría, hija de una doble victoria, jurídica y militar.

Apenas salido del proceso que lo oponía a Juana, Luis XII se casó con Ana de Bretaña el 8 de enero de 1499, y pronto sus esperanzas de paternidad se vieron colmadas. Además, el éxito de la expedición a Italia, lanzada de inmediato, superaba las previsiones más optimistas. Había abandonado el Val de Loire para dirigirse a Lyon, base de partida de las campañas hacia la península, en compañía de la reina, y estaba junto a ella cuando a fines de agosto le llegó la maravillosa noticia: el ducado de Milán había sido conquistado y la ciudad iba a caer como un fruto maduro. Dejando a Ana en Romorantin, donde la pequeña Claudia vino al mundo el 13 de octubre, fue a recoger sus laureles italianos. Una entrada solemne en Milán, tres meses de permanencia para ordenar la administración de su bello nuevo ducado, y volvió presuroso a Francia a inclinarse sobre la cuna de la niña y asistir a su bautismo.

Por supuesto no era un varón. ¿Pero cómo poner mala cara cuando todo le sonreía? La fecundidad inmediata de Ana era un buen augurio para el futuro: "Se podía muy bien esperar tener hijos después de haber tenido hijas", declaró muy sabiamente.

Un breve levantamiento milanés, rápidamente reprimido, puso en sus manos al "usurpador" Ludovico Sforza, llevado a Francia y encarcelado finalmente en Loches donde terminó sus días: la conquista parecía duradera. Rey de Francia, duque de Milán y padre satisfecho, el ex duque de Orleáns estaba radiante. Quiso asociar a su triunfo a su hija recién nacida haciéndola proclamar por el parlamento de París, "a puertas abiertas", es decir públicamente, "duquesa de los dos ducados más bellos de la cristiandad, Milán y Bretaña, el uno proveniente del padre, el otro de la madre". Y emprendió con su mujer una amplia gira por las provincias del oeste, antes de regresar al castillo de Blois donde los aguardaba la niña.

Sabemos que lo que prometía el alba no se cumplió. Claudia fue durante diez años la única hija viva de la pareja real, y, en 1510, le nació una hermana. En cuanto al ducado de Milán, muy pronto se perdió de nuevo. Sin embargo, la pequeña Claudia siguió siendo para sus padres la niña cuya existencia misma era un brillante desafío a la desgracia. Derramaron en ella el exceso de cariño de que estaban llenos. "Era su buena hija y la bienamada, como ellos se lo demostraban bien."

Fue mimada como pocas veces lo son los vástagos de los reyes. Luis XII y Ana de Bretaña —¿a causa de la edad o la fatiga?— eran, para los soberanos de esa época, relativamente sedentarios. Su lugar preferido era Blois, donde residía la niña. Se ocupaban personalmente de ella lo más que podían, y esa intimidad se reflejaba hasta en el lenguaje cotidiano: "Mi hija Claudia", decía familiarmente Ana de Bretaña, hablando de ella sin ceremonia. La princesita tenía su "casa" junto a la de su madre —entendamos por ello sus departamentos y todo el personal correspondiente—, casi su corte, y el rey, cuando salía de la visita cotidiana que hacía a la una, nunca dejaba de ir a los aposentos de la otra en busca de una sonrisa o un beso. Y es sabido que en 1505, por ejemplo, la celebración de la Pascua fue en el castillo ocasión de festejos familiares, cuyo centro era la niña.

¿Se inspiró a la pequeña Claudia el orgullo de su cuna y de su rango? Es probable. Pero jamás manifestó, como su hermana Renée,[*] el menor rencor hacia la ley sálica que la excluía del poder que, en un país vecino, le hubiese correspondido. Sus padres, ya lo hemos dicho, discutieron con respecto a su boda. ¿Compartió ella las grandes ambiciones de su madre? ¿Lamentó que se apartara a Carlos de Gante, a quien estuvo un tiempo prometida, y que habría hecho de ella una emperatriz? No lo sabemos. ¿Qué recuerdo conservó de su compromiso matrimonial con Francisco de Angulema, el 21 de mayo de 1506? Tenía apenas seis años, y hubo que cargarla, tan envarada estaba en su atavío de brocado de oro. En todo caso, la opción finalmente elegida le evitaba una de las pruebas generalmente sufridas por las princesas, los tormentos del desarraigo, la salida del país natal y el contacto brutal con un marido nunca visto, con frecuencia viejo y feo. Francisco había sido llamado a la corte en 1508 y, cuando lo desposó, había tenido tiempo de conocerlo bien, sin abandonar empero a su padre y a su madre. Cinco años mayor, tenía todo para agradar a una adolescente: alto y fuerte, alegre, brillante, zalamero, era sin discusión el más atractivo de todos dentro del estrecho círculo de los príncipes casaderos. ¿Ella lo amaba? Es dable suponerlo, pero la verdad es que no sabemos nada.

Ana de Bretaña no lo quería. Le preocupaban tantos atractivos. Su antipatía por esa ambiciosa familia de Angulema aguzaba su lucidez. Desconfiaba de la superficialidad de Francisco, de su soberbia

---

[*] A los intendentes italianos de su marido, que le reprochaban sus liberalidades para con los exiliados franceses, Renée les respondía: "¿Qué queréis?, son pobres franceses de mi nación, todos los cuales, si Dios me hubiese dado barba en el mentón y yo fuese hombre, ahora serían mis súbditos; y hasta lo serían si esta perversa ley sálica no se opusiese demasiado a mí".

de niño mimado, de su muy acusado gusto por las mujeres y el placer. Contra la decisión de Luis XII, invocaba la futura felicidad de su hija, preocupación insólita en una reina. "La virtud de nuestra hija conmoverá al conde",* replicaba el rey, "no podrá dejar de hacerle justicia." Pero Ana sabía demasiado bien que la virtud no bastaba para asegurar la influencia de una mujer sobre su marido.

Por dulce, buena y piadosa que fuese Claudia, carecía de toda belleza. Se parecía un poco a su madre, pero sin su encanto. Con la misma cojera, más baja todavía. Había heredado de su padre una nariz grande y un ligero estrabismo del ojo izquierdo, que sus retratos no logran disimular completamente, afeaba su mirada. No parecía tonta, sin embargo, y habría podido ser atractiva si hubiese heredado la esbeltez de su madre. Pero la "extraña corpulencia", notada en ella por todos los observadores, se convirtió con los embarazos en una desastrosa obesidad que dificultaba su andar y ponía en peligro su vida en cada parto. ¿Era congénita esa gordura? Y los diplomáticos extranjeros que la describen casi monstruosa, ¿la vieron de otro modo que embarazada? No lo sabemos. Lo seguro es que nunca poseyó ningún atractivo para retener a su voluble marido.

A los quince años, cuando iniciaba su vida conyugal, era todavía una niña frágil y vulnerable. Demasiado protegida, no había aprendido, como lo hiciera antaño su madre, a afrontar la adversidad ni a hacerse cargo de su destino. La felicidad de su niñez se transformó de pronto en una desventaja cuando perdió uno tras otro, en el espacio de menos de un año, a sus dos padres. A la triste boda con los novios enlutados, inmediatamente después de la muerte de Ana de Bretaña, sucedió el nuevo casamiento de su padre. Se la vio muy abatida en la coronación de María, a quien tuvo que "servir". ¿Compartía ella la inquietud de Francisco ante la idea de ver escapárseles el trono? Brantôme, tan chismoso en otras ocasiones, imputaba su tristeza solamente al recuerdo de la época, tan reciente, en que ella asistía a su madre en las ceremonias. En ella el sentimiento prevalece sobre la ambición.

Tres meses más tarde, Luis XII desapareció a su vez. Ya no tuvo más apoyo que su soberano y esposo, más familia que la de él. Aunque no estuviera acompañada de exilio, la ruptura no era menos radical.

---

* Francisco era conde de Angulema.

Pues la constelación familiar femenina alrededor del nuevo rey era temible: tan fuerte y exclusiva que no dejaba a la recién llegada más que un lugar mezquinamente calculado.

"Mi rey, mi señor, mi César, mi hijo"

Ese era Francisco para su madre, Luisa de Saboya: depositario de todas sus esperanzas, único objeto de su amor, ídolo al cual estaba dispuesta a sacrificarse ella misma y, con mayor razón, a sacrificar al mundo entero. Esa devoradora pasión maternal, menos excepcional en todo caso de lo que parecía, se vio fortalecida por las circunstancias.

Luisa poseía una ascendencia prestigiosa, pero nada de fortuna. Surgida de la prolífica y pobre casa de Saboya, arruinada por recientes conflictos, había nacido el 11 de septiembre de 1476, hija del duque Felipe, llamado "Sin Tierra" porque en la guerra había perdido sus posesiones de Bresse, y de su mujer Margarita de Borbón, hermana de Pedro de Beaujeu, emparentada con el rey de Francia. En 1488, a los doce años, se la casó con un primo hermano del futuro Luis XII, Carlos de Valois, también él príncipe de la sangre. Unión honorable, entre novios de igual posición. Pero el marido en cuestión no era bien visto en la corte, había intervenido en la "Guerra Loca" y, vencido ante las murallas de Cognac, tuvo que capitular. La boda propuesta era una manera de sujetarlo: no iría a buscar en otra parte esposa y apoyo. Se hizo todo lo posible para que siguiera careciendo de bienes. Pobres asignaciones —algunos miles de libras para ella, la señoría de Melle para él— sumadas a Angulema, Cognac y Romorantin, no permitirían a la pareja llevar un gran tren de vida. Estaban condenados a una modesta existencia provinciana.

En 1492 tuvieron una hija, Margarita y luego, dos años más tarde, un hijo, Francisco, sin que esos nacimientos los acercaran demasiado. La joven mujer, de rara y precoz fuerza de carácter, aceptaba con filosofía las infidelidades de un esposo al que casi no amaba. No lo lloró cuando murió prematuramente el 1° o el 2 de enero de 1496 y se mantuvo en buenos términos con su concubina oficial, cuyos hijos eran criados con los suyos —solución sencilla que tenía el doble mérito de ser franca y barata.

En cambio, soportaba menos la mediocridad de su situación y rabiaba por tener que vegetar en Cognac en relativa pobreza. El "pequeño paraíso" que Margarita evocó más tarde con la nostalgia que nimbaba los recuerdos de infancia, no era para ella más que un purgatorio del que estaba decidida a salir cuanto antes, por la puerta grande, gracias a su hijo. A los diecinueve años era viuda y libre. Se negó a casarse de nuevo, hasta con el rey de Inglaterra Enrique VII. El destino le prometía otra cosa.

Como a muchos de sus contemporáneos, le encantaba la astrología, los horóscopos, las predicciones. Ahora bien, el ermitaño de Plessis-lès-Tours, el famoso Francisco de Paula —¡otra vez él!— había afirmado que su hijo sería rey. Tal promesa no era obvia. Entre el joven conde de Angulema y el trono de Francia, estaban Carlos VIII, luego Luis de Orleáns, futuro Luis XII y sus eventuales descendientes: su camino hacia el poder estaría en efecto jalonado de cadáveres de niños. Desde luego sin ninguna culpa suya en ello. Pero Luisa, confiada en los astros y en la providencia, obsesionada por su idea fija, vivió desde entonces en la espera del milagroso advenimiento de aquél a quien ella, anticipadamente, ya no llamaba más que su "César". Y siguió contando ferozmente las desapariciones propicias, alegrándose, implacable, ante las cunas vacías, preparadas en vano para hijos muertos al nacer.

"La paciencia nunca me abandonó", dijo ella. Pero frecuentemente tembló, y siguió temblando toda su vida al menor accidente, al menor rasguño de su hijo. ¿Se enteró de que se había caído del caballo? Se estremeció retrospectivamente: "Yo habría estado perdida si él hubiese muerto". Todo sufrimiento repercutía de él a ella, amplificado, y se irradiaba en su propia carne. Mucho antes de que Mme de Sévigné escribiera a su hija: "Me duele tu pecho", Luisa anota en su *Diario*: "El 5 día de junio de 1515, mi hijo, viniendo de Chaumont a Amboise, se clavó una espina en la pierna que le causó mucho dolor, y a mí también, pues el verdadero amor me obligaba a sufrir semejante pena". Amor visceral, que incluía la ambición pero la trascendía, especie de simbiosis como antes del nacimiento, cuando el cordón umbilical unía a la madre y al hijo en los latidos solidarios de su sangre.

Generalmente, una madre así no era un regalo del cielo para sus hijos: ni para el interesado, agobiado bajo el peso de una solicitud excesiva, ni, con mayor razón, para sus hermanos y hermanas menos amados. Más adelante veremos un ejemplo en Catalina de Médicis.

Pero no fue ese el caso de Francisco y Margarita que tuvieron, tanto el uno como la otra, siguiendo su propio camino, una vida plenamente realizada. Y ese éxito debía ser atribuido tanto a Luisa como a la fuerte personalidad de ambos niños. Ante todo ella supo contagiar a la niña su amor apasionado por el varón. Jamás experimentó Margarita una sombra de celos de su hermano. Participó por el contrario de una misma adoración, dispuesta a desempeñar ante el pequeño, dos años menor, el papel de segunda madre, asociándose o sustituyendo, de ser necesario, a la primera. Con el correr de los años, al dejar de notarse la diferencia de edad, es Francisco, hombre y rey, quien protege a la que llama su *"mignone"*. Entre ellos subsistió un afecto recíproco que las inevitables tensiones no lograron empañar, aun cuando los intereses familiares o las simpatías religiosas de Margarita no fueran los de su hermano. Se comprendían con medias palabras, se leían el pensamiento, gemelos, si no por los genes, al menos por una educación vivida en común bajo la dirección efectiva de su madre.

Aislada en Cognac, o más tarde confinada en Amboise por indicación de Luis XII, Luisa de Saboya, a quien se le dosificaban las satisfacciones sociales, se consagró por entero a esa educación en un clima de afecto y de confianza poco común. Por supuesto tuvieron preceptores, pero su madre omnipresente velaba en todo. Había elegido como divisa: *Libris et Liberis* —"Por mis libros y por mis hijos". El gusto por los juegos de sonoridades fáciles no bastaba para explicar esta singular asociación, que testimoniaba en ella un verdadero amor por las cosas del espíritu. Inteligente y culta, amaba los bellos volúmenes de que estaba bien provista la biblioteca familiar: doscientos en Cognac, lo que era algo considerable para la época. Fue uno de los pocos terrenos en que apreció la herencia conyugal. En la familia se leía y se escribía mucho. Su suegro, Juan de Orleáns, había versificado amablemente, con una propensión al misticismo que reencontraremos en su nieta. Y tenía por hermano al famoso Carlos, padre de Luis XII, poeta de la dulce Francia, entrevista, con buen tiempo, desde lo alto de los acantilados de Dover.

Las disciplinas intelectuales y artísticas se equilibraban en ambos niños con el entrenamiento físico. Bajo la atenta mirada de su madre fueron educados juntos, y cada uno gozó del programa del otro, salvo algunas actividades específicas: armas para el varón, bordados para la niña. La obra literaria de Margarita no debe hacernos olvidar que fue una jinete eximia. Y la imagen guerrera del rey caballero no debe ocultar la del protector de las artes y las letras, que fundó el Colegio de Francia, hizo edificar Chambord y reacondicionar Fontainebleau.

Educación humanista, abierta, en la que las lenguas modernas —italiano y español— se aprendían al mismo tiempo que las antiguas —latín, y hasta un toque de griego—, y en la que la preocupación por formar cabezas pensantes prevalecía sobre la de llenarlas. Educación realista también, volcada hacia el ejercicio futuro de una realeza que Luisa deseaba prestigiosa y en la que se preveía un lugar para ella y para Margarita. Nada podía cimentar mejor la unión de esos tres seres, movidos por una voluntad común.

Ambos niños rebosaban de dones: salud, inteligencia, energía. Ninguno de los dos se dejaría someter. Admiraban a su madre sin temerla, no se sentían inferiores a ella ni inferiores uno al otro, cada uno en su posición. Los tres tenían su personalidad, su lugar, su papel que desempeñar. Y esos papeles eran complementarios. Esa amplia autonomía no excluía la devoción; por el contrario, le permitía afirmarse en plena libertad. Que Francisco debiera a la adoración de su madre y de su hermana su egocentrismo ingenuo de niño mimado acostumbrado a ver a los otros ceder a todos sus deseos, era evidente. "Francisco I nació entre dos mujeres prosternadas [...] y así permanecieron en ese éxtasis de culto y devoción." Pero esa célebre frase de Michelet sólo toma en cuenta los efectos nefastos de un clima familiar al que el joven debía también su alegría de vivir, su confianza en sí mismo, su equilibrio. En cuanto al autoritarismo, no hacía falta una infancia demasiado mimada para desarrollarlo en los soberanos: el ejercicio del poder se encargaba de ello.

Francisco I les debía mucho más todavía. Sabía que podía contar sin reservas con dos mujeres inteligentes y enérgicas, de absoluta devoción, a las que ningún servidor, por fiel que fuera, podría reemplazar. Gracias a ellas dos, saldría un día de las prisiones españolas bastante indemne. Más aún: tuvo permanentemente a su lado a dos seres cuyos esfuerzos convergían con los suyos, en una acción mancomunada. Se repartían las tareas, se pasaban la pelota, aprovechaban su división en tres personas para actuar en las negociaciones.

Con Francisco I accedió al poder un triunvirato, o más bien una suerte de trinidad política, bloque compacto, cimentado por dieciocho años de simbiosis, sin fisuras, sin ninguna brecha por donde pudiera intervenir —de haberlo querido ella— la influencia de una esposa. En el seno de ese bloque, la pequeña Claudia, con sus quince años, su dulzura, su fragilidad, no podía ser más que un cuerpo extraño, tolerado a condición de que aceptara participar del culto común y siempre que su esfera de actividad se mantuviera circunscripta. La acogida que se le brindó carecía singularmente de calor.

Una acogida mitigada

Contra todo lo esperado, Luisa de Saboya contempló al principio sin entusiasmo el proyecto de boda de su hijo con la mayor de las niñas de Francia, hasta el punto de detestar ferozmente al mariscal de Gié, principal artífice de esa combinación matrimonial.

A decir verdad, no sabemos si fue hostil al proyecto por odio al mariscal o a la inversa. Cuando sucedió a Carlos VIII, Luis XII, tomando muy en serio su papel de tutor legal de su joven primo, lo sustrajo a la autoridad exclusiva de su madre e instaló a la joven mujer y a sus dos hijos en Amboise, donde Pedro de Gié tenía la misión de velar por ellos. ¿Para protegerlos? ¿Para vigilarlos? Ambas cosas a la vez. Y la muy susceptible Luisa solía encontrar a menudo su solicitud indiscreta.

Ella no compartía sus miras acerca del porvenir de su hijo. Gié, convencido de que los intereses de su provincia natal coincidían con los de Francia, pensaba sobre todo en unir Bretaña al reino, sin importarle mucho cómo. Le daba lo mismo que, si Luis XII tenía un hijo, Francisco de Angulema fuese confinado a la condición de vasallo. Luisa, en cambio, perseguía sus sueños ambiciosos. ¿Por qué hipotecar el porvenir con un compromiso matrimonial prematuro? Si el trono de Francia se le escapaba, su hijo podía encontrar en otra parte una esposa prestigiosa. Y si era el sucesor de Luis XII, no tenía necesidad de casarse con su hija: tendría libertad de elección. Por consiguiente, no sintió ningún agradecimiento hacia el rey cuando este, al celebrar oficialmente el compromiso de ambos niños, designó públicamente a Francisco como su probable heredero. Pues esa herencia seguía dependiendo de demasiadas circunstancias aleatorias.

La sensación de que sus hijos eran peones en el tablero del ajedrez político se vio acrecentada por la boda de Margarita. Para la joven se había pensado en varios partidos extranjeros. El duque de Monferrato pareció de escaso vuelo. El duque de Calabria habría hecho de ella, a la muerte de su padre, una reina de Nápoles, pero Luis XII no deseaba renunciar a sus presuntos derechos sobre ese reino. Se habló del príncipe de Gales, Arturo; luego, cuando él murió, de su hermano, el futuro Enrique VIII, y hasta del mismo rey Enrique VII o del anciano Cristián de Dinamarca. Propuestas en el aire, a las que ella respondía, azuzada por su madre, que aguardaba algo mejor: el día en que su hermano fuese rey, ella encontraría mejor partido en Francia, sin tener que atravesar el mar.

Pero él tenía sólo quince años y ella, a los diecisiete, ya era grandecita, cuando Luis XII decidió entregarla, para arreglar amistosamente un litigio de sucesión, al duque Carlos de Alençon, de sangre real por cierto —descendía de un hermano menor de Felipe el Hermoso—, pero que ocupaba en las gradas del trono un lugar más que modesto. El soberano doró generosamente la píldora. La boda, celebrada el 2 de diciembre de 1509, fue fastuosa, y amplias concesiones pusieron a los esposos al abrigo de las necesidades. Margarita abandonaba, pues, a los suyos para reunirse, en el triste castillo medieval de Alençon, con una suegra imbuida de devoción, cuya piedad —¡oh, sorpresa!— coincidió con sus propias inquietudes religiosas moviéndola a simpatizar con ella: primera etapa del itinerario interior que la convirtió en una ardiente adepta de una renovación de la espiritualidad. En cuanto a Luisa de Saboya, continuaba esperando el advenimiento de su "César", con la mirada puesta en la cintura de Ana de Bretaña y acechando en el rostro de Luis XII señales de decrepitud.

Veía crecer sin placer a su futura nuera, endeble, tan poco atractiva con su cojera y su estrabismo. Tal esposa haría poco honor al joven Francisco, que pasaba por ser el hombre más apuesto de Francia, pese a su frente demasiado baja y a su nariz demasiado larga. ¿Al menos sería apta para darle hijos? El ejemplo materno era de mal augurio. Además, hermosa o no, ¿cómo podía obtener la desdichada la aprobación de esa madre posesiva, para quien ninguna nuera era digna de su incomparable hijo?

El tiempo pasaba mientras tanto, y cada vez se veía más a Francisco I como heredero del trono. Luisa se reconciliaba con la idea de una boda cuyas ventajas empezaba a ver. Claudia, a quien Ana de Bretaña había transmitido sus imperfecciones, no había heredado de ella ni la fuerza de carácter ni la seducción. Pensándolo bien, su misma insignificancia hablaba en su favor. Dulce, dócil, amante, piadosa, casi no contaría, no haría sombra a nadie, no disputaría a su madre el corazón del rey. Sería la más inofensiva de las nueras.

Cuando estuvo en edad de formarse una opinión, Francisco se mostró por su parte muy deseoso de esa boda. Por razones muy ajenas al amor.

Lucien Febvre había observado que tenía algo de advenedizo, de "nuevo rey", como Enrique IV. No fue por casualidad que ambos, colaterales y herederos potenciales del trono, desposaron a hijas de reyes de Francia. Por supuesto ello no les concedía ningún derecho legal a la corona, que podría corresponderles únicamente por filiación masculina. Pero los acercaba, a pesar de todo, a la rama reinante y les confería una especie de legitimidad simbólica, a sus propios ojos y a los de los franceses, apegados a la dinastía: la sangre de los reyes precedentes correría por las venas de sus hijos. En el caso de Francisco, esa boda era también, pese a las reservas que incluía el contrato en caso de nacimiento de un delfín, una suerte de adopción, la señal de que Luis XII lo designaba públicamente, en lo inmediato, como su sucesor.

Por otra parte era contraer un enlace prestigioso. Sólo los más grandes soberanos de Europa podían pretender a la hija mayor del rey de Francia. Francisco se convertía, aún antes de acceder al trono, en su par. ¿Tuvo un oscuro presentimiento de la larga rivalidad que lo opondría a Carlos V? Ambos hombres se enfrentaron por primera vez, por interpósitos padres, en disputa por la mano de Claudia. En todo caso, podemos estar seguros de que la insistencia de Ana de Bretaña en negársela y en preferir para ella a su rival, no hizo más que exacerbar su deseo de obtenerla: lo prometido a otro brilla con redoblado esplendor.

Eso en cuanto a las motivaciones oscuras, casi inconscientes. Se sumaban a ellas motivos directamente interesados. Claudia poseía bienes propios, especialmente Bretaña, que convenía conservar. Tenía sobre todo —o más bien los tendría a la muerte de su padre— los derechos de este sobre el ducado de Milán, como heredero de Valentina Visconti. Ahora bien, como a sus predecesores, a Francisco le obsesionaba el sueño italiano: para él, lo que estaba en juego era de capital inportancia.

Se casó pues con ella, decidido a no sacrificarle sus placeres. ¿Dijo en verdad las palabras que a veces se le atribuyen: "Yo quiero a esa niña. Cuestión de Estado. Para el amor, hay otros prados donde, casi sin inclinarme, me será fácil recoger montones de las más embriagadoras corolas"? La formulación es sin duda apócrifa, pero seguramente en el fondo traduce su pensamiento.

Tal era el marido y tal la suegra en cuyas manos Ana de Bretaña, en su lecho de muerte, se resignó in extremis a dejar a su hija. En cuanto a Margarita, era demasiado cristiana para no acoger a su cuñada con caridad. Pero pronto resultaron tener demasiado poco en común como para lograr una verdadera amistad. A los hijos de la pareja real prodigó la princesa, su afecto.

La distribución de tareas

Como ya hemos dicho, había dos funciones en las que la reina era insustituible: la maternidad y el espectáculo dado al buen pueblo de la pareja real, viviente encarnación de Francia. Claudia se vio estrechamente limitada a esas funciones, tanto por voluntad de Luisa como por su propia debilidad.

Era tan discreta que las crónicas omitieron mencionar su presencia en ocasión de las grandes ceremonias que inauguraban el reinado. Sin embargo, acompañó a su esposo a Reims, en enero, para la consagración. El 15 de febrero, cuando él hacía su entrada solemne en la capital, pudo vérsela en una tribuna, flanqueada por su cuñada y su suegra, a quienes debía el haber sido notada. Es probable que participara del banquete que siguió a la misa mayor en Notre-Dame. Pero para su propia coronación, en Saint-Denis, y para su entrada solemne, tuvo que esperar hasta el mes de mayo de 1517. Pues, por el momento, se vio impedida por una primera maternidad. Tuvo apenas tiempo de ceder oficialmente a su marido, el 26 de junio, todos sus derechos sobre el ducado de Milán. El ejército se impacientaba ya, listo para caer sobre Italia. Ella se encerró para su alumbramiento en sus departamentos de Amboise, mientras que Francisco, dejando en Lyon a su madre encargada de gobernar el reino, se puso a la cabeza de la expedición. Su primera hija, Luisa, vino al mundo el 15 de agosto, el mismo día en que las tropas francesas, infantería, caballos y cañones, franquearon el paso de Larche. El 13 de septiembre el rey consiguió sobre los suizos, reunidos frente a Marignan, una brillante victoria.

Seis meses después del advenimiento al trono, Claudia fue apartada definitivamente. Las fatigas del embarazo acabaron lo que habían comenzado las primeras medidas tomadas por Luisa de Saboya. En 1515, la madre del rey tiene sólo treinta y ocho años. La alegría es para ella un baño de Juvencia. Parecía "mucho más fresca y joven de lo que era cuatro años antes". La vida no la había desgastado. Sus fuerzas estaban intactas. Margarita, por su parte, no tenía hijos del duque de Alençon: seguía estando disponible. Es natural que ambas ocuparan, definitivamente, el espacio dejado libre por la reclusión de la reina.

Como todo nuevo soberano, Francisco se ocupó en injertar su propio linaje en la rama de la dinastía extinguida. No pudo hacer retrospectivamente de las dos mujeres que lo rodeaban una reina madre y una hija de Francia; pero, a falta del título, recibieron las prerrogativas. La preeminencia de Luisa apareció en la denominación que prevaleció para ella: fue "Madame", Madame "a secas", es decir sin que hubiera necesidad de especificar. Ello demostró hasta qué punto era considerada superior a todas las princesas con derecho a ese tratamiento, seguido de su nombre. Ella era sola en su género, la única.

Francisco las dotó ricamente a ambas. A la una le concedió los ducados de Angulema y de Anjou, a la otra le confirmó la sucesión de Armagnac y le dio el Berry, mientras que su marido, el duque de Alençon, promovido a "segunda persona del reino", pasó a ser gobernador de Normandía. Claudia conservaba, es verdad, plenos poderes en Bretaña. Pero se sentía menos bretona que su madre y no inspiraba a sus súbditos la misma adhesión. Y sobre todo, ¿estaba ella en condiciones de ejercer esa autoridad? ¿Era capaz de hacerlo?

Era Luisa quien mandaba en los momentos de decisión. Había entrado en el Consejo Privado, donde ocupó el primer puesto inmediatamente después del rey. Colocó en los puestos clave a sus hombres, como el canciller Antoine Duprat a la cabeza de la justicia, y sus financistas personales se convirtieron en los del reino. No se hacía nada, en política interior o exterior, sin su consentimiento.

Ella amaba el poder con la avidez de los que durante mucho tiempo no fueron tenidos en cuenta. Amaba el dinero con la codicia de los que tuvieron recursos medidos. Atesoró y acumuló feudos, rentas y prebendas. No solamente para ella, sino para su hijo, pues los bienes reunidos sobre su cabeza corresponderían, después de su muerte, a la corona. Estaba siempre dispuesta a extraer dinero de sus arcas para el caso, demasiado frecuente, de que las del tesoro real estuvieran vacías. Las reservas que ella constituyó remediaron entonces la prodigalidad de ese hijo manirroto. Ante los financistas, jugó también con la separación de ambas cuentas. Cuando el superintendente Semblançay, a quien el rey le debía un millón de libras, pero que a su vez debía setecientas mil a Luisa, propuso cubrir una deuda con la otra, firmó su caída en desgracia y tal vez su sentencia de muerte. En peligrosos malabarismos financieros, ella no estaba fuera de todo reproche. Pero gracias a ella el reino nunca fue a la bancarrota. Sostuvo con mano firme el nervio de la guerra: la tesorería.

En política exterior, se apoyaba en Margarita, sin igual para presidir las ceremonias, para recibir a los embajadores, a los que deslumbraba con su elegancia y su inteligencia, para dar a una negociación ese tono de amable urbanidad que tanto influía en el humor de los participantes. "Cuerpo femenino, corazón de ángel y cabeza de hombre", ella era el adorno de una corte donde la reina no podía ser a su lado más que una lamentable figura. Los gobiernos extranjeros no se equivocaban al recomendar a sus enviados tomar contacto con ella y ganarse su buena voluntad.

Muy pronto, se le reservaron dos dominios. Ante todo la literatura, donde su cultura y sus propios ensayos poéticos le aseguraron una autoridad pronto reconocida. Su ayuda de cámara, Clément Marot, poeta de primer orden, celebraba a porfía sus méritos. Depositaria obligada de las dedicatorias de los escritores, dispensadora de favores y pensiones, fue para ellos una especie de mecenas oficial.

Además, su hermano le pedía su opinión, al principio del reinado al menos, sobre los asuntos religiosos, la elección de dignatarios eclesiásticos, la reorganización de los conventos. Bajo la influencia del obispo de Meaux, Briçonnet, soñó durante largo tiempo con una reforma operada por la propia Iglesia en su seno, que habría permitido evitar las divisiones. Protegió a los llamados "evangelistas", hasta que las imprudencias de los unos y la intransigencia de los otros obligaron al rey a perseguirlos severamente. Asistió, afligida, a los primeros enfrentamientos, a las primeras hogueras, prosiguiendo en silencio una búsqueda espiritual interior que nos revelaron sus admirables poemas religiosos.

¿Qué podía Claudia frente a esas dos personalidades excepcionales dedicadas a aplastarla, consciente o inconscientemente? Ella carecía de brillo, de inteligencia, de conversación, y nadie la alentó a tenerlos. Visiblemente desprovista de poder, carecía de cortesanos o clientela. Sólo podía sobrevivir, siempre detrás, o refugiarse en la compañia de sus damas, quienes al menos le ahorraban las comparaciones desfavorables.

Los historiadores le asignaron un papel en las obras que convirtieron al viejo castillo de Blois, que ella amaba, en una admirable morada a la italiana, con la escalinata de honor en su torre octogonal calada, las galerías aéreas apoyadas sobre el antiguo muro medieval, las logias superpuestas como paseo de columnatas. Para ella y para sus hijos, para facilitarles el acceso a los jardines de la reina Ana, se construyó un puente sobre la hondonada del Arcou. Lamentablemente los testimonios no permiten saber si ella se limitó a emitir algunos deseos de orden práctico, o si tuvo intervención en la concepción artística y en la decoración de los nuevos aposentos y si, por lo tanto, algo del esplendor de Blois se debe a ella.

Su suegra la trataba con rudeza, nos dice Brantôme. Tal vez el reproche sea excesivo. Pero, con el pretexto de protegerla, la trataba como a una niña, le negaba toda iniciativa, tomaba decisiones en su lugar. Ruda solicitud, en la cual no había animosidad, sino que testimoniaba un singular desprecio por su persona: la reina sólo existía como receptáculo —totalmente provisional— de la preciosa carga que aseguraba la supervivencia de la dinastía. Hasta la dirección de su casa escapaba a la joven, cuya tarea se limitaba a traer hijos al mundo. Recién nacidos, eran confinados a nodrizas, y ella estaba lista para ser fecundada nuevamente. Luisa era quien dirigía a los niños; determinaba las responsabilidades y las reglas y fijaba el ritmo de vida: inviernos en Amboise, veranos en Blois. Abuela tan posesiva como madre, se apropió de ellos, anotó cuidadosamente la hora del nacimiento de cada uno y trató de buscar en las conjunciones astrales el secreto de su futuro destino. Era ella, o en su defecto Margarita, quien velaba por su salud, los cuidaba, los lloraba y se ocupaba de hacerlos sepultar cuando una muerte prematura se los llevaba.

En el secreto del Consejo Real se elaboraron los proyectos matrimoniales para los bebés todavía en pañales. El tratado de Noyon (13 de agosto de 1516) prometía la pequeña Luisa, de apenas un año, al inevitable Carlos de Gante, o de Austria, como se quiera, a quien ella debía aportar los hipotéticos derechos de Francia sobre el reino de Nápoles. En 1518, se previó unir al delfín recién nacido a la hija mayor de Enrique VIII de Inglaterra, María Tudor, de dos años de edad. Se asegura que, consultada Claudia, dio su aprobación. No se arriesgaba gran cosa pidiéndole su opinión, seguros como estaban de su consentimiento. ¡Cómo nos gustaría descubrir sin embargo que alguna vez lo negaba! Adquiriría así cierta consistencia ante nuestros ojos. Pero los documentos de la época no dicen nada al respecto.

En cambio, sus relaciones con su marido no fueron malas.

Contrariamente a otros soberanos a quienes pesaba el deber conyugal, él no sentía por ella ningún rechazo, todo lo contrario. Era de temperamento suficientemente generoso como para que sus numerosas conquistas femeninas no le impidieran compartir asiduamente el lecho de su esposa, y sus reencuentros después de separaciones fueron casi siempre fecundos. Estuvo orgulloso de los hijos que ella le dio, hermosos, sanos, viables, prueba tangible de que la maldición que había afectado a la rama mayor de los Valois quedaba atrás. Se inclinaba sobre las cunas como un padre enternecido, se extasiaba ante el delfín, "el niño más bello y más fuerte que pudiera verse", y procuró a todos padrinos prestigiosos —el papa para el mayor de los varones, el rey de Inglaterra para el segundo. Los bautismos ofrecieron a la reina —una vez no hace costumbre— la alegría de estar en el centro de la fiesta, tambaleante heroína de un triunfo de deslumbrante escenografía.

Conmovido por su dulzura, su vulnerabilidad, su silencio, él tuvo siempre consideraciones con ella y la trató con bondad. Le gustaba tenerla cerca, figura familiar y tranquilizadora, discreta receptora de él mismo. Lo que no le impedía, por supuesto, engañarla con frecuencia. Pero se cuidaba, evitaba imponerle el espectáculo de insolentes amantes. Tenía una titular, la morena condesa de Châteaubriant, y muchas ocasionales. Eso se sabía. Pero siempre guardó una relativa discreción.

Era verdad que su madre velaba por ello. Como Ana de Bretaña, cuidaba el respeto de los convencionalismos y no toleraba desvíos de conducta ni en su casa ni en la de su nuera: una dama inglesa de su séquito, llamada Ana Bolena, lo aprendió en carne propia, mucho antes de iniciar su carrera gloriosa y trágica. Además, Luisa veía con muy malos ojos a quienquiera que se arriesgara a ejercer sobre su hijo una influencia que disminuyera la suya. Sus celos se sumaron a la dulzura de Claudia para inspirar al rey cierta discreción. La joven no tuvo que sufrir entonces una de las pruebas frecuentemente reservadas a las esposas reales, la entronización en la corte de una amante que le disputara el primer puesto.

Escapó también de otra prueba, la de ver morir a sus hijos —con excepción de una sola. Simplemente porque ella los precedió en la muerte, vaciada poco a poco por ellos de su sustancia, literalmente agotada.

Maternidades y viajes

Permítanseme algunos cálculos. La aridez de las fechas habla por sí sola.

	18 de mayo de 1514	Boda
15 meses		
	15 de agosto de 1515	Nacimiento de Luisa
14 meses		
	23 de octubre de 1516	Nacimiento de Carlota
16 meses		
	28 de febrero de 1518	Nacimiento de Francisco
13 meses		
	31 de marzo de 1519	Nacimiento de Enrique
16 meses		
	10 de agosto de 1520	Nacimiento de Magdalena
17 meses		
	22 de enero de 1522	Nacimiento de Carlos
16 meses		
	5 de junio de 1523	Nacimiento de Margarita
13 meses		
	20 de julio de 1524	Muerte de Claudia.

Elocuente cuadro. Desde los catorce a los veinticuatro años, dio a su esposo siete hijos. Entre los nacimientos, el intervalo fue de quince meses en promedio. En diez años y dos meses de matrimonio, es decir en ciento veintidós meses, pasó encinta sesenta y tres meses: la mitad del tiempo. No murió literalmente de parto. Pero, de maternidad en maternidad, se hizo más pesada y se debilitó a la vez, reducida a una suerte de existencia vegetativa, animal, absorbidas todas sus fuerzas por la gestación, casi incapaz de moverse sola, extenuada. Una condición inhumana que parecía normal en esa época. A nadie se le hubiera ocurrido aliviarla un poco, de vez en cuando, apartando de ella al rey. Era un caso límite, pero no el único en su tiempo, de reina reducida a su función primaria.

No se la dispensaba sin embargo de seguir las peregrinaciones de la corte.

En el siglo XVI, todos los reyes de Francia fueron itinerantes, por razones esencialmente políticas. Los medios de comunicación eran lentos y poco seguros. La única manera de hacerse conocer por sus súbditos y de conocerlos, era desplazándose. Un habitante de una ciudad muy alejada tenía la ocasión de ver al soberano una vez en su vida en el mejor de los casos. El encuentro de este con su pueblo se impregnaba entonces de un clima de fiesta, de regocijo, que avivaba la adhesión a la monarquía. Era una especie de gran espectáculo, como diríamos hoy, en el que los espectadores eran invitados a participar. El rey hacía su "entrada" en ciudades embanderadas, a través de calles transformadas en escenarios llenos de alegorías. La presencia a su lado de la reina, indispensable, era una prenda de paz y de prosperidad: aparecía como padre de familia, no como capitán de guerra. Y si ella esperaba un hijo, tanto mejor: era la encarnación de la fecundidad del reino y una promesa de futuro.

A esa razón primera se sumaban otras, administrativas —controlar la eficacia de los oficiales reales y estimular su celo— o económicas —consumir en el lugar los productos de los dominios, dificultosamente transportables. De paso se podía cazar en los territorios donde la caza abundaba o implorar la protección de algún santo en los grandes santuarios. Finalmente, en su apuro financiero crónico, el rey esperaba arrancar más fácilmente subsidios a los contribuyentes halagados por el honor de su visita.

Francisco I, más que ningún otro, amó esos viajes. Era joven y gozaba de buena salud. Le gustaba moverse. No se cansaba de recorrer las rutas del hermoso reino que le había caído del cielo, en una toma de posesión casi física. Le encantaban las entradas solemnes, las aclamaciones, los arcos de triunfo multicolores, las justas y los torneos. Y detrás de él se arrastraban a los tumbos la corte, los consejeros, los financistas, los embajadores extranjeros, y todos los sirvientes, largo cortejo de casi cuatro mil personas cuyas camas se armaban y desarmaban al azar de los albergues de etapa. Se desplazaban a caballo, a pie, en carroza o en litera, en una incomodidad que nos cuesta imaginar, en medio del polvo o los pantanos, quemados por el sol o calados por el viento helado, aunque se fuera un miembro eminente de la familia real. Nada apaciguaba la incesante agitación del rey, y la historia de su reinado adquirió en ciertos momentos el aspecto de un itinerario de guía turística.

Claudia, a despecho de sus embarazos, seguía como podía a la caravana. A lo sumo se tenía en cuenta, al establecer el calendario, la fecha probable del parto. Las crónicas y documentos, que mencionan su presencia entre suegra y cuñada, permiten conocer las principales etapas.

Apenas repuesta del nacimiento de Luisa, se reunió con la corte para recibir al héroe de Marignan. Se reencontraron en Sisteron, en pleno invierno, a mediados de enero de 1516, fueron a dar gracias a Santa María Magdalena a la Santa Gruta donde terminó, según la leyenda, la vida penitente de la pecadora, y de allí pasaron a Marsella que, por primera vez desde la unión del condado de Provenza a la corona, tuvo la alegría de aclamar a su rey y a su reina. Luego remontaron lentamente el valle del Ródano y se quedaron un tiempo en Lyon, mientras se anunciaba la venida de un nuevo hijo. Regresaron al Val de Loire donde se detuvo la reina, dejando a Francisco depositar solo en Saint-Denis los estandartes de la victoria y devolver el relicario del santo a su cripta en señal de paz. Entonces nació Carlota en Amboise el 23 de octubre.

En la primavera de 1517 la caravana se puso nuevamente en marcha ¡por un año y medio! Picardía, luego Normandía: todas las provincias participaron en las festividades. De Écouen se pasó a Compiègne, Amiens, Abbeville, Boulogne, Dieppe, Rouen, que ofrecieron entradas particularmente brillantes, Gaillon, Évreux, Lisieux, Argentan, Blois, Moulins. Un descanso en Amboise en el invierno, el

tiempo suficiente para dejar venir al mundo al delfín Francisco, nacido el 28 de febrero y bautizado el 25 de abril. Nueva partida, esta vez
en dirección al oeste. La duquesa de Anjou hizo los honores de su
capital; luego le correspondió a Claudia actuar como anfitriona en
Bretaña, su feudo: recibió fastuosamente a la corte en Nantes. El rey
terminó solo, o mejor dicho en compañía de la bella Francisca de
Châteaubriant, la gira de Bretaña, por Vannes, Auray, Quimper, Saint-
Malo, Rennes. Claudia descansaba en el castillo de Plessis-du-Vair.
Allí se enteró de la muerte de la pequeña Luisa, su hija mayor. Se
reunió con el rey en Baugé y juntos lloraron a la niña, mientras su
abuela y madrina, Luisa de Saboya, regresó a Amboise para ocuparse
de los funerales. Ya la reina le preparaba un hermanito.

Remontando el Loire llegaron a la Île-de-France, por Vendôme
y Chartres. Pasaron el invierno en París, donde las exigencias de la
política fijaron cada vez más el centro de gravedad del reino. El 31 de
marzo de 1519, nació Enrique en Saint-Germain, donde también ven-
drían al mundo los siguientes niños. El Val de Loire les atraía pese a
todo: el rey se apasionó por las obras de Chambord. En pleno invierno de 1519-1520, llevó a la corte a visitar al condestable de Borbón,
en Châtellerault, y al almirante Bonnivet en su castillo familiar. Luego Luisa de Saboya ofreció en febrero, en su buena ciudad de Cognac,
tres semanas de festividades. La joven reina se sentía un poco mejor
y parecía feliz. Lamentablemente, la situación internacional se dete-
rioraba rápidamente.

Francisco I, candidato sin suerte al Imperio contra Carlos de
Austria, convertido en Carlos V, sabía que el enfrentamiento era inevitable. Se preparó intentando establecer alianzas. Para deslumbrar
a Enrique VIII, desplegó cerca de Ardres, en el límite de Picardía y
del enclave británico de Calais, un fasto a raíz del cual se dio a la
entrevista el nombre de Campo del Paño de Oro (7-23 de junio de
1520). Desde luego, la reina iba en la partida. Cubierta de telas suntuosas y de joyas, asistió a misas, justas, torneos, banquetes, al gran
festival de caballería seguido de una gran comilona, junto a sus inevitables suegra y cuñada. Su corpulencia asombró a los embajadores
extranjeros: estaba encinta de siete meses. Magdalena nació el 10 de
agosto.

Los años siguientes se vieron ensombrecidos por la guerra, las
derrotas, la agitación religiosa. Terminaron los viajes exclusivamen-

te de prestigio. La salud del rey ya no era tan buena. En 1521 un grave accidente lo inmovilizó y la reina fue en peregrinación a Nuestra Señora de Cléry a agradecer a la Virgen su curación. Habría podido estar tranquila, gracias a que los alumbramientos se espaciaron un poco —Carlos en enero de 1622, luego Margarita en junio de 1623—, si no hubiera compartido las preocupaciones de Luisa de Saboya ante las dificultades que se acumulaban, y sobre todo ante la terrible falta de dinero, que impedía toda operación militar de envergadura. Mientras que las tropas enemigas penetraban en el territorio nacional por los Pirineos y por la frontera del norte, el rey, enfrentado a la traición del condestable de Borbón, cayó enfermo en Lyon en 1523. Una reacción general permitió evitar lo peor provisionalmente. Se preparaba activamente la campaña de 1524. Mientras tanto, moría la reina.

La reina muerta

Hacía tiempo que la vida se retiraba de ella lentamente. Ya no abandonaba la cama. Su rostro era roído por una especie de herpes tenaz. No había necesidad de culpar a una sífilis transmitida por su marido que, por otra parte, actualmente no hay seguridad de que la padeciera. Más que de una enfermedad determinada, existían síntomas de agotamiento en su pobre cuerpo expuesto sin defensa a todas las agresiones infecciosas. Cuando Francisco abandonó el Val de Loire para ir a defender la Provenza invadida, los médicos le dieron pocas esperanzas. "Vivirá dos o tres meses, hasta la caída de las hojas", prometió el menos pesimista de ellos. El tiempo para una campaña relámpago del rey, que besó su mejilla exangüe y se puso en camino el 12 de julio, en compañía de su madre y de su hermana. Ellas solas desandan camino, ante la invitación urgente de un mensajero que las llama: Claudia agoniza. Llegaron demasiado tarde. Se encontraban todavía en los alrededores de Bourges cuando las alcanzó la noticia. Claudia había muerto.

Ambas la lloraron, y no solamente por respeto humano. Luisa había aprendido a apreciarla, aunque sólo fuera por la discreción con que había cumplido su papel. Tal vez sentía hacia ella algo de remordimiento. Las pocas líneas que le dedicó en su *Diario* suenan como una respuesta a críticas previsibles: "Conduje a mi hija Claudia honorable y amablemente. Todos lo saben, la verdad lo reconoce, la experiencia lo demuestra, como es de público conocimiento." En efecto, ella la había "conducido". Está todo dicho.

Margarita demostró una real pena y rindió justicia a sus méritos, evocó en una carta a Briçonnet "las virtudes, gracias y bondades de que Dios la había dotado". En cuanto a Francisco, pasadas las protestas convencionales que le hacen pronunciar frases enfáticas —"Si pensara recuperarla a cambio de mi vida, se la daría de todo corazón"—, descubrió de pronto, ahora que ella ya no estaba, que la había amado a su manera, con un amor de costumbre matizado de ternura. Y encontró palabras conmovedoras para expresarlo: "Jamás hubiese pensado que el vínculo de matrimonio anudado por Dios fuese tan duro y difícil de romper".

La reina, en su testamento, le hacía un último servicio político. Legaba sus bienes propios, es decir esencialmente Bretaña, a su hijo mayor el delfín, concediendo a su esposo el usufructo. Prudente decisión que, sin herir en lo inmediato las susceptibilidades bretonas, aseguraba a medio plazo y contrariamente a las disposiciones previstas por su madre, la unión del ducado a Francia.

Dejaba seis hijos pequeños, que fueron tomados a cargo por su abuela y su tía, como cuando ella vivía, pero con renovada ternura. Margarita se encariñó sobre todo con la que ahora era la mayor, la pequeña Carlota, que parecía muy dotada. La chiquilla murió pronto de rubéola el 8 de septiembre de 1524. Inhumada provisionalmente en Blois, fue trasladada con su madre a Saint-Denis, a la cripta real, dos años más tarde. El recuerdo de Carlota inspiró a Margarita un bello poema, el *Diálogo en forma de visión nocturna*, meditación sobre la muerte y la vida eterna, en la que el alma de la pequeña se le aparecía en sueños para fortalecerla en las verdades de la fe.

Claudia fue muy popular en su tiempo: una reina sencilla y buena, como se la amaba, y una madre abnegada. Las oraciones fúnebres celebraron sus virtudes: "Era una de las princesas más honestas de la tierra y la más amada por todo el mundo, por grandes y pequeños. Por eso creemos que si ella no está en el Paraíso, pocas personas lo estarán". Y ya se le atribuía el don de hacer milagros: "Falleció la perla de las damas, límpido espejo de bondad sin mancilla, y por la gran estima que se le tenía y su santidad, muchos le llevaban ofrendas y cirios".

Luego la historia olvidó a la pobre reina, o sólo la evocó para recordarla en su mediocridad. Pero nadie supo quién era en realidad, o quién habría podido ser si no se hubiese visto aplastada desde muy joven por una carga demasiado pesada. Pues si conocemos a grandes rasgos lo que fue su vida, nada nos revela cómo la vivió ella interiormente, nada nos aclara sus sentimientos, sus deseos, sus esperanzas. En las crónicas o en la correspondencia de la época no figuran ni una palabra, ni un gesto que se le puedan atribuir como propios y que expliquen su personalidad. Se decidía por ella. ¿Lo aceptaba de corazón? ¿Se limitaba a soportar? Nadie puede decirlo. Ejemplo de muchos destinos femeninos en todos los tiempos y todos los lugares.

Despojada por la muerte de su pesadez física, atraviesa la historia de Francia como una sombra ligera, sin más huella que sus hijos. Conocida empero por todos sin dejar por eso de ser ignorada, sobrevive en la memoria colectiva bajo la forma de un fruto, al que un inventivo arboricultor de los jardines reales le dio su nombre: un fruto delicado, carnoso, de perfume de azúcar y de miel, la reina Claudia, la reina de las ciruelas.*

---

* La reina Claudia (reine-Claude), o simplemente Claudia es una variedad de ciruela muy apreciada (N. de la T.).

CAPITULO SIETE

*Entre dos reinas
(1524-1530)*

Después de la muerte de Claudia, durante casi seis años Francia no tuvo reina. ¿Tenía rey? En el otoño de 1524 él se encontraba a la cabeza del ejército en Provenza para contener la ofensiva enemiga; luego en Milán, en el invierno, y alrededor de Pavía a la que puso sitio. El 25 de febrero tuvo lugar el desastre que lo condujo por más de un año a las prisiones de España. Luisa de Saboya lo reemplazó al mando del país. Sólo tenía el título de regente, conferido por cartas oficiales del 12 de agosto de 1523, pero el de reina surge a veces espontáneamente bajo la pluma de los memorialistas, y un grabado de la época la representa con alas de ángel, sosteniendo el timón de un barco simbólico en el que yace Francia, agotada. En efecto, ella fue la artífice de la recuperación. Y fue ella también quien, tras el regreso del rey, consiguió resolver el conflicto en el que se encontraba atascado. Bien merece figurar en la historia de Francia.

Empero, cronistas e historiadores le adjudican una gran responsabilidad inicial en la derrota de los ejércitos franceses. Atribuyen a su insaciable codicia la traición del condestable de Borbón.

Vale la pena demorarnos aquí en un asunto en el que estuvo directamente implicada, que tuvo incidencias políticas considerables y que, además, aclara las mentalidades de la época.

"Vasallo despechado cambia de amo"

Rara vez un refrán se aplica mejor que este a Carlos, condestable de Borbón. Despechado, Dios sabe que lo estaba en ese verano de 1523, cuando decidió dar el gran salto y pasarse al servicio de Carlos V.

Los Borbones descendían de Roberto, conde de Clermont, el último hijo de San Luis. A principios del siglo XV la familia se dividía en dos ramas. A fines del mismo siglo, debido a las muertes acumuladas, los representantes de esas dos ramas, primos hermanos, Pedro de Beaujeu y Gilberto de Montpensier, sólo tenían una hija y un hijo respectivamente. Para consolidar la fortuna familiar y evitar la amenaza de un litigio, no encontraron nada mejor que casar a Susana con Carlos en febrero de 1505.

La mejor dotada de los dos era la joven, cuyo padre, duque de Borbón y ex regente del reino, había heredado bienes de la rama mayor, y cuya madre no era otra que Ana de Francia, hija de Luis XI. Entre los dos, los recién casados poseían en el centro de Francia un dominio muy extenso y rico —ducado de Auvernia, condados de Clermont y de Montpensier, ducados del Borbonesado y de Châtellerault, condados de Forez, de Beaujolais, de la Marche—, a lo que sumaban posesiones extranjeras al este del Saona, como los Dombes, que convertían a sus poseedores en vasallos del Emperador. Además, Ana de Francia les había legado por anticipado sus bienes, para cuando ella muriera. Como culminación de todo eso, Francisco I había acordado a Carlos, en la euforia de su advenimiento, el cargo de condestable, jefe supremo de los ejércitos. En su capital de Moulins, el duque y la duquesa de Borbón hacían las veces de soberanos.

No tenían hijos. Sus tres hijos sólo vivieron unos días o unos meses, incluso el último, que el rey había sostenido sobre la pila bautismal en la primavera de 1518. Ahora bien, Susana, enferma desde hacía varios años, murió el 28 de abril de 1521. Su acta de matrimonio incluía una donación recíproca. La sucesión parecía simple. Pero pronto resultó erizada de dificultades y rica en motivos de cuestionamiento.

Los bienes de la pareja provenían de diversos orígenes y correspondían a regímenes jurídicos diferentes, a veces contradictorios. Eran heredades sacadas del dominio real para dotar a hijos menores, con el compromiso de ser devueltas en caso de extinción de la rama beneficiaria, o bien bienes que diversos convenios obligaban a restituir al rey en caso de ausencia de heredero varón, o posesiones patrimoniales propias, transmisibles tanto a las mujeres como a los hombres según el derecho común.

Luis XII, deseoso de hacer un gesto de buena voluntad hacia los Beaujeu después de la muerte de Carlos VIII, había dejado sin efecto las disposiciones de Luis XI concernientes a la eventual restitución de las heredades. ¿Pero tenía derecho a hacerlo? La hija del viejo rey, Ana, muy apegada a su yerno y más preocupada por los intereses familiares que por los del reino, estaba convencida de ello, y confirmó antes de morir, dieciocho meses después que Susana, todas las donaciones anteriores. ¿Pero eso era legal?

No era esa la opinión de Francisco I y de Luisa de Saboya, que iniciaron un doble proceso contra ese heredero demasiado bien provisto. El rey reclamaba los dominios destinados primitivamente a serle devueltos. Por su parte Luisa pleiteaba como prima hermana de Susana: su madre, Margarita de Borbón, era hermana de Pedro de Beaujeu, y ella resultaba ser pariente más cercana de Susana, por la sangre, que su marido el condestable. Ella reivindicaba todos sus bienes. Y si se le decía que la citada Margarita había renunciado, al casarse con el duque de Saboya, a la herencia familiar, podía replicar que Ana de Beaujeu no estaba habilitada para disponer de los legados consentidos a título personal por el soberano. ¿Las pretensiones de ambos litigantes no se superponían en parte al referirse a veces a los mismos territorios? Ellos no pretendían entrar en competencia sino tener dos posibilidades a favor en vez de una.

Como se ve, había tema para ejercitar la sagacidad de los especialistas en pleitos. Las diligencias, comenzadas dentro de los plazos legales poco después de la muerte de Susana, se demoraron al principio por la complejidad de los documentos por examinar, las reticencias de algunos magistrados y porque el rey vacilaba en llevar adelante el asunto. Sólo en julio de 1523 la corte decidió el secuestro de todos los bienes en litigio, es decir la totalidad de las posesiones de Borbón. Este firmó entonces con Carlos V un tratado de alianza en debida forma. Descubierto, debió huir a toda prisa y pasó a las tierras del Imperio.

En este asunto, Luisa aparecía en primera línea, mucho más comprometida que el rey. Sus consejeros realizaron las intervenciones, especialmente Duprat, excelente jurista, que lamentablemente resultó ser juez y parte, pues sus funciones de canciller le daban autoridad sobre los tribunales. No sin razón se dijo que el proceso era falseado y la víctima ganó con ello simpatías. "Los señores feudales oprimidos injustamente pueden defenderse", recordaba la aristocracia tocada en lo más vivo. El pobre condestable había caído en la desesperación, "constreñido a hacer muchas cosas indignas", "obligado" a arrojarse en brazos del enemigo. Y los misóginos, tan numerosos en la nobleza de toga como en la de espada, acusaban a Luisa: no satisfecha con las ricas provincias que le atribuyera su hijo —con gran descontento del Parlamento de París—, pretendía despojar a los más grandes señores para engrosar aún más su patrimonio. Decididamente las mujeres debían ser mantenidas aparte...

También se buscaron otras razones a su encarnizamiento contra Borbón. Le habría propuesto su mano y habría sido rechazada. Ni el embajador de Carlos V, ni el cronista Gaspar de Saulx-Tavannes, que dieron cuenta de ese rumor, llegaron a elaborar, con esos datos, la novela de amor que se creyó al principio poder inferir de ellos. Por cierto, a los cuarenta y cinco años, Luisa, que seguía siendo bella y coqueta, no detestaba los homenajes masculinos. Sin embargo no nos parece que pudiera alimentar por el austero y taciturno condestable una pasión no correspondida, convertida luego en odio: tenía demasiadas preocupaciones en mente y amaba demasiado a su hijo. Pero no es imposible que pensara, fuera de toda consideración sentimental, en una unión que habría arreglado, según las mejores tradiciones familiares, la espinosa cuestión sucesoria. Como ella ya no estaba en edad de darle hijos, los inmensos bienes en litigio volverían, a fin de cuentas, a la corona. El sólo tenía treinta y un años, ningún deseo de desposar a una viuda, por muy bien emparentada y bien conservada que estuviese, ni de ver desaparecer su descendencia. Si se le hizo el ofrecimiento, fue evidente que lo rechazó. Y rechazar semejante alianza era una grave ofensa.

Abandonemos el terreno peligroso de las hipótesis. En todo caso, el conflicto tenía raíces más antiguas y profundas. Carlos de Borbón, rico propietario de feudos agrupados en el corazón del reino, aureolado del prestigio de jefe de los ejércitos, debía hacer sombra a un soberano al que trataba casi de igual a igual. Francisco lamentó muy pronto haberle entregado el bastón de condestable y se empeñaba en debilitarlo, haciéndolo a un lado en ciertas entrevistas diplomáticas o disputándole responsabilidades militares. El interesado se mostró ofendido: razón de más para actuar como un gran señor autócrata. En el Campo del Paño de Oro, Enrique VIII, viéndolo desfilar en medio de una escuadra de gentileshombres, susurró al oído de su vecino: "Si yo tuviese un súbdito como este, no le dejaría mucho tiempo la cabeza sobre los hombros". Francisco no necesitaba esa advertencia para medir el peligro.

¿Pero estaba decidido a dar un golpe de consecuencias incalculables? Lo que le indujo a ello fue la muerte de Susana y las perspectivas que esa muerte abría bruscamente.

¿Por qué disputar de pronto a Carlos de Borbón posesiones de las que gozaba apaciblemente con su mujer desde hacía quince años? Porque la viudez, si heredaba de ella, lo ponía en condiciones de centuplicar su poder: lo convertía en un partido real. Carlos V, bien informado, lo había comprendido. En 1519, en ocasión de una indemnización por territorios napolitanos perdidos, le había hecho propuestas precisas: en caso de eventual viudez —Susana ya estaba enferma—, ¿por qué el condestable no se casaba con una princesa de Habsburgo? Este, prudente, no respondió. Vacilaba en cortar los puentes con el rey.

En 1521, hubo un nuevo ofrecimiento, esta vez perfectamente actualizado: Susana había muerto. Francisco, advertido, sostuvo con Borbón una entrevista indecisa de la que ambos salieron descontentos. El peligro subsistía. Si el último sumaba a la herencia de Susana la dote de una esposa austro-española, dispondría de una soberanía absoluta sobre un territorio clavado como una cuña en el corazón del reino. Con el apoyo del emperador por añadidura.

Francisco tomó la delantera y, en la primavera de 1523, cesaron las lentitudes del procedimiento, el lánguido proceso se activó, transformándose súbitamente de simple medio de intimidación en máquina de guerra contra el condestable. Con toda deliberación y en total acuerdo con su madre, el rey decidió, por imperiosas razones políticas, acorralar a su poderoso y receloso vasallo. Corría un riesgo calculado, sabiendo muy bien que este sería incitado a traicionarlo. Pero el punto de aplicación del ataque estaba bien elegido. Perjudicarlo en sus bienes era privarlo de una de las ventajas que lo convertían en un marido honorable para una princesa. El emperador invitaba a entrar en su familia a un hombre rico en tierras y en hombres fieles, y no a un proscrito de destierro quebrantado. Privándolo de la herencia de Susana, se limitaban mucho los peligros.

Si esta interpretación de los hechos es correcta, autoriza a pensar que tal vez se le propuso en verdad la mano de Luisa de Saboya: princesa por princesa, la herencia seguía siendo francesa. Y no se excluye entonces que su rechazo fuera determinante: era la prueba de que perseguía ambiciones extranjeras. Firmaba su condena.

En lo inmediato, el procedimiento adoptado presentaba además diversas ventajas. Como de costumbre, las arcas del Estado se encontraban vacías, y la necesidad de dinero era más perentoria que nunca a causa de la guerra que amenazaba intensificarse. El secuestro de los bienes disputados permitía al tesoro percibir provisionalmente sus rentas, a cambio de rendir cuentas en el juicio definitivo. Algo provisional que podía durar mucho, a la espera de un juicio sobre el que se tendría tiempo de influir a voluntad. Hasta entonces, era un verdadero maná caído del cielo.

Por supuesto, en este asunto, el soberano no tenía el mejor papel. Al no poder invocar las verdaderas causas, se atacaba al condestable de manera poco clara, se le enredaba en el papeleo, los artilugios, las argucias. Ya hemos dicho que el procedimiento chocó a la gente. Pero el hecho de que los demandantes fuesen dos, fue hábilmente explotado. Luisa, cuyas reivindicaciones parecieron abusivas, focalizó toda la atención y concentró en ella las críticas, que así se le ahorraron al rey. Diríamos familiarmente que ella "cargó con el fardo", en el evidente interés de su hijo. Lo sigue cargando todavía en todos los libros de historia.

Sin embargo, el rey y su madre no hicieron desheredar a Borbón deliberadamente, ni por rencor, ni por avaricia, sino para impedirle casarse nuevamente con una princesa del Imperio. Arrojarlo en brazos de Carlos V en los umbrales de una guerra crucial era algo torpe, pero la elección de la fecha no dependía de ellos: la muerte de Susana sirvió de detonador. Si hubo errores políticos por su parte, son de otro orden. No supieron prever la rapidez de reacción del condestable, quien, ante el anuncio del secuestro de sus bienes, cambió de bando. Antes de partir en campaña, Francisco se aprestaba a hacerle en Moulins una última visita, poniéndose así a su merced, cuando Luisa se lo advirtió en el último momento. Se equivocaron también al subestimar sus aptitudes militares y adjudicar a los generales favoritos del rey, sus rivales, cualidades equivalentes. Ni Bonnivet, ni Lautrec estaban a su altura. Pequeños errores comparados con otros, monumentales, que en la campaña de Italia son imputables a Francisco solo. Su madre había intentado en vano retenerlo.

Pavía

En el plano militar, la situación parecía crítica: el reino era atacado al norte por los británicos y al este y al sur por los imperiales. El rey, siempre acunado por los espejismos de Italia, le reservaba el más poderoso de sus ejércitos. Los diversos Estados de la península se aprestaban, por su parte, a alinearse como de costumbre del lado del vencedor. Apostaban por el emperador. Pero en un primer momento Francia pareció imponerse.

Carlos de Borbón, fugitivo, llegaba ante Carlos V con las manos vacías, sin tropas ni recursos, con la única riqueza de su talento. Se le invitó a conquistar un reino en Provenza para merecer la mano de la princesa prometida. Se le confió el ejército que operaba en la llanura del Po. Atravesó el condado de Niza sin que el duque de Saboya, su legítimo poseedor, osara oponerse, franqueó el Var, conquistó casi sin un disparo las pequeñas ciudades costeras, pero se estrelló contra Marsella, que resistió heroicamente. Mal apoyado por sus aliados, viendo el poco entusiasmo de sus soldados para lanzarse a un asalto decisivo, intentó en vano negociar. El anuncio de que se acercaban las tropas francesas lo decidió a levantar campamento y a batirse en retirada hacia Italia.

Luisa no era de la opinión de perseguirlo. Había obtenido de los ingleses, preocupados por el creciente poder de Carlos V, una tregua en las operaciones militares del norte. Aconsejó a su hijo aprovechar el invierno para curar las heridas y restablecer su salud. Lamentablemente sus misivas y sus mensajeros tropezaban con el ánimo combativo del rey, embriagado con su éxito, ávido de rematarlo con la reconquista de Milán. Ella desconfiaba de los intermediarios. Creyó poder convencerlo si le hablaba de viva voz. Se puso en camino a toda prisa, intentando alcanzarlo. Pero cuando llegó a Avignon, se enteró de que él acababa de salir de Aix con el ejército, en marcha hacia la frontera. Era demasiado tarde.

Regresó a Lyon, se instaló en la abadía de Saint-Just, en la colina que domina el Saona, y desde allí, apoyada por los consejeros a quienes la edad impedía seguir al rey, se puso a gobernar el reino, aunque permaneciendo en estrecho contacto con él. Su papel consistía en mantener el orden y en conseguir dinero. Se encargó también, mediante maniobras diplomáticas, de fracturar el bando enemigo.

Lo logró bastante bien. Y ya los italianos apostaban, dos o tres a uno, por una victoria francesa. Pero sobre el terreno, el rey y sus capitanes, demasiado confiados en su superioridad numérica, cometieron el error de descuidar a los enemigos dispersados, omitieron perseguirlos y les dieron tiempo para reorganizarse, mientras que ellos consumían sus energías en el sitio invernal de la inconquistable Pavía. Peor aún: disociaron sus fuerzas intentando al mismo tiempo una expedición contra Nápoles que, mal preparada, se convirtió en catástrofe, y no solamente porque Luisa, reticente, no enviara los subsidios esperados.

En la noche del 24 al 25 de febrero de 1525, el ejército francés, tomado en tenaza entre los defensores de la plaza y los imperiales venidos del norte, sufrió bajo los muros de Pavía una de las más grandes derrotas de la historia de Francia. El rey, desmontado, rodeado, se batió cuerpo a cuerpo. Identificado por su armadura, escapó de la muerte que acechaba a la mayoría de sus compañeros. ¿A quién correspondería la gloria y las sustanciales ventajas de esa captura? Evitándole caer en manos del traidor Borbón, un gentilhombre español, el virrey de Nápoles, Lannoy, recibió su espada y la puso en lugar seguro en la abadía vecina, la soberbia Cartuja de Pavía recientemente construida.

"Señora, para advertiros cual es la fuerza de mi infortunio, de todo no me resta más que el honor y la vida a salvo, y para que mis noticias os sean de algún consuelo, he pedido que se me dejara escribiros..." Así comienza la carta por la cual informaba a su madre el desastre, recomendándole a sus hijos. En Lyon, se descubría poco a poco la magnitud de las pérdidas sufridas: los que no habían muerto como Bonnivet, La Trémoille, los dos hermanos de Amboise, el Gran Bastardo de Saboya, tío del rey, y muchos otros, habían sido capturados. Su cuñado, el duque de Alençon, había abandonado el campo de batalla con sus tropas, no se sabía exactamente cuándo. Probablemente su defección no pesó en el resultado de un combate perdido de antemano. Pero volver sano y salvo a sus penates era un insulto a los héroes muertos o cautivos. A su regreso a Francia, todos se lo hicieron sentir y su suegra no se privó de decírselo. Su esposa Margarita calló, por caridad. Lo cuidó cuando él debió guardar cama, afectado de pleuresía. Murió casi deshonrado dos meses más tarde, dejándola disponible para secundar a Luisa de Saboya.

De inmediato se propusieron al vencido condiciones de paz. Inaceptables, desde luego. Carlos V pedía demasiado. Educado en Flandes y más borgoñón que español, quería recuperar la herencia de su abuelo el Temerario, la Borgoña, cuna de su linaje, con su capital Dijon, cuya Cartuja de Champmol albergaba la necrópolis ancestral: exigencia poco realista, en la que entraba más el sentimiento que la razón. El rey no podía consentir abandonar una provincia ahora afrancesada, so pena de retrotraer el reino a sus fronteras anteriores a Luis XI, perder buena parte de su crédito y provocar las reivindicaciones de sus vecinos sobre otros territorios.

¿Candor, ilusión caballeresca, confianza excesiva en sus dones para convencer? Francisco creyó que una conversación directa le permitiría ablandar a Carlos. Rechazó aceptar el proyecto de fuga marítima elaborado por sus amigos y se dejó embarcar tranquilamente a Barcelona, escoltado por naves de los dos países, que llevaban la bandera a media asta por el duelo aún reciente de la reina Claudia.

Pronto se desilusionó. El imperial interlocutor se evadía, se parapetaba detrás de ministros, consejeros, intermediarios de toda clase, para mantener la puja bien alta. Estrechamente vigilado, el prisionero, de carácter vivo y ardiente, se consumía de inacción y de impaciencia. Y como ninguno de los dos pensaba ceder acerca de Borgoña, el cautiverio prometía ser largo.

El gobierno de Francia descansaba ahora en dos mujeres: Luisa de Saboya, investida de plenos poderes de regente, y su hija, expresamente designada para reemplazarla en caso de desaparición. Carlos contaba ejercer presión sobre ellas. Si creyó tener que vérsela con dos mujeres débiles, se equivocó. Eran de la clase de mujeres que nunca son más fuertes que en la adversidad. Se sobrepasaron.

La embajada de Margarita

Con mayor firmeza todavía que su hijo, Luisa de Saboya declaró de entrada que el abandono de Borgoña era inaceptable. Dio a sus diplomáticos instrucciones en tal sentido, acompañadas de sólidos argumentos jurídicos. Lamentablemente no se enfrentaba a un tribunal sino a un enemigo que tenía en sus manos un rehén mayor. Todo lo que obtuvo fue una tregua, pues Carlos V, carente de dinero, hostigado por los turcos en los límites orientales del Imperio y preocupado por los disturbios que los progresos de la Reforma provocaban en Alemania, no estaba en condiciones de incrementar militarmente su ventaja invadiendo a Francia.

Mientras tanto en Madrid, Francisco I, estrechamente vigilado, seguía aguardando en vano la esperada entrevista con el vencedor. Fue entonces cuando su madre decidió, a petición suya, dar un gran golpe enviando como embajadora a su propia hija Margarita que había quedado viuda recientemente.

De inmediato las correspondencias diplomáticas se cargaron de hipótesis. ¿A quién iba a proponer su mano? ¿Al propio Carlos V, todavía célibe? Pero él tenía sólo veinticinco años y ella treinta y tres. El estaba en posición de fuerza; esa boda no le aportaría nada. Además, sin duda ya estaba comprometido sin que se supiera con Isabel de Portugal, a quien desposaría unos meses más tarde. ¿A quién entonces? Se habló del condestable de Borbón, pero eso era indignante: Francia no se rebajaría a una negociación vergonzosa; Margarita se negaría ser el precio de la traición. El papa hubiese deseado proponer a Francisco Sforza para zanjar el conflicto del Milanesado, pero la sugerencia no salió de su gabinete.

No, Luisa no pensaba liquidar en el mercado matrimonial a su hija bienamada, a la que mucho necesitaba a su lado. Sencillamente, aparte de que la calidad de la embajadora debía halagar al Emperador, se contaba con el encanto y la seducción de Margarita para deshelar su frialdad.

La joven se puso en camino con gran séquito, toda vestida de blanco con su ropaje tradicional de viuda, seguida por trescientos jinetes. Había que impresionar bien. El 28 de agosto se embarcó en Aigues-Mortes en la más bella galera de la flota, la misma que había llevado a su hermano de Italia a España. El tiempo, desapacible al principio, terminó en temporal, y muy descompuesta por la travesía tocó tierra en Palamós, para ganar Barcelona donde la recibieron los enviados del Emperador.

Allí la esperaba una mala noticia: el rey estaba muy enfermo; se moría. Ella dejó plantada a su escolta y galopó hacia Madrid, quemando etapas, forzando la marcha. Llegó con un día de anticipación, el 19 de septiembre por la noche. Comprendiendo que la muerte de su prisionero lo privaría de su victoria, Carlos V se había molestado al fin, yendo la víspera a prodigarle buenas palabras que no lo comprometían. Acompañó a Margarita a la habitación donde yacía Francisco, ardiente de fiebre, apenas consciente. Se le había diagnosticado un absceso cerebral.

Margarita escribió a su madre preparándola para lo peor y se instaló a la cabecera del enfermo, cuyo estado se agravó en los dos días siguientes. Los médicos se declararon impotentes: entraba en coma. En la mañana del 22 de septiembre ella llamó a un sacerdote e hizo decir la misa en su habitación. Mientras todos comulgaban, se deslizó un fragmento de hostia entre los labios del moribundo. Casi de inmediato, el absceso, ya maduro, reventó en un río de sangre y de pus que manaba de su nariz manchándole el rostro. El pulso se calmó, Francisco abrió los ojos, reconoció a su hermana y le sonrió.

¿Coincidencia o intervención sobrenatural? Para ellos no estaba permitida la duda. Y el efecto sobre la salud y sobre el ánimo del rey fue inmediato. La Providencia no podía haberlo salvado para nada. En pocos días estaba curado. Margarita escribió a su madre para tranquilizarla y, gracias a la lentitud de los correos, esta segunda carta alcanzó a la primera en el camino, ahorrándole a Luisa de Saboya angustias innecesarias. Se enteró al mismo tiempo en Lyon del gran peligro corrido por su hijo y de su milagrosa curación. Carlos V, aliviado, había regresado discretamente a su cuartel general de Toledo, poco deseoso de ver a Margarita desempeñar ante él el gran papel del enternecimiento.

Esta se reunió con él en los primeros días de octubre para cumplir su misión diplomática. Su estado de ánimo había cambiado: feliz por el gran peligro evitado, se sentía más fuerte, capaz de afrontar con mejor ánimo una eventual decepción. Pues en las grandes atenciones que se le prodigaban, se transparentaba el deseo evidente de marcar las distancias. El emperador, altivo y glacial, no rebajó en nada sus exigencias. Sólo su hermana Leonor, viuda del rey de Portugal, mostró cierta compasión, sin saber todavía, sin embargo, que ella sería la prenda de reconciliación entre ambos soberanos. Margarita comprendió que no obtendría nada. Y no insistió.

Volvió a dar cuenta a su hermano, tan recuperado que no le costó convencerlo de resistir. El tomó la pluma y escribió orgullosamente a Carlos que prefería pasar su vida en prisión antes que desmembrar el reino de Francia. Y, continuando su impulso, redactó poco más tarde, en el mes de noviembre, una muy extraña acta de abdicación. En ella declaraba ceder su trono al delfín, de siete años entonces, bajo la regencia de Luisa de Saboya, pero especificando que retomaría su corona el día en que cesara su encarcelamiento. Una abdicación revocable. Nunca se había visto nada semejante. El ardid, algo grosero, no engañó a nadie. Pero si pensaba engañar, esa era la prueba de que había renunciado a sus ilusiones caballerescas y recuperado su combatividad. Con un adversario de la talla de Carlos V, no se buscaba una reconciliación fraternal; se jugaba al más astuto. En este caso, un golpe que no sirvió de nada y que hacía presentir lo que vendría después.

Poco faltó para que el regreso de Margarita se viese comprometido por un grave incidente. Se le propuso organizar la evasión de su hermano, que aprovecharía su escolta para ganar a salvo la frontera mientras que ella, corriendo todos los riesgos, se expondría al furor de los españoles. Una denuncia le ahorró ese sacrificio. Carlos estuvo a punto de hacerla detener, vaciló y por fin, le concedió un salvoconducto estrictamente limitado en tiempo. Ella partió sin tambores ni trompetas; le costó mucho alcanzar el paso del Perthus por caminos nevados casi intransitables. Llegó dificultosamente a Salses unos días antes de la Navidad. Francia la recibió como a una heroína, con arrebatos de alegría, y su valiente hazaña le valió una carta de felicitación del gran humanista Erasmo.

De esa entrevista guardó "un recuerdo mezclado de amargura y de dulzura": la vida de su hermano estaba a salvo, pero no había podido sacarlo de prisión. Sin embargo, no tenía por qué lamentar su gestión. La influencia benéfica de su visita sobre el rey, el conocimiento que pudo adquirir también de la tozudez de Carlos V pesarían sobre la ulterior elección de una táctica. Compensaban en mucho el fracaso de la embajada, que podía repararse.

Pues, por su parte, Luisa de Saboya trabajaba para restablecer la situación cuanto antes.

La regente en el poder

En ausencia de su hijo, ella tenía, paradójicamente, más y menos poder. Más responsabilidades y menos medios de ejercerlas. Un regente no era un rey. Una mujer no era un hombre. Una regente acumulaba las dos desventajas, sobre todo en un país donde imperaba la ley sálica. Luisa lo sabía y lo tuvo en cuenta en su modo de gobernar.

En política exterior tenía, felizmente, las manos bastante libres. Los embajadores extranjeros, acostumbrados a tratar con ella, continuaron mostrándole confianza. Para hablar de negocios, poco les importaba el sexo del interlocutor con tal de que tuviese aptitud para hacerlo. Y ese era el caso.

A los ingleses, poco deseosos de ver a Carlos V dominando a Europa, supo hablarles el lenguaje de sus intereses. Era cierto que, su rey reafirmaba periódicamente sus pretensiones a la corona de Francia, que databan de antes de la Guerra de los Cien Años. Pero sin ilusiones. Había renunciado a extender sus posesiones en el continente: Calais, amenazante cabeza de puente, le bastaba para levantar la puja. Lo que él quería era dinero, ese precioso dinero que su Parlamento, constitucionalmente habilitado para votar los impuestos, le medía parsimoniosamente. Luisa se entendió pues fácilmente con él: una "indemnización de guerra" de dos millones, contra el abandono de cualquier reivindicación territorial. Todo ello acompañado de múltiples garantías para proteger a Enrique VIII contra la eventual insolvencia del soberano o la devaluación de la moneda francesa. No era pagar demasiado cara la paz, firmada el 9 de septiembre, con gran descontento del embajador de Carlos V en Lyon.

En Italia, no le costó mucho a Luisa alentar las defecciones en el bando imperial. La capital del Ródano, por entonces ciudad fronteriza, bullía de mercaderes y de banqueros, con un pie de uno y otro lado de los Alpes. Atizó el descontento de los milaneses, a quienes ya les pesaban sus nuevos amos. Inició conversaciones con el papa y con la República Serenísima. Nada decisivo por el momento. Lo suficiente sin embargo para que Carlos supiese que la península sólo pedía escapar de él.

Las verdaderas dificultades, las encontró Luisa en Francia.

Inmediatamente después de la derrota, ante la amenaza de invasión, todos se habían unido. Ella tuvo la habilidad de asociar al temor nacional a quienquiera que ejerciera una responsabilidad. Invitó patéticamente a las cortes de justicia y a los oficiales municipales a hacer "todo lo requerido para el bien, la defensa y la conservación del reino". Por doquier se persiguió a los saqueadores y se mantuvo el orden público. Algunos rezongaban, aquí o allá, ante las demandas de subsidios. Pero las ciudades se resignaron, aunque sólo fuera en su propio interés, a consolidar por su cuenta sus murallas.

La situación se deterioró unas semanas más tarde, una vez pasado el peligro, superado el miedo, cuando se comprendió que la ausencia del rey podía ser larga. En una palabra, cuando Luisa debió instalarse en serio en el poder.

Pero no hay mal que por bien no venga. Se le ahorraron las rebeliones nobiliarias que siempre acompañaban los eclipses de la autoridad real, pues Pavía había causado en las filas de los grandes señores feudales estragos de los que tardarían en reponerse. No había un hermano del rey, tampoco un cuñado. El único gran personaje susceptible de pretender la regencia, el condestable de Borbón, estaba en el otro bando. Luisa reunió a su alrededor, en su Consejo, los restos de la alta aristocracia. No tendría queja de ellos.

Los problemas se los ocasionaba el Parlamento de París.

Hay que aclarar que los parlamentos —había uno en cada gran capital de provincia— no eran asambleas legislativas elegidas, como podría dar a entender su nombre, sino cortes de justicia, consideradas soberanas porque juzgaban en última instancia. Compuestos por magistrados nombrados por el rey, pero propietarios de sus cargos porque Francisco I había considerado provechoso vendérselos, tenían atribuciones muy superiores a las de un tribunal actual. El de París, dotado de un estatuto particular, se encargaba de verificar los edictos y ordenanzas reales, es decir asegurarse de que no contradijeran la legislación existente, y de registrarlos, sin lo cual no eran ejecutables. Estaba autorizado a dar su opinión en forma de "muy humildes reconvenciones", que a veces sólo tenían de humilde la redacción. Por supuesto, el rey podía hacer caso omiso de ellas. Le bastaba presentarse en persona a una sesión llamada "lecho de justicia" para que una ley cuestionada quedara registrada automáticamente. Pero los magistrados, sabiéndose inamovibles, no carecían de expedientes para bloquear las medidas que les disgustaban. El conflicto con la autoridad real, latente cuando esta era fuerte, podía agudizarse si se debilitaba.

El Parlamento, a quien Francisco I había mostrado sin consideración que el amo era él, levantó la cabeza en su ausencia. ¿No era la lejana emanación del muy antiguo *Tribunal del Rey*, asociado antaño a la dirección del reino? Intentó recuperar parte de sus perdidas prerrogativas, criticó los métodos de gobierno de la regente y tomó iniciativas que chocaban frontalmente con su política, tanto en materia financiera como en materia religiosa. Estaba apoyado por el municipio de París.

Luisa no se hallaba en posición ventajosa y tuvo que contemporizar. Suscribió declaraciones de principio poco comprometedoras. Siempre se podía intentar hacer devolver prebendas a los aprovechados y mejorar el funcionamiento de la justicia. Pero rechazó abiertamente anular el Concordato.

El Parlamento, fuertemente apoyado por la Facultad de Teología, quería hacerlo por sólidas razones. Por el Concordato de Bolonia, firmado inmediatamente después de Marignan, el papa concedía al rey el derecho de elegir obispos y abades de las principales casas religiosas, bajo reserva de confirmación por la Santa Sede. Anteriormente, bajo el régimen de la Pragmática Sanción, esas funciones eran electivas: fuente de maniobras escandalosas, que así se pretendía remediar. En realidad, el nuevo sistema no había mejorado las nominaciones, pues el favoritismo podía ser tan nefasto como los acomodos electorales. Pero había alterado la relación de fuerzas. Al perder el derecho de elegir a sus jefes, la Iglesia de Francia se veía sometida por entero a la monarquía. Y no se consolaba.

Aprovechó la vacante del arzobispado de Sens, el más importante del reino, para intentar dar un golpe de autoridad. Luisa había nombrado al canciller Duprat, un hombre fiel a ella, y vio oponérsele al sobrino del precedente titular, favorecido por la elección de sus pares. El Parlamento se pronunció contra ella y llevó las cosas tan lejos que citó a comparecer ante él, para interrogarlo sobre sus abusos de poder, al propio canciller, es decir a su jefe jerárquico. Ella no podía ceder sin quedar mal parada. Intentó desviar la tormenta sacrificando algunas víctimas para que los más encarnizados de sus detractores clavaran sus uñas en ellas. Lamentablemente, esas víctimas eran amigos de Margarita, a la que así hería en lo más vivo.

La Iglesia católica, convertida con el correr de los siglos en una enorme máquina, rica, poderosa, atrapada en ambiciones y compromisos terrenales, era motivo de escándalo para muchas almas sedientas de pureza. Desde hacía unos años la Reforma de Lutero, importada de Alemania a Francia, ganaba terreno. Ahora bien, la Sorbona, guardiana de la ortodoxia, reprochaba al Concordato favorecer, por medio de la hermana del rey, la difusión de la herejía.

Margarita estaba relacionada con un grupo de innovadores que soñaban con reformar la Iglesia desde dentro, sin separarse de Roma. Los más conocidos eran Lefèvre d'Étaples, Gerard Roussel, Guillaume Farel y Guillaume Briçonnet. Muchos de ellos eran sacerdotes. Al procurarles sedes episcopales, ella pensaba trabajar por la renovación que ansiaba. Alrededor de Briçonnet, obispo de Meaux, su director espiritual, se formó un centro de reflexión teológica. Preconizaban un regreso a las fuentes vivas de la fe, al Evangelio —de allí el nombre de evangelistas que se les dio—, vacilando al mismo tiempo, en lo inmediato, en seguir a Lutero en su derivación dogmática. Luego se repartieron entre las dos confesiones. Margarita era de los que rechazaban el cisma. Su *Espejo del Alma pecadora*, recopilación de poesías religiosas, contiene empero osadías de pensamiento tales que ella, hermana del rey, mereció algo más tarde una condena de la Sorbona. Optó por permanecer dentro de la Iglesia, pero comprendía a los que decidieron apartarse de ella. Les conservó su amistad, los protegió y, horrorizada por las persecuciones, intentó sustraerlos al verdugo.

Ella se hallaba en España cuando su madre dejó que el Parlamento iniciara una serie de juicios. Inmediatamente después de Pavía se buscó a responsables, pecadores que hubiesen atraído sobre el país los rayos de la cólera divina: los herejes, los "malolientes", todos los que se desviaban de la estricta ortodoxia fueron las víctimas designadas. Las condenas llovieron entonces sobre los más humildes, se multiplicaron las procesiones expiatorias, se encendieron algunas hogueras. Con los más encumbrados se guardó cierta medida. Pero Lefèvre y Roussel, dudando de la protección real, se refugiaron en Estrasburgo. Berquin, encarcelado, salvó por esta vez la cabeza.

Fueron escasas concesiones, insuficientes para hacer tragar la píldora fiscal. Enrique VIII había exigido que, para el pago de la indemnización prometida, las provincias y ciudades más ricas, así como ocho de los más grandes señores, se comprometieran solidariamente con el rey. Apoyados por el Parlamento, unos y otros protestaban. Fueron necesarios cinco meses de espinosas y humillantes discusiones para llegar a un arreglo. Pero la ciudad de París no quiso saber nada.

Luisa de Saboya pudo medir los límites de su poder. Sintió subir la agitación cuando corrió el rumor de que Francisco había muerto. Gracias a Dios él estaba bien, y ella lo hizo proclamar al son de las trompetas. Pero ocultó su acta de abdicación, que sólo lo debilitaría: la perspectiva de una regencia prolongada parecía sonreír a algunos, dispuestos a abandonar al desdichado a su suerte.

Hubo de tomar una decisión: era necesario hacer regresar urgentemente al rey. A cualquier precio. "Creyendo salvar un ducado —el ducado en cuestión era Borgoña—, el reino correría grave peligro de perderse." Luisa encontró el medio de convencer a su hijo. Podemos estar seguros de que ella participó igualmente en el pacto de duplicidad que fue el tratado de Madrid.

Un pacto de duplicidad

Los representantes franceses en Madrid cayeron de las nubes al recibir de pronto instrucciones rigurosamente contrarias a las precedentes. Se concedía todo a Carlos V: era una cesión en toda la línea.

Todo. Francisco renunciaba a sus derechos sobre Italia, liberaba al emperador de su vasallaje por Flandes y Artois y restituía las plazas conquistadas en esa última provincia. Abandonaba a sus últimos aliados que le permanecieron fieles, rehabilitaba a Borbón y le devolvía sus bienes, limitándose a robarle la novia prometida. Pidió para sí mismo la mano de Leonor, solución elegante, afrenta al condestable traidor y promesa de amistad entre los dos adversarios llamados a convertirse en cuñados. Y, sobre todo, improbable e inestimable concesión: cedió Borgoña.

Era demasiado hermoso. Gattinara, al frente de las discusiones por el lado español, encontró ese cambio sospechoso. No se equivocaba. El 14 de enero de 1526, en su prisión, ante sus mandatarios acompañados por dos notarios, Francisco redactó e hizo registrar una protesta en debida forma: todo lo que firmara bajo presión sería nulo y sin valor. Unas horas más tarde inscribía su nombre al pie del tratado, juraba sobre el Evangelio respetarlo y prometía volver a retomar su lugar de cautivo si en un plazo de cuatro meses no ejecutaba todas sus cláusulas. Era esencial el orden respectivo en que fueron pasadas las dos actas: la protesta no podía anular el juramento salvo que interveniera antes que él. Semejante mezcla, muy irracional, de formalismo jurídico y de duplicidad correspondía a mentalidades que ya no son las nuestras. Pero en el siglo xvi fue apreciada de otra manera. Así dejaremos que cada lector se forme su juicio moral.

No abandonemos el terreno político. España cedía de todos modos en un punto esencial: le devolvía la libertad *antes* y no después de la restitución de Borgoña, como exigía al principio. Ni el emperador ni sus consejeros eran ingenuos, aunque luego gritaran por la traición y la perfidia. Habían calculado el riesgo. Pero el tiempo jugaba en su contra en el plano internacional. Sus propias dificultades internas y externas se agravaban. Francia, mal que bien, resistía. Habían visto al rey peligrosamente enfermo. Si llegaba a morir, quedarían con las manos vacías. Más valía para ellos consentir esas inesperadas propuestas, aun cuando fuesen engañosas.

Exigir juramentos estaba bien. Tener rehenes era mejor. Antes de indignarnos, recordemos que en la Edad Media y en el Renacimiento era corriente la práctica, en una negociación, de dejar tras de sí, como prueba de buena fe, garantes de elevado linaje sobre quienes pudieran ejercerse represalias en caso de ruptura unilateral del contrato. Esos rehenes eran tratados honorablemente y pronto liberados cuando todo ocurría según las reglas. Carlos puso el más alto precio a la liberación de su prisionero. Reclamó, a elección, diez de los más grandes personajes del reino o los dos hijos mayores del rey. Después de la sangría de Pavía, el país no podía prescindir de los pocos hombres capaces que le quedaban. Con la muerte en el alma, la abuela se resignó a sacrificar a sus nietos. Sacrificar es el término adecuado, pues, no teniendo Francisco la intención de cumplir sus promesas, estaban condenados a un cautiverio largo y penoso. Tenían ocho y siete años respectivamente. Quedaba en Francia el pequeño Carlos, que los españoles no habían osado incluir en el tratado: tenía apenas cuatro años.

Se preparó de inmediato el regreso del rey. Carlos V fue a verlo en lo que era todavía su prisión. Le presentó a su futura esposa Leonor, que permanecería en España, desde luego, como los principitos, hasta que Francia hubiera cumplido su contrato. Pero nadie se hacía ilusiones sobre la garantía que podía representar su persona.

Compromisos, solemnes promesas, abrazos; no se ahorraron las buenas palabras y las demostraciones exteriores. Finalmente, mientras Carlos tomaba el camino del sur para a ir a Sevilla a casarse con Isabel de Portugal, Francisco abandonaba Madrid el 19 de febrero, llegando a San Sebastián el 12 de marzo y el 17 a Fuenterrabía, donde todo estaba dispuesto para el intercambio de los prisioneros, minuciosamente organizado como en una de nuestras películas de espionaje. En medio del Bidasoa, que servía de frontera, se había amarrado un pontón, terreno neutral en el que el rey se cruzó con sus hijos, bajo la vigilante mirada de los guardias que habían quedado en la ribera. Tuvo apenas tiempo para estrecharlos contra su corazón, llorando. Ya estaba libre, pisando suelo francés. Una breve cabalgata y llegó a Saint-Jean-de-Luz y luego a Bayona, donde cayó en los cálidos brazos de Luisa de Saboya.

Esa excelente madre había pensado en todo. Había aprovechado el cautiverio de su hijo para apartar a la antigua amante, Francisca de Châteaubriant, a la que no quería. El prisionero la encontró rodeada por una pléyade de doncellas de honor muy aptas para hacerle recuperar el gusto por la vida. Su elección recayó en la rubia y alegre Ana de Pisseleu, a quien él haría duquesa de Étampes y que ocuparía hasta el fin del reinado el envidiado puesto de favorita oficial.

Siendo otra vez rey de Francia, volvió a tomar las riendas de un territorio sumamente aliviado por su regreso. Para volver a su capital tomó la ruta más larga, demorándose en el camino de fiesta en festín y en partidas de caza. Un mes aquí, quince días allá: tardó un año entero para llegar a París. Mientras él parecía abandonarse a las delicias de los recuperados placeres con gran perjuicio de la política, sus consejeros buscaban cómo contrarrestar el tratado de Madrid.

No pudo entretener mucho tiempo con palabras evasivas a los embajadores españoles. A Lannoy, que lo alcanzó en Cognac, le fue comunicado, por la voz autorizada del canciller, que no era libre de disponer de Borgoña. Era menester el consentimiento de los Estados de esa provincia y hasta de los Estados Generales del reino. En cuanto a las otras cláusulas del tratado, agregó amablemente él mismo, estaba dispuesto a satisfacerlas en el acto.

Recurrir a los Estados significaba interminables plazos, acompañados de un rechazo previsible: Carlos comprendió que había sido burlado. Todas las cortes de Europa resonaron con su cólera contra el vil perjuro, que había traicionado su palabra de caballero. Y los principitos, en España, se vieron privados de su preceptor y de sus servidores franceses, secuestrados en castillos más y más inhóspitos, prohibido todo contacto con el exterior, mal vestidos, mal alimentados, tan indignamente tratados, al ser hijos de un rey, que todos se escandalizaban. Francia exigió una visita. Por más que la joven reina Isabel, preocupada por la reputación de su esposo, hiciera todo lo posible para ponerlos presentables, fue impresionante el efecto producido por esos niños adustos, hurenos, semisalvajes. Carlos, al hacer recaer su ira sobre los inocentes, perdía el beneficio moral que le había valido al principio la mala fe de su padre.

La llamada Liga de Cognac, formada por iniciativa de Luisa y que día a día se hacía más fuerte —Francia, la Santa Sede, Venecia, Florencia, Milán, con la amistosa neutralidad de Inglaterra—, enarbolaba los objetivos más honorables: restablecer la paz en Italia para emprender luego una campaña contra los turcos. El proyecto era muy oportuno: los ejércitos turcos acababan de derrotar y de matar en las llanuras del Danubio al propio cuñado del emperador, el rey de Hungría. Se le propuso seriamente a Carlos V asociarse, si garantizaba la independencia de Italia y liberaba a los príncipes contra el pago de un rescate. Se le invitaba a formar parte de una coalición dirigida en realidad contra él. Su furor ya no tuvo límites.

La guerra, reiniciada en la península, no culminó con ningún resultado decisivo. Pero les hizo a ambos un regalo al liberarles del molesto condestable de Borbón. Francisco I no lo había perdonado. En cuanto a Carlos, ya no le servía de nada ese soldado perdido que, a falta de haber obtenido un reino en Francia, estaba a punto de convertirse en uno de esos aventureros, mercenarios de guerra al servicio

Carlos VIII
(presunto retrato)

Ana de Bretaña
(presunto retrato)

Luis XII

Margarita de Austria alrededor de 1491

Catalina de Médicis en su juventud

Catalina de Médicis en la época de su boda

Monsieur d'Orleans
fils du roi françois

Enrique II

D'AVSTRICHE ROYNE DE FRANCE ALIENOR

Ainsi que le Soleil vient à chacer l'orage
Dont le pais d'autour est presque submergé;
Cest Astre ainsi voyant ce Royaume affligé,
Vint d'Espagne, et le mit hors de peine et seruage.
Tho. de leu F. et exc.

Leonor de Austria

Claudia de Francia

Luisa de Saboya como
alegoría de la Prudencia

Dos retratos de Margarita de Navarra

Francisco I

Luisa de Saboya

María de Inglaterra

"El rey sin hijos":
La Razón —a la derecha— invita a Luis XII a inclinarse ante la Fortuna que sólo le
dio una hija, Claudia —a la izquierda, en el regazo de Ana de Bretaña

Ana de Bretaña recibe la ofrenda de un libro de Jehan Marot

Ana de Bretaña escribiendo a su marido

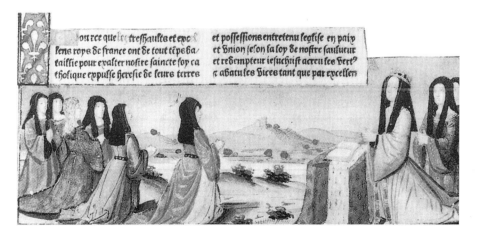

Ana de Bretaña en oración

REGIS. VXOR. IOHANNA. REGINA. FRANCIÆ. LVDOVICI. XII.

De son Tombeau
à Bourges

IEANNE DE FRANCE
PREMIERE ESPOVSE DV
ROY
LOVYS. XII.

Av milieu des grandeurs & des traits de l'Enuie,
IEANNE sceut triompher des pompes de la Cour;
Et borna ses desirs dans vne sainte Amour,
Libre des passions qui troublent nostre vie.

Juana de Francia

Diana de Poitiers como diosa-luna

La cazadora con el ciervo de Anet

La "verdadera" Diana de Potiers

del mejor postor, como Italia y Alemania verían muchos. En 1527, a la cabeza de un ejército de mercenarios mal pagados y ávidos de pillaje, se lanzó al asalto de Roma, que había cometido el error de tomar partido por Francia. Fue muerto en la muralla el primer día. La noticia de su muerte no afligió a nadie. Y los horrores del saqueo de la ciudad, a los cuales pudo asistir el papa encerrado en el inexpugnable Castel Sant'Angelo, se sumaron a su traición para mancillar para siempre su memoria.

Mientras tanto el rey y el emperador seguían atrincherados en sus posiciones. El uno, debidamente apoyado por los Estados de Borgoña, se negaba a ceder la provincia; el otro se obstinaba tanto más en sus exigencias pues tenía la impresión —nada falsa— de que había sido burlado y seguía siendo burlado. La escalada verbal entre ellos fue muy lejos, hasta el intercambio de un desafío con miras a un duelo en el que se enfrentarían en persona, espada en mano, como en los buenos viejos tiempos de los caballeros de la Mesa Redonda. Sugerencia poco realista, desde luego, pero que permitió a cada uno acusar al otro de cobardía y de escapatoria deshonrosa. Las palabras, aun pronunciadas en el aire, no siempre se pierden. El torrente de insultos proferidos les impedía dar marcha atrás y esbozar el menor paso del uno hacia el otro: los paralizó y aprisionó en una situación sin salida.

Entonces fue cuando Luisa de Saboya entró de nuevo en escena en búsqueda de una solución. Encontró frente a ella, para iniciar la negociación, a una selecta interlocutora, otra mujer, en todos los aspectos su igual por su inteligencia y energía, y que desempeñaba junto a su sobrino Carlos V un papel similar al suyo junto a Francisco. Una vieja conocida suya y nuestra: la ex "pequeña reina" de Carlos VIII, Margarita de Austria.

Donde reencontramos a Margarita de Austria

A esa mujer excepcional le correspondió un destino fuera de lo común.

A título personal primero.

En su novelesca adolescencia, al lado de Carlos VIII, soñó con el amor. Con el gran amor. Algo muy imprudente por parte de una princesa. Ahora bien, contra lo esperado, ella lo encontró. No enseguida ni tampoco por mucho tiempo. Pero lo suficiente para colmar permanentemente su corazón.

La habíamos dejado en la nave que la llevaba a España, al encuentro de su esposo, el infante heredero de Aragón. Brillante boda, sobre la cual no sabemos mucho, salvo que Don Juan cayó de su caballo y se mató el 7 de octubre de 1497, dejándola embarazada. El niño que trajo al mundo murió poco después. Y Comynes se preguntó si el cielo no castigaba en su progenie, como en la de Carlos VIII, la ruptura del primer compromiso.

Su padre la dio luego, en 1501, al duque de Saboya, Filiberto el Hermoso, bien llamado así pues fue para ella un deslumbramiento. Nacidos ambos en 1580, poseían juventud y pasión. Ella también era muy hermosa. Formaron una soberbia pareja. La brillante superioridad de la joven no malograba su entendimiento. El se dejó amar y, de carácter acomodaticio e indolente, le cedió gustoso las riendas del gobierno. Ella descubrió a su alrededor las acogedoras o áridas tierras de Bresse, Bugey, Saboya y el Genovesado, que mucho tiempo antes habían formado parte del reino de Lotaringia, núcleo del poderoso ducado de Borgoña. Ese regreso a las fuentes, a las raíces de su casa, la acercaba aún más a su nuevo y seductor esposo. El Piamonte, por entonces posesión de los duques de Saboya, le atraía menos: eso era ya otro mundo. Italia jamás fascinó a esa flamenca, admiradora del arte y de la civilización de su país. Su patriotismo no atravesaba los grandes pasos de los Alpes. Toda su acción política ulterior se resintió por ello.

¿Cómo habría pasado la prueba del tiempo el sentimiento apasionado que consagraba a su marido? No hubo ocasión de saberlo. En 1504, Filiberto, acalorado por una partida de caza, bebió agua helada, enfermó y murió rápidamente. Para eternizar su difunto amor, fijándolo para siempre en la magia del recuerdo, la inconsolable Margarita hizo construir a las puertas de Bourg-en-Bresse un mausoleo, un relicario de mármol, piedra, oro y maderas esculpidas. El monasterio de Brou, obra de arte del gótico flamígero ya en declive, costó cerca de veinte años de esfuerzos a sus arquitectos y decoradores sucesivos, entre los que se contaba el maestro de obras Van Boghem, venido expresamente de Flandes. En la ornamentación exuberante de la iglesia, los recuerdos de amor coexistían con la iconografía religiosa, en un gran despliegue de alegorías y de símbolos, como se estilaba entonces: margaritas emblemáticas, iniciales entrelazadas, los escudos de Saboya y de Borgoña, una divisa sibilina —*Fortune Infortune Fors Une*— que se interpretó de diversas maneras.* La pareja ducal aparece en la fachada y en las vidrieras, a los pies de Cristo o de la Virgen, encarnados en tradicionales donantes. Sus dos tumbas nos ofrecen, según la costumbre, una doble imagen suya: los orantes ricamente vestidos, inmovilizados en la actitud de plegaria, y los yacentes en el sudario, en el atroz despojamiento de la muerte. La iglesia no estaba todavía totalmente terminada cuando Margarita fue a reunirse en 1531 con su suegra homónima, Margarita de Borbón, y con su tan amado esposo.

En esa espera, a lo largo de toda su viudez, su corazón, rebelde a cualquier nueva unión, le dejó la mente libre y suficiente tiempo disponible para lo que fue —aunque ella todavía no lo sabía— la segunda de sus pasiones: la política.

En 1506, su hermano Felipe, también llamado el Hermoso, murió súbitamente dejando cinco hijos pequeños, y un sexto en camino. Dos, nacidos en España, permanecerían allí junto a su madre Juana, quien, igualmente enamorada de su marido, enloqueció de dolor. Los otros, nacidos y educados en Flandes, fueron confiados a Margarita, al mismo tiempo que la administración de los Países Bajos:† agobiante carga, que habría de cumplir con maestría.

Para su sobrino Carlos, sustituyó a la madre que él había conocido apenas. Los dos abuelos, Fernando de Aragón y Maximiliano de Austria, que podrían disputarse la tutela de los Países Bajos, estaban lejos, cada uno ocupado en su territorio, y le dejaron carta blanca. Durante quince años ella fue el arquitecto

---

* Actualmente suele presentársela bajo la forma *Fortune infortune fort une*, traduciéndose como "La fortuna [el destino] infortuna [agobia, persigue] fuerte [duramente] a una [se sobreentiende una mujer]." Pero no existe el verbo infortunar y el adverbio, ortografiado fors en todos los libros antiguos, significa: salvo. El sentido probable es que en su vida vio la desgracia suceder a la felicidad, pero que al menos le fue ahorrado un infortunio: alusión al amor conyugal intacto de un esposo con quien la reunirá la muerte. Otra variante —*Fortune, infortune, fortune*— ofrece un significado más pobre.

† No olvidemos que este término designaba, en esa época, no sólo a las provincias que actualmente llevan ese nombre, sino a la actual Bélgica, donde se situaba el centro de gravedad del conjunto.

indiscutido de la política austro-española en las provincias flamencas.

No hubo negociación en la que no interviniera, prudente, obstinada, encantadora también y sabiendo usar su dulzura femenina ante hombres de toda edad y todo rango. Combativa cuando era necesario, dispuesta, como diríamos nosotros, a "tirarse de los cabellos" con un adversario un poco vivo, sin que ello obstara para que luego riera de buen grado con él y volviera tranquilamente a sus primeras ofertas, a las que el contraste de tono brindaba súbitamente un aspecto inofensivo. Intuitiva, juzgando rápidamente a los seres y presintiendo sus reacciones, leyendo entre líneas documentos diplomáticos, comprendiendo con medias palabras invitaciones y amenazas, ella era el más temible de los negociadores.

Se dijo que detestaba a Francia, que no le perdonaba el repudio de antaño. Eso es demasiado elemental. Era mujer de amor, no de odio, y no era propia de ella la obsesión de la venganza. La clave de su comportamiento era otra. Amaba a su familia y al sobrino que hacía la veces de hijo. Amaba a su país, Flandes, o más bien a Borgoña, cuyas fronteras superaban ampliamente a sus ojos el estrecho marco de los Países Bajos. No se consoló del desmembramiento de la herencia del Temerario. Perseguía dos objetivos: el ascenso de su sobrino y la recuperación de la provincia madre, la Borgoña propiamente dicha. Dos objetivos directamente opuestos a los intereses franceses. Se reconocía pues su mano, durante quince años, en todas las acciones emprendidas con éxito diverso contra Francia.

En 1508, logró convencer al cardenal de Amboise, enviado de Luis XII, para que rompiera la alianza franco-veneciana, que hubiera dejado a Francia el campo libre en Italia del Norte. En 1513, alentó una agresión de los suizos contra Dijon. En 1514, trató de obtener para su sobrino la mano de María de Inglaterra, que correspondía a Luis XII. No era de lamentarlo: no era un buen partido. En 1516, intentó impedir la firma del tratado de Noyon que consagraba implícitamente, por omisión, la renuncia del joven Carlos a Borgoña. 1519 fue el año de su triunfo: gracias a ella y a su don de gentes, a sus gestiones ante los grandes banqueros Fugger, su sobrino ganó a precio de oro su elección al Imperio. Ella estaba en todas partes y, a partir de 1521, la muerte del anciano consejero Guillermo de Chièvres, partidario de una reconciliación con Francia, dejó campo libre a su influencia.

Impresionante lista de triunfos, no exhaustiva sin embargo. Ninguna mujer de esa época pudo enorgullecerse de poseer una experiencia política tan rica. Salvo quizá Luisa de Saboya, que decidió, para salir del punto muerto en que se habían atascado ambos soberanos, hacerle algunas proposiciones.

La Paz de las Damas (Cambrai 1529)

No era una mala idea. Margarita era poco acomodaticia, pero no se la podía apartar de la negociación. Era preferible hablarle directamente, algo que ella apreciaría. Y nadie era más apto que Luisa para hacerlo.

Ambas mujeres se conocían desde siempre. Más aún, eran cuñadas: Filiberto de Saboya, el esposo tan llorado por Margarita, era el hermano de Luisa. Pertenecían a la misma generación, con sólo cuatro años de diferencia. Viudas ambas, consagradas al servicio de un hijo o de un sobrino cuya fortuna protegían celosamente, eran capaces, aunque ligadas a dos bandos opuestos, de comprenderse y estimarse. Lo que no quería decir que estuvieran dispuestas a hacerse concesiones.

Pero ya las había acercado un mismo horror hacia la guerra y sus estragos. Los Países Bajos estaban en primera línea en un conflicto en el que las plazas de Artois y de Flandes suscitaban la codicia francesa, española y hasta británica. ¡Y Dios sabía que ese país plano, sin fronteras naturales, estaba expuesto a las invasiones! El Condado —el futuro Franco Condado— estaba también severamente amenazado. La principal preocupación de la gobernante era alejar de allí a los ejércitos, exportar la guerra lo más lejos posible, a Italia por ejemplo, donde los beligerantes podían masacrarse a gusto para gran beneficio de la prosperidad flamenca. Luisa de Saboya, por su parte, temía una invasión de Borgoña, tan vulnerable a las incursiones provenientes del este. Ambas habían firmado, pues, varias veces, treguas locales, especies de pactos de no agresión, estipulando que se lucharía en otra parte y no en esos sectores. En 1528, en lo más fuerte de la escalada de insultos entre sus dos campeones respectivos, ellas encontraron el modo de renovar el acuerdo preservando esas provincias.

Si no hubiese más que las dos damas, pronto se habría sellado la paz. Tanto más por cuanto una y otra eran realistas como inteligentes. Margarita estaba dispuesta a poner precio a las cosas a condición de que fueran posibles. Así había persuadido a su sobrino, horrorizado por las sumas gastadas por el Imperio, de que la operación valía la pena: "El señor rey, amo mío", le explicó ella en términos muy gráficos, "nos ha escrito que el caballo en el cual quería venir a vernos es muy caro. Nosotros sabemos que es caro. Pero de todos modos es tal, que si él no lo quiere tener, hay mercader dispuesto a comprarlo". Inversamente, conocía los límites que no podía pasar y —lo que era mucho más difícil— sabía renunciar a lo que veía fuera de su alcance. En 1529, comprendió que la recuperación de Borgoña exigiría una guerra total, de catastróficas consecuencias, sin garantía de resultado. El pillaje de Flandes era un precio que ella no quería poner a una hipotética victoria. El de Borgoña tampoco, muy probablemente. Evidencia dolorosa de que no debió de aceptar sin sufrimiento. Y fue una gran virtud que supiera sacrificar al interés de sus pueblos un sueño tan profundamente anclado en su corazón.

Prestó oídos favorables a las sugerencias oficiosas que Luisa le hizo llegar en octubre de 1528. ¿Por qué no iniciaban ellas, a título privado, negociaciones discretas? Desbrozarían el terreno sin comprometer a los soberanos, que estarían libres de desautorizarlas. Prudentes, no prometían nada: lo esencial era no romper ese frágil contacto. Pero comenzaron a sondear a sus amos respectivos y obtuvieron luz verde, siempre que el secreto fuera bien guardado.

Durante seis meses se discutió, se parlamentó, se cotejaron proyectos y contraproyectos, avanzando un paso, retrocediendo dos. No era que desconfiaran la una de la otra. Eran demasiado finas y se estimaban mucho. Era inútil fanfarronear o engañar. Esas interminables maniobras de acercamiento tenían por objeto calmar a los dos reyes, habituarlos a la perspectiva de un acuerdo. Hacía falta tiempo. Tanto más tiempo por cuanto sus ejércitos seguían combatiendo en Italia. Cada triunfo despertaba alternativamente en el uno y en el otro la esperanza de imponerse en el terreno, o al menos de tratar en posición ventajosa. No era fácil hacerles aceptar la idea de un regreso al punto de partida: nada de Italia para el uno, nada de Borgoña para el otro.

También había que salvar las apariencias para ambos, mantener entre los dos países la balanza estrictamente equilibrada en ocasión de un eventual encuentro. Y las cuestiones de protocolo se pesaron con balanza de orfebre. Ninguno de los dos negociadores podía ir al territorio del otro, pues eso significaría dar el primer paso. Era menester entonces que cada uno hiciera la mitad del camino. Se eligió a Cambrai, ciudad libre del Imperio, que haría las veces de terreno neutral. Dejando a su hijo en Compiègne, donde se suponía que iba a gozar de las alegrías de la caza, Luisa se encaminó a la frontera. Margarita, por su parte, había abandonado Malinas. Entraron en Cambrai al mismo tiempo, el mismo día 5 de julio, con pocas horas de diferencia, una por la puerta de Francia, la otra por la de Flandes. Por fin estaban frente a frente.

Avances, retrocesos, salidas intempestivas, amenazas de ruptura: necesitarían todavía casi un mes de discusiones y algunas malas noticias —provenientes de Italia para Francisco, de Europa central para Carlos— antes de establecer un texto aceptable. El 29 de julio era cosa hecha. El 3 de agosto se firmó la paz, y la catedral vibró en un tedéum. El tratado de Cambrai recibió de inmediato el apodo, bien merecido, de *Paz de las Damas*.

Sus cláusulas parecieron, a pesar de todo, desfavorables para Francia. Francisco conservaba Borgoña y las ciudades del Soma, pero devolvía a Carlos algunas plazas en la frontera del norte y lo desligaba del juramento de vasallaje exigible por Flandes y Artois, que no era más que un vano resabio del pasado. Renunciaba de dientes para afuera a sus pretensiones italianas. Sus hijos serían liberados a cambio del rescate debido por su captura en Pavía. Restituiría todos sus bienes a los herederos de Carlos de Borbón. Y desposaría a Leonor, su novia, que lo esperaba en España desde hacía cuatro años.

La suma demandada era colosal. Como siempre que se habló de finanzas, intervino el rey de Inglaterra y pretendió hacerse reembolsar por Francisco un préstamo al emperador. Regateos, escasas concesiones. Se llegó a un acuerdo por dos millones de libras. A Francia sólo le quedaba conseguirlas. Más fácil fue decirlo que hacerlo. La fama de rapacidad de Luisa se acrecentó, aunque parezca imposible. Se exprimió, no sin levantar protestas, a todas las categorías sociales del reino. ¿Había manera de negarse cuando se trataba de recuperar a los pequeños príncipes? Se tardó más de diez meses en percibir, juntar y encaminar hacia la frontera las siete toneladas de oro liberadoras. Finalmente el intercambio se efectuó el 1 de julio de 1530. Europa estaba en paz. Ambas Damas habían trabajado a conciencia.

Cumplida esa tarea desaparecieron rápidamente, como si la muerte hubiese querido subrayar el paralelismo de sus dos destinos.

Margarita se lastimó un pie y en la herida infectada se declaró la gangrena. Murió de septicemia el 30 de noviembre de 1530. Compartiendo el gusto de su tiempo por el realismo macabro, el artista que esculpió en Brou su cuerpo yacente hizo salir del sudario un pie desnudo, marcado por una profunda herida. Su testamento político está contenido en las líneas que escribió a su sobrino justo antes de morir:

"Os dejo detrás de mí como mi único heredero, con los territorios que me habéis confiado, que están intactos, más aún, considerablemente agrandados. [...] Ante todo os recomiendo la paz, en particular con los reyes de Francia y de Inglaterra."

En cuanto a Luisa, padecía desde hacía años de gota y de litiasis —la "piedra", como se decía entonces. Después de haber temido la muerte durante largo tiempo, la sentía venir y se resignaba. En el verano de 1531, se le hizo abandonar Fontainebleau, amenazado por la peste, para instalarse en su castillo de Romorantin que tanto le gustaba. No pudo llegar y debió detenerse en el camino, en el pequeño pueblo de Gretz, en Gâtinais. Se metió en cama, recibió la extremaunción y murió en los brazos de su hija destrozada de dolor, el 22 de septiembre. "Lugar lleno de pesares", cantará esta más tarde, en su poema de las *Prisiones*. Su madre le legaba la imposible misión de frenar el apetito de revancha del rey.

Un cometa había encendido las noches de la Île-de-France días atrás y, si hemos de prestar crédito a Brantôme, Luisa habría leído en él el anuncio de su muerte. El pueblo, en todo caso, asoció los dos acontecimientos. No era amada por todos, pero todos reconocían en ella a uno de esos grandes personajes cuya desaparición el cielo se tomaba el trabajo de señalar.

Las dos Damas ya no estaban. Su pobre paz, huérfana, no las sobreviviría mucho tiempo. Ambos soberanos no llegaron a encontrarse.

Dejemos a los especialistas el trabajo de medir con la vara de la historia las iniciativas de estas dos mujeres y de juzgar su acción política. Quisiéramos concluir hablando de sus destinos.

No fueron reinas ni la una ni la otra. Ejercieron sin embargo en los asuntos de su época una influencia que no tuvo la mayoría de las que gozaron de ese título. Por ese motivo les hemos asignado aquí un espacio tan grande.

En un Estado conducido por un hombre, ellas conservaron hasta su muerte un peso justificado por sus aptitudes, su energía y su devoción. Poseedoras de un poder delegado, no decidían solas, debían rendir cuentas a su hijo o su sobrino, consultarlos, convencerlos: un límite a su acción, desventaja que se transformaba en ventaja, dándoles en las negociaciones un margen de maniobra suplementario, protegiéndolas también de las tentaciones y el vértigo del poder absoluto. Cuando la edad y la experiencia las hicieron madurar, desempeñaron junto a los dos soberanos un papel moderador. Ejemplo notable de distribución exitosa de tareas, modelo de eficaz poder femenino, que Catalina de Médicis recordó tal vez cuando el poder se le ofrecía. Pero hacen falta también reyes dignos de ese nombre.

CAPITULO OCHO

Leonor de Austria

La Paz de las Damas daba finalmente a Francia la reina prometida por el tratado de Madrid, una reina que todos coincidían en encontrar simpática, aunque fuera la hermana del enemigo. Desbordante de buena voluntad, Leonor llegó decidida a cumplir honestamente la función que los caprichos de la política le habían asignado. Y la opinión pública le concedió crédito gustosa.

Pero la situación resultaba incómoda, pues ella era la prenda no de un acuerdo verdadero, sino de una artificiosa reconciliación, de una mentida "amistad". Guerra abierta y paz engañosa alternaban entre Francisco I y Carlos V, obligándola al silencio o proyectándola al primer plano, en vilo en cada caso. Instrumento dócil de las voluntades de un hermano al que amaba y de un marido al que quiso consagrarse, hizo de esa docilidad una virtud, no sin sufrimiento. Se plegó cuando era adolescente, y aceptó de adulta el destino que se le imponía. Hizo más: lo cumplió con abnegación.

Una hermana obediente

Leonor, nacida el 15 de noviembre de 1498 en Lovaina, era la mayor de los hijos de Felipe el Hermoso y de Juana la Loca. No tenía de austríaca más que el apellido y jamás pondría los pies en Austria. Vino al mundo en territorio "borgoñón"—es decir flamenco por entonces— y vivió muchos años en territorio flamenco antes de trasladarse a España.

Su nacimiento fue recibido alegremente. En Bruselas, en Santa Gúdula iluminada por el fulgor de las antorchas, fue bautizada al caer la noche con gran pompa. Los padrinos que se le asignaron la colocaban bajo un patronazgo antifrancés. Su abuelo y padrino, Maximiliano de Austria, le puso el nombre de su propia madre, una princesa portuguesa. En cuanto a su madrina, era una inglesa, la famosa Margarita de York, llamada "Madame la Grande", la viuda de Carlos el Temerario, cuya memoria y herencia defendía ardientemente.*

Dieciocho meses más tarde nacía en Gante su hermano, el futuro Carlos V. Ella apareció en su bautismo el 7 de marzo de 1500 y los habitantes de Gante "le hicieron gran fiesta, pues nunca la habían visto en su ciudad". A partir de entonces, y para siempre, siguió estrechamente asociada a su hermano. Después de la muerte de su padre, los dos niños fueron dejados en los Países Bajos, así como sus hermanas menores, confiados al cuidado de su tía Margarita de Austria, quien los crió.

Leonor creció feliz, protegida, en esa opulenta Flandes donde se sabía vivir, y vivir bien. Menos bella que su hermana menor Isabel, menos enérgica que su otra hermana María, fue una jovencita sonriente y alegre, de buena salud aunque demasiado delgada, a juicio de su tía que se hacía cco del gusto reinante. Era bien formada. Se convirtió en una buena jinete, experta en montería y juegos al aire libre. Se le enseñó música, pintura, y en literatura mucho más de lo que se enseñaba habitualmente a las princesas. Piedad, sin exceso ni ostentación. Cosas sólidas. Solía encontrársela algo tonta. Pero era más bien su carácter el que intervino en su falta de ambición, en la sencillez de sus gustos, en su modestia. En ella el sentimiento primaba sobre la inteligencia; se emocionaba fácilmente y no tenía aptitudes políticas. ¿Dulzura y bondad? ¿Indolencia y pasividad? Cada uno juz-

---

* Margarita de York, tercera esposa del Temerario, no era la bisabuela de Leonor, que descendía de su segunda esposa.

gará según su humor a esta personalidad maleable, hecha para la obediencia.

Sin embargo, un día intentó dar pruebas de voluntad. A los dieciocho años se creyó dueña de su futuro. El clima en que se vivía en la corte de Flandes era suficientemente liberal como para que pudiese esbozarse un idilio entre ella y el príncipe palatino Federico, cuarto hijo del elector Felipe de Baviera. Se enamoró de ese segundón sin fortuna al servicio de su padre Felipe el Hermoso, y que tras la muerte de este seguía representando a Maximiliano en los Países Bajos. Hay que decir que casi formaba parte de la familia: sólo él había conseguido hacer comer al pequeño Carlos que se negaba a hacerlo, y esa hazaña le había valido el apodo de "padre putativo del archiduque". El niño, convertido en rey, le mantuvo su pensión y le condecoró con el Toisón de Oro.

¿Eran títulos suficientes para aspirar a la mano de Leonor? Ella lo creyó así y comenzó a esperar. El verano, con sus salidas al campo, era favorable para los encuentros discretos. Los dos enamorados se vieron en la isla de Walcheren, hablaron largamente e hicieron proyectos que no permanecieron secretos mucho tiempo. Carlos, advertido, convocó a su hermana, mirándola con atención: "Me parece que tenéis el pecho más voluminoso que de costumbre." Y abrió su blusa en busca de una carta, que sabía se encontraba allí.

El contenido resultó ser menos comprometedor de lo que podía temerse. No se había producido nada irreparable. El pretendiente se limitaba a alentar a la joven a rechazar cualquier otra propuesta. Pero era suficiente para justificar una contraofensiva en regla. Leonor era de rango demasiado elevado para entregarla a cualquiera. Se fingió temer un rapto, se organizó una ruptura pública, se tomaron medidas para precaverse contra todo cuestionamiento ulterior. Los dos pobres jóvenes debieron jurar que sus proyectos estaban subordinados, en su mente, al consentimiento real y que no habían intercambiado promesas ni prendas formales de matrimonio. Se declararon solemnemente libres el uno hacia el otro y prometieron no invocar jamás un compromiso cualquiera.

Se envió al príncipe palatino de regreso a Alemania, pero sin embargo no renegó de sus alianzas. Siguió siendo un fiel aliado de la casa de Habsburgo. Leonor se inclinó. Historia trivial, pero que daba mucho que pensar sobre el carácter imperioso del joven Carlos. Cuando llamó tan severamente a su hermana mayor a sus deberes de princesa, sólo tenía diecisiete años. Prometía.

A *una princesa le hace falta un rey*

Para prevenir cualquier incidente, lo mejor era casarla. Por cierto, no se había esperado que alcanzara esa edad para pensar en ello. Pero su abuelo Maximiliano había especificado muy bien a su tutora Margarita que sólo podía pensarse en tres partidos: los reyes de Francia, de Inglaterra o de Polonia. Y como ninguno estaba libre, había que esperar que una de las tres reinas "pasara a mejor vida". Luis XII, disponible por la muerte de Ana de Bretaña, había preferido a la joven inglesa y luego murió dejando el trono a Francisco I, ya casado. Las otras reinas gozaban de buena salud. Se rechazó sucesivamente para Leonor al duque de Lorena y hasta al rey de Dinamarca, apenas aceptable para su hermana menor Isabel, a la que ese soberano cruel y licencioso, apodado el Tirano y pronto destronado por sus súbditos, condujo a un trágico fin. Se rechazó igualmente al rey de Navarra, no sólo porque era un reyezuelo indigno de esa unión, sino porque tenía la audacia de reclamar la devolución, en forma de dote, de la parte meridional de su reino —la casi totalidad—, que Fernando II de España le había arrancado.

Se siguió buscando para ella el ave rara, hasta que el temor de verla disponer por sí misma obligó a la familia a bajar sus pretensiones. Se estuvo de acuerdo en el rey de Portugal. Desde tiempo atrás España, no pudiendo conquistar por las armas ese enclave extranjero en una península que consideraba suya, intentaba anexionarlo mediante una larga cadena de vínculos matrimoniales. Manuel I, llamado el Grande o el Afortunado, nacido en 1469, ya no era joven. Era feo, jorobado y medio lisiado. Ya había desposado alternativamente a dos infantas de España, que le dieron hijos. Mientras se pensaba, a falta de algo mejor, prometer a Leonor a su hijo mayor, que todavía no era núbil, él enviudó oportunamente. Leonor le fue ofrecida en 1517.

Ella consintió. No guardaba rencor a su hermano. Su pena de amor no había menguado el vivo afecto que por él sentía. Por el contrario, hasta parecería que centró en él todos sus recursos afectivos.

El se preparaba para partir a España a fin de tomar posesión de un reino todavía desconocido. Ella quiso acompañarlo. Había tomado horror a los Países Bajos, llenos de recuerdos dolorosos. Y sobre el contraste de sus dos destinos, versificaba melancólicamente: "Tan contrarias son nuestras fortunas / que dan al rey tanto esplendor / y me hunden en estas tinieblas / causando la soledad / en que viviré tan triste". Los versos, si cabe llamarlos así, no son gran cosa. Pero el sentimiento es de resignada aceptación.

Se embarcaron en Flessingues el 8 de septiembre de 1517, enfrentándose juntos a los peligros por entonces inseparables de los viajes por mar: incendio de una nave, tempestad, desembarco precipitado. Desde Asturias, se encaminaron a Madrid a través de un territorio que, al lado de la fértil Flandes, les pareció árido y desolado. En Tordesillas, en noviembre, volvieron a ver a su casi olvidada madre, Juana, a quien su demencia intermitente no impedía permanecer, titularmente, como soberana de Castilla. Había que obtener de ella una delegación de poder. Fue una entrevista dolorosa, aunque la Loca estuviese en uno de sus días buenos: los besó y los encontró crecidos —no los veía desde su infancia. Pero no por ello el castillo donde residía les pareció menos siniestro. Leonor, siempre caritativa, intentó sacar de allí a su hermana menor Catalina, a quien su madre retenía enclaustrada junto a ella. Sólo logró provocar un escándalo. Hubo que devolver a la niña, que sin embargo ganó algunos servidores y un poco de libertad. Conoció también a su hermano menor Fernando,[*] criado en España y al que nunca había visto.

Como de costumbre, los cronistas elevaban a su paso un concierto de alabanzas: "En verdad es como una obra de arte, tan prudente, alegre, honesta y gentil es en todo". Y, por una vez, no distorsionaban demasiado la realidad.

El 13 de julio de 1518 desposó por poderes a Manuel el Afortunado sin haberlo visto jamás. Su escolta hispano-borgoñona la condujo a la frontera, marcada en el camino por un pequeño afluente del

---

[*] Este hermano de Carlos V, mucho más español que él, pero a quien el derecho de primogenitura excluía del trono de España, encontró una compensación en Europa Central gracias a su abuelo Maximiliano de Austria, que le reservó la doble sucesión de Bohemia y de Hungría. Fue emperador después de su hermano. Con sus respectivos hijos, las dos ramas de la casa de Habsburgo, la austríaca y la española, siguieron caminos diferentes.

Tajo, el Sevor. Cruzó el puente y fue tomada a cargo de sus nuevos servidores. En Lisboa, se celebró la última ceremonia, la boda religiosa. Era reina de Portugal.

Lo fue durante tres años. Soportó pacientemente a su viejo marido, se llevó bien con los hijos de los primeros matrimonios, apenas menores que ella, una de los cuales, Isabel, se casaría con su hermano, y otro, el heredero Juan III, con la más joven de sus hermanas, la reclusa de Tordesillas. Decididamente, quedaban en familia. Ella misma no era estéril, contrariamente a lo que se dijo con demasiada frecuencia. Tuvo un hijo, que murió muy pequeño, y una hija, María, de la que fue separada cuando quedó viuda, pues los portugueses deseaban casarla a su gusto.

En efecto, al morir Manuel I en 1521, debió partir y se reunió con su hermano en España, nuevamente libre para otras combinaciones matrimoniales. Se dice que su antiguo enamorado, Federico, se presentó por segunda vez y fue rechazado. Carlos V tenía otros proyectos, a los que ella se plegó sin que nada se haya sabido de sus sentimientos íntimos.

Fue prometida primero a Carlos de Borbón como precio de su traición. Después de las pretensiones iniciales, era de todos modos caer muy bajo. De allí la hipótesis de ciertos historiadores, que no veían en ese proyecto más que un señuelo destinado a seducir al orgulloso condestable. Sea como fuere, el emperador sólo se la habría dado si él hubiese conseguido un reino en Provenza o en Italia. Y pronto fue evidente que no lo lograría.

¿Qué supo Leonor de las reales intenciones de su hermano? Lo ignoramos. ¿Qué pensó de la unión propuesta con Borbón? Los cronistas afirman que le repugnaba. No dijo nada, pero es probable que así fuera, pues en aquel entonces una viva reprobación rodeaba a los traidores, aun por parte de los que se beneficiaban con sus servicios. Y cuando fue cuestión de Francisco I, entre el rey de Francia y un aventurero no había mucho que dudar. Margarita de Navarra, que la conoció durante su embajada, encontró en ella un eco favorable cuando le hizo "el más negro retrato del condestable, tratándolo de asesino, mientras que le mostraba un paraíso abierto por su boda con el rey de Francia". A tal punto que Carlos V, temiendo ver a su hermana comprometerse demasiado, se apresuró a separar a las dos jóvenes; todavía no era el momento de hablar de bodas. Pero podemos estar seguros de que se sintió feliz al enterarse, unos meses más tarde, de que se la destinaba a Francisco I. Más aún, se pensó en comprometer al delfín con la pequeña María de Portugal, su hija, a la que así habría recuperado.

Por consiguiente, se conocieron en un clima de euforia.

Después de la promesa de matrimonio firmada por poderes el 19 de enero de 1526, los futuros esposos fueron autorizados a intercambiar una breve correspondencia, muy convencional. Una vez firmado debidamente el tratado de Madrid en las condiciones que sabemos, ella fue a Illescas a conocer a su novio. Francisco no tuvo que forzarse para mostrar alegría: resplandecía ante la sola idea de su libertad recuperada. Oculta al principio detrás de una celosía calada, según la costumbre española, pudo entreverlo a su llegada, en ropaje de gala, "tan bien dorado" para la circunstancia. A ciegas, él hizo una reverencia en dirección de la ventana donde le habían dicho que se ocultaba su prometida, como en una comedia novelesca del Siglo de Oro. Pudieron verse de verdad en las recepciones que siguieron. Colocados frente a frente durante la comida, pero demasiado alejados para hablarse, "no podían dejar de embriagarse mirándose el uno al otro". Después pudieron conversar, sentados lado a lado. Diez días de festejos, en los que las conversaciones políticas alternaban con las entrevistas sentimentales. Carlos contaba con las unas para facilitar las otras. Francisco, prudente, desempeñaba cuidadosamente su papel de novio atento. De uno y otro lado se vigilaban. Sólo la pobre Leonor parecía sincera. Se cuenta que en el momento de su separación, que en principio debía ser corta, derramó abundantes lágrimas, suplicando al rey que le enviara a menudo sus noticias; él lo prometió sonriente. Y los pueblos se enternecieron ante el conmovedor romance difundido por los cronistas de todas partes.

Sin embargo, es poco probable que Leonor se enamorara de Francisco de primera intención, al menos como lo entendemos hoy. A los veintiocho años ya no era una niña. Escarmentada desde tiempo atrás, había aprendido en carne propia que el sentimentalismo no es admisible en una princesa. Pero esa boda le convenía. Le bastaba pensar en los otros partidos posibles para apreciar sus ventajas. No le disgustaba ese esposo de su edad, alto, fuerte, alegre, seductor, más agradable de recibir en la cama que el anciano Manuel de Portugal, y que haría de ella la reina de uno de los más grandes países de Europa, un país donde, según se decía, era casi tan placentero vivir como en su Flandes natal. No pedía más que agradarle y le dedicó desde el principio un afecto real.

Conocemos lo que ocurrió después. Una vez libre, el rey se negó a renunciar a Borgoña. Pero no anuló su promesa de boda. Y así vemos a Leonor retenida en España, legalmente comprometida con Francisco, pero solidaria de un Carlos V furioso, sintiendo que se debía al uno y al otro. Ella sostuvo sobre la pila bautismal al hijo de su hermano, el futuro Felipe II. Intentó paralelamente suavizar el cautiverio de sus futuros hijastros, los niños de Francia conservados como rehenes. Situación falsa, pero que las ideas tradicionales sobre el papel asignado a las mujeres la hacían asumir más fácilmente. Sus mejores virtudes, la piedad y la caridad, ignoraban las fronteras. Incumbía naturalmente a Leonor inclinarse sobre esos desventurados niños, así fueran enemigos y maltratados por orden del rey, su hermano. Se sabe que intercedió por ellos, y suele reconocérsela con placer bajo los rasgos de una misteriosa gran dama, a la que no se nombra, que iba a visitarlos, sin grandes ilusiones. No a sus plegarias, sino a los ajustados regateos de su tía Margarita se debió el acuerdo que le permitió, en 1530, al cabo de cuatro años, llevar a Francia a los pequeños rehenes y pasar en su nuevo reino por una triunfante mensajera de paz.

El regreso de los rehenes

Sin embargo, cuando entró en Francia no todo era de buen augurio.

Por segunda vez en su vida cruzaba un río fronterizo para reunirse con un esposo. Pero esta vez, no era la heroína del día. Era un trueque. Rehenes contra rescate; los hijos de Francisco I contra toneladas de oro. ¿Y ella? España la entregó a Francia al mismo tiempo que los niños, como un suplemento, si osamos decirlo. Era la quinta rueda de la carroza, un elemento desdeñable, una comparsa, aunque se guardaron las apariencias. Tenía una dote, modesta en comparación con el rescate. Del lado francés se había previsto un recibimiento imponente, un séquito numeroso. Pero bien se ve, en el relato que hace Martín Du Bellay, que su presencia rompió la rigurosa simetría que presidía la organización del intercambio.

Pues en Fuenterrabía reinaba la desconfianza en el momento de soltar las últimas prendas que daban todavía a Carlos dominio sobre Francia. El dudaba de la buena fe del rey. Temía un golpe para liberar a los niños gratis. En Hendaya, los franceses estaban menos inquietos: el oro del rescate no les podía ser arrebatado por la fuerza pues pesaba demasiado. Pero nunca se debía ser bastante prudente.

Desde hacía cuatro meses llegaban a las orillas del Bidasoa los convoyes de escudos provenientes de todas las provincias. España había terminado por consentir una división de la deuda: de los dos millones, sólo exigía un millón doscientos mil al contado —el resto a plazos—, más algunas piezas de joyería, entre las que se contaba una cierta *Flor de Lis*, joya de seis kilos adornada con piedras preciosas que servía de relicario a un fragmento de la Vera Cruz, muy apreciada por Carlos V sin duda en razón del símbolo atribuido a su nombre.*
Se reunían, se contaban, se pesaban las piezas, se las ponía en bolsas y en cajas y se fundían las monedas dispares para hacer lingotes, bajo la desconfiada mirada de una escuadra de financistas de ambas partes y la protección de una poderosa guardia. Surgió un problema por el título de algunas de ellas, que no tenían la proporción de oro fino requerida, y hubo que completar la suma. Hacia mediados de junio, comenzó a vislumbrarse el fin del asunto. Leonor y los niños, encaminados separadamente hacia el norte, abandonaron, ella Vitoria, ellos Puebla, donde se consumían de impaciencia, para ganar las riberas del Bidasoa.

Como cuatro años antes, pero con un derroche de precauciones suplementarias, se instaló en medio del agua un mismo pontón flotante, sólidamente sujeto a la orilla por cadenas. En el centro, una barrera de madera materializaba la frontera. Había que aguardar la marea alta para proceder al intercambio, pues la marea baja, al hacer casi vadeable el río, podía facilitar las agresiones. De uno y otro lado,

---

* Esa joya no era, sin embargo, francesa. Pertenecía a Maximiliano de Austria, que se la había dado a Enrique VIII de Inglaterra como garantía de un préstamo. El tratado imponía a Francisco I rescatarla de Inglaterra para devolverla a Austria. Pero Enrique VIII —por una vez al menos— la había devuelto por nada, contra la promesa de que Francia lo ayudaría a obtener de la Santa Sede la anulación de su matrimonio con Catalina de Aragón, tía de Carlos V.

las dos plazas fuertes de Hendaya y de Fuenterrabía se hallaban bajo extremada vigilancia. Río arriba y río abajo, barcos franceses y españoles, de tonelaje equivalente, impedían el acceso. En el mar, dos galeones de cada país se ubicaban respectivamente cerca de las costas adversas, para descubrir cualquier movimiento de tropas terrestres o marítimas. El condestable de Castilla por una parte, el gran maestre de Montmorency por la otra, supervisaban la operación.

En la mañana del 1 de julio todo estaba listo para las ocho, en plena marea alta. Montmorency y el cardenal de Tournon estaban en el terreno, rodeados de gentileshombres recargados de terciopelo y oro. Por el lado español, ya se acercaban los niños cuando se les hizo dar media vuelta, suspendiendo la cuenta atrás: el informe de un espía había señalado la presencia de tropas sospechosas cerca de Saint-Jean-de-Luz. Hubo que parlamentar largamente y la futura reina debió intervenir, amenazando al condestable de Castilla, si no cumplía sus órdenes, con convertirlo en "el más pequeño hidalgo de todas las Españas". A las tres de la tarde los príncipes llegaron a la playa y a las seis comenzó el intercambio como un ballet bien organizado. Las dos barcas, equipadas con el mismo número de barqueros y cargadas con igual cantidad de gentileshombres, bogaron a idéntica velocidad hacia el pontón, al que amarraron de uno y otro lado. Se intercambiaron algunas cortesías; luego españoles y franceses, siguiendo a sus jefes respectivos, cambiaron de barca uno por uno. Y cuando todos los franceses hubieron pasado a la que llevaba a los príncipes y todos los españoles a la que llevaba el rescate, los aliviados participantes remaron con fuerza hacia las orillas.

Leonor, por su parte, había atravesado el río sin formalidades especiales en otra embarcación, a la que subió a hacerse cargo de ella el cardenal de Tournon, mientras que sus damas de compañía se le reunían más discretamente todavía.

Se habían retrasado. Ya entrada la noche llegó el cortejo a Saint-Jean-de-Luz donde fue recibido al resplandor de las antorchas, en medio de grandes clamores de alegría. Quedaban olvidados los meses de espera y de tensión. Olvidados los regateos y las sospechas que jalonaron esa extenuante jornada,. Leonor era reina de Francia. Llegó a su país de adopción llevando de la mano, "florones de Francia", a los dos principitos recuperados. Por espacio de unas semanas pudo creer en un futuro de paz.

Mensajera de paz

El rey, prudente, se había mantenido apartado. Aguardaba en Burdeos que se le confirmara el feliz resultado del intercambio. Abandonó la ciudad el 4 de julio para ir al encuentro de su futura mujer y de sus hijos. Estos habían sido instalados juntos, en Hendaya, en una litera descubierta ricamente tapizada en oro, y su cortejo, flanqueado de damas a caballo según la usanza portuguesa, remontaba lentamente hacia el norte por Bayona, Saint-Vincent-de-Tyrosse y Dax. A lo largo de los caminos se amontonaban multitudes alborozadas venidas a enternecerse ante los pequeños príncipes y a contemplar a la nueva reina.

"Era la dama más alegre que jamás se hubiera visto." Una flamenca, en efecto, que "nada tenía de la altivez española", anotó el embajador veneciano. Una rubia de ojos oscuros, de piel blanca y rosada, todavía fresca a pesar de sus treinta y dos años. Vestida al principio a la moda de su país, de terciopelo oscuro para destacar el oro y las piedras preciosas que la adornaban, pronto cambió esa ropa por un vestido blanco, a la francesa, más favorecedor a su cutis. Sobre su pecho lucía un triple collar de perlas, de rubíes y diamantes, obsequio del rey.

Todos la encontraron muy hermosa. ¿Pero qué reina no lo es en la pluma de los cronistas? Tenía defectos, por cierto, especialmente el labio inferior tal vez demasiado prominente, herencia de los Habsburgo o más bien de sus ancestros borgoñones, como descubrió un día con satisfacción al visitar sus tumbas en la Cartuja de Champmol. Y si hemos de dar crédito a las indiscreciones de las doncellas de cámara contadas por Brantôme, su ropa disimulaba diestramente una grave desproporción entre el busto y las piernas: bajo un cuerpo de "gigante", "hacia abajo parecía una enana, tan cortos eran sus muslos y sus piernas".

Imperfecciones menores para una cabalgata triunfal en la que el buen pueblo veía la señal que anunciaba largos años de paz. En todas partes se le prodigaban dulces palabras. "El rey, como Marte, abandonaba las armas por Venus." En Bayona, el predicador encontró acentos líricos para evocar desde el púlpito su futura felicidad conyugal y parafraseó, atribuyéndolas a Francisco, las palabras de *El Cantar de los Cantares*: "Levántate, dama a quien he

215

dado mi amor, dama de pureza y sencillez de paloma, ven a mí y te coronaré reina de Francia".

En la noche del 6 de julio, ella estaba en el lugar donde la había citado el rey, una pequeña abadía de clarisas en Saint-Laurent-de-Beyrie, cerca de Villeneuve-de-Marsan. El llegó a la medianoche precipitándose a la cabecera de sus hijos dormidos a los que cubrió de besos y acució a preguntas. Los encontró crecidos, madurados por la prueba, pero con buena salud. Fue a saludar a la reina con una reverencia que ella le devolvió de inmediato, "con gran honor y alegría". El le agradeció el haber apresurado la liberación de los niños, le prometió tratarla como a una reina de Francia y "como un hombre de bien debe tratar a su mujer". Era hora de ir a dormir: a la mañana siguiente, al alba, el obispo de Lisieux los esperaba para casarlos: una rápida misa menor, en la intimidad diríamos nosotros, casi a escondidas. Luego el intercambio de consentimientos y ya estaban unidos por el sacramento. Abandonaron la iglesia dirigiéndose a la cámara nupcial, donde la consumación carnal no tardó en sellar su unión.

Retomaron la ruta, en un viaje jalonado de fiestas, fogatas de alegría y entradas solemnes. Un inagotable tema de inspiración se ofrecía a los artistas locales: la paz, acompañada de la prosperidad y la abundancia, brindaron diversos atributos a innumerables alegorías. Un rey, una reina, hijos que no eran suyos pero que ella había protegido y adoptado: Francia pudo reconocerse de nuevo en esa pareja paternal y soberana.

De etapa en etapa atravesaron Thouars, donde Luisa de Saboya, enferma, tuvo la alegría de volver a ver a los nietos que entregó sin remordimientos; Angulema, Cognac, Chenonceaux y Amboise, donde Leonor conoció al hijo menor y a las dos hijas de su marido. Fue coronada y consagrada en Saint-Denis el 5 de marzo, con unción sobre "cabeza y pecho". París al fin. El mal tiempo demoró su entrada hasta el 16 de marzo: no era deseable que la lluvia arruinara los tapices tendidos, diluyera las pinturas, estropeara las guirnaldas y borrara los emblemas. La ciudad le ofreció un par de candelabros coronados por un fénix con su divisa —una sola y misma ave, siempre—,* ave que renace de sus propias cenizas, símbolo de su doble realeza y de

---

* *Unica semper avis*

su amor fiel. Por su parte, los poetas aguzaban sus plumas: Marot compuso una *Epístola* y el austero Théodore de Bèze celebró en un dístico latino su superioridad sobre la muy famosa Helena de Troya:

> Una y otra son bellas, pero la segunda lo es más.
> Helena sembraba discordias, Leonor las pone en fuga.*

Y, debajo de su retrato, se grabó una cuarteta del mismo estilo:

> Así como el sol disipa la tormenta
> en que el país vecino está casi sumergido
> este astro, viendo así este reino afligido,
> vino de España y lo liberó de pena y servidumbre.†

Un corto año de aparente triunfo. Pero si creyó poder pesar en favor de la paz, la nueva reina tuvo que desengañarse. Muy pronto fue dejada de lado.

La reina abandonada

Ella se imaginaba que, una vez pasada la primera euforia, su situación sería difícil. Su tía Margarita de Austria, orfebre en la materia, se lo había hecho advertir y le había prodigado consejos de prudencia y diplomacia:

"Sobre todas las cosas es necesario que ella se conduzca por la voluntad del rey y por la mano de Madame, su madre, y que actúe según el deseo y el mandato de ellos en todas las cosas, cautivando su benevolencia y su gracia lo más que pueda, sin contradecirlos de manera alguna, pues yo creo conocerlos bien, y ella conseguirá más con la dulzura que presionando demasiado. [...] Y, del mismo modo,

---

* *Utraque formosa est, sed re tamen altera major: / Illa serit lites, Helionora fugat.*

† *Ainsi que le soleil vient à chasser l'orage, / Dont le pays d'autour est presque submergé, / Cet astre ainsi voyant ce royaume affligé, / Vint d'Espagne, et le mit hors de peine et servage.*

debe ganar el amor de la hermana del rey, pues ella goza de mucho y buen crédito ante su hermano."

Dulzura, siempre dulzura. Docilidad. Ante Luisa de Saboya, la única persona dispuesta a recibirla sin segundas intenciones, pues deseaba sinceramente la paz, Leonor no tuvo tiempo de ejercitarlas. "Madame", muy enferma, no tardó en morir. La reina perdía con ella a su más sólido apoyo.

Pues con el rey, dulzura y docilidad resultaron absolutamente ineficaces.

Ella era demasiado razonable como para esperar de un reconocido seductor como Francisco I la menor fidelidad. Pero podía esperar consideraciones. Así, no se sorprendió pero se sintió herida al ver pavonearse en un balcón de la calle Saint-Antoine, durante las justas y torneos que jalonaron su entrada en París, a la radiante Ana de Pisseleu, pronto duquesa de Étampes, rubia deslumbrante. El rey tenía una amante titular y no trató de ocultarlo. Mantuvo con ella una relación tempestuosa pero sólida que, a despecho de numerosas infidelidades de ambas partes, duraría hasta el final del reinado. Y la duquesa, insolente y caprichosa, consiguió que nadie ignorara el poder que ejercía sobre él. Al dolor de verse abandonada, se sumaba para Leonor la humillación pública que antes se le había ahorrado a la pequeña Claudia. Tampoco tuvo derecho al afecto protector y posesivo que el rey, de amores innumerables, había prodigado empero a su frágil mujer niña.

Pues ella le inspiraba muchas reticencias. El ya contaba con bastantes herederos. No deseaba sumar a sus tres hijos varones un medio hermano de ascendencia extranjera, fuente de posibles disturbios en el reino. Ninguna preocupación de orden dinástico lo movía hacia su esposa, a la que podía descuidar sin escrúpulos después de haber satisfecho tal vez junto a ella, muy al principio, una oscura necesidad de revancha.

El tratado de Cambrai no suscitó en él una alegría desmedida. Era para salir del paso. Seguramente conjuró los peores efectos del desastre de Pavía. Se liberó de ellos por un montón de escudos, pero conservaba a Borgoña. Una herida de dinero no era mortal: Francia se restablecería. Sí, pero tenía el Milanesado y debió renunciar a él. A los ojos de la Europa de entonces, que conocía sus ambiciones italianas, el tratado pasaba por una capitulación. Intolerable herida de amor propio, que se sumó a un odio instintivo y profundo hacia Carlos V. Es cierto que era algo habitual que adversarios de la víspera sellaran una reconciliación con una boda. Pero Carlos no era un adversario como los otros, uno de esos a los que se enfrentaba en el terreno, en la esperanza de que ganara el mejor, y con quien se podía fraternizar luego siguiendo la buena tradición caballeresca. Retuvo a Francisco en sus prisiones, sin dignarse ir a verlo durante varios meses; trató como a vulgares prisioneros a los hijos de Francia entregados como rehenes. Esas vejaciones marcaron al rey como un hierro al rojo vivo. No podía perdonar ni olvidar. En vano se le recordarían sus propios errores: la razón nada tenía que ver con esa animosidad visceral, esa repulsión secreta hacia todo lo que viniera de España y le recordara los largos meses de cautiverio durante los cuales creyó morir.

Leonor era la hermana del enemigo y él se lo reprochaba inconscientemente. Por la fuerza de las circunstancias, ella fue uno de los elementos del regateo, una moneda de cambio ofrecida. ¿Estuvo tentado de tratarla como un botín de guerra? Así podría explicarse la prisa, la ostentación que puso en conducirla a su cama y la cínica desenvoltura con que la rechazó. Es sabido cuánto se complacía entonces la literatura en asimilar conquistas militares a conquistas amorosas. ¿Tuvo él la sensación de triunfar sobre su rival poseyendo a su hermana? Fue así en todo caso como lo comprendió el pueblo, que bromeó alegremente, con la falta de pudor propia de la época, sobre las justas conyugales del soberano, consideradas como otras tantas victorias sobre su imperial enemigo.

Su actitud puede ser explicada más sencillamente todavía. Para un hombre como él, cualquier mujer nueva era buena para ser tomada si tenía una apariencia atractiva. El día de la boda, no puso mala cara al deber conyugal. Pero ella era tímida, reservada y mojigata. Muda de día, pasiva de noche. Le aburrió. Y como estimaba que no le debía demasiadas consideraciones, no le importó hacer saber que ya no la deseaba. "Aunque la reina se mostraba muy enamorada de su esposo" —entendamos por ello que hacía todo lo posible por agradarle—, "ningún hombre se complace menos con su mujer", escribía el embajador de Inglaterra, "desde hace siete meses casi no la ve más." Y pregunta por qué. "Porque no la encuentra placentera para su gusto", se le respondía. Sin comentarios.

A falta del afecto del rey, lo que ataba habitualmente a su país de adopción a una reina extranjera eran sus hijos, llamados a ocupar el trono cuyo futuro ella deseaba preservar. Leonor no los tuvo. Una maternidad habría ayudado a la desdichada a ganarse un lugar propio en esa corte hostil. Se creyó embarazada en los primeros meses. Falsa esperanza. Luego ya no tuvo ocasión de estarlo. Hizo como si no le importara, esperando tal vez un milagro, rodeando al rey de las atenciones debidas por una esposa amante. Y se dedicó a salvar las apariencias. A su hermano, preocupado por los ofensivos rumores que circulaban, le hizo responder que todo andaba bien, que estaba satisfecha de su suerte. No quería sumar otro rencor a los que él alimentaba y que pudiera comprometer la paz. Una protesta del emperador sólo habría podido empeorar las cosas. Ella calló.

Desbordante de amor materno no utilizado, llorando a su hija dejada en Portugal, abrió los brazos a sus hijastros, comportándose con ellos "como si los hubiese llevado en su vientre". En 1530 quedaban cinco, tres varones y dos niñas, cuyas edades se escalonaban entre los doce y los siete años. Ya eran grandes, y estaban prevenidos contra España.

Los dos mayores seguían muy marcados por su cautiverio. Sin embargo, el delfín Francisco le manifestó algo de gentileza. De índole amable, espontáneo y alegre, expansivo, era capaz, en la alegría del momento, de olvidar sus rencores. Leonor encontró en él un poco de consuelo. Pero el segundo, Enrique, le mostró siempre un rostro inmutable. Empecinado, retraído, sombrío, se atrincheraba en un odio salvaje que el barniz de la educación era incapaz de disimular. En la balsa del Bidasoa, había escupido* al rostro del condestable de Castilla al separarse de él y se había negado a agradecerle un soberbio caballo ofrecido como obsequio de despedida. Frente a Leonor, no bajó jamás las armas. Los otros tres, aunque muy pequeños, habían oído demasiado a su alrededor maldecir a España que mantenía prisioneros a su padre y luego a sus hermanos. Y los relatos de estos últimos, a su regreso, no habían hecho más que indignarlos.

Esos niños no la necesitaban. Su vida estaba organizada desde hacía tiempo. Su tía supervisaba su educación y reemplazaba para

---

* Más exactamente, ¡había inflado los carrillos y emitido en su dirección un sonido sonoro en forma de un ruido obsceno!

ellos a la madre muerta. Tenían sus "casas", sus servidores, sus compañeros de juegos, sus preceptores y sus pedagogos. Leonor no era para ellos más que una extranjera. Ni afecto, ni confianza siquiera: ella sólo podía esperar, en el mejor de los casos, indiferencia.

Quedaba su cuñada, Margarita. La misma generación, la misma edad con diferencia de seis años. Hubieran podido entenderse. Pero eran muy diferentes y, desde el principio, las circunstancias las separaron.

Margarita se casó en 1527 con un superviviente de Pavía, el rey de Navarra Enrique de Albret, que logró evadirse de las prisiones españolas. Tenía ocho años menos que ella y una sólida reputación de vividor, pero le aportó, gracias al minúsculo territorio navarro que pudo conservar de este lado de los Pirineos,* el título de reina. Poseía además, en el sudoeste, vastos feudos dependientes de la corona de Francia. Tenía una idea fija: recuperar la Navarra española, y contaba con la guerra para conseguirlo. La desavenencia conyugal que pronto surgió entre ellos no impidió a Margarita apoyar, aunque no fuera más que para preservar los derechos de sus hijos nacidos o por nacer, sus reivindicaciones políticas. Los intereses de la pareja de Albret eran pues diametralmente opuestos a los de Leonor.

Sus posturas religiosas diferían igualmente. Leonor, buena católica pero no mística, no se interrogaba sobre la oportunidad de una reforma de la Iglesia. Las preocupaciones espirituales de su cuñada le eran extrañas. Pensaba como su hermano que los súbditos debían seguir la religión de su príncipe y que las novedades introducidas por Lutero eran enojosos fermentos de desorden. Margarita en cambio protegía a los innovadores, se arriesgaba, incluso fue blanco de un ataque en regla de la Sorbona. Ella era ecuménica, irenista,† ideas que se tornaron más y más inoperantes a medida que se enardecían las pasiones, y que la exponían a los golpes de todos los partidos. Leonor se abstuvo de condenar, pero visiblemente no comprendía y se mantenía apartada.

¿Cómo hubieran podido simpatizar, por otra parte? En Francia

---

* Un reino grande como un pañuelo, encajonado entre los valles pirenaicos, con Saint-Jean-Pied-de-Port como capital. La Navarra española, mucho más extensa, con Pamplona como capital, había sido conquistada por los españoles bajo el reinado de Fernando I.

† Que cree en la paz universal y es partidario de ella (N. de la T.).

había dos reinas. El plural empleado constantemente por los cronistas lo atestigua, y la más reina de las dos no es la de Francia. Margarita continuó desempeñando en la corte, al menos en la década de 1630, su papel de anfitriona, de dueña de casa; siguió estando asociada a la recepción de embajadores y ocupándose de las obras de caridad; más que nunca era la inspiradora, la depositaria obligada de todo lo que se escribió en la época. Superaba a Leonor no sólo por su encanto, sino por su inteligencia. Una señal que no engañó: En el pequeño círculo donde se supone fueron contadas las historias que formarán *El Heptamerón*, encontramos al rey, a su hijo Enrique, a su hija Margarita y a su nuera Catalina, pero no a la reina. La reina no se interesaba en la literatura o, en todo caso, nadie se preguntaba si se interesaba. Evidentemente, y aun si excluimos todo sentimiento mezquino de celos, un abismo intelectual y moral separaba a las dos mujeres, un abismo que sólo el corazón hubiese podido ayudarlas a salvar. Pero visiblemente el corazón no intervenía.

Los vínculos de Margarita con el rey tuvieron mucho que ver. Desde la infancia, sentían el uno por el otro un enorme afecto, tiránicamente posesivo en el hermano, perdido de adoración en la hermana. Después de la muerte de su madre, sus itinerarios cesaron de confundirse. En los asuntos religiosos sobre todo o en los de Navarra, el rey estaba en desacuerdo con ella. No tenía ningún deseo de disputarle Navarra a Carlos V, mientras que sólo le importaba el Milanesado. Ante el agravamiento de los disturbios, estaba cada vez más decidido a perseguir a los herejes y a otros innovadores. Y Margarita, si bien estaba dispuesta a sacrificar, en última instancia, sus intereses familiares, se negó a inclinarse cuando su fe fue cuestionada: más fuerte que el amor fraternal ardía en ella el amor a Dios. De ello resultaron tensiones y separaciones dolorosas por cierto, pero que no afectaron el vínculo casi orgánico que los unía.

Entre dos seres ligados por una relación tan profunda, Leonor tuvo la prudencia de no interponerse. Evitó tomar partido, y sólo se resignó a hacerlo lamentándolo. Cuando el rey decidió casar a su sobrina, la pequeña Juana de Albret con el duque de Clèves, Margarita solicitó su apoyo pero ella rechazó intervenir, hiriendo así a la una sin que el otro se lo agradeciera. En cambio, todo acercamiento entre ellos contribuía a excluirla. No podía participar como un tercero ni en sus entendimientos ni en sus diferencias.

Ella se justificaba ante sí misma. En la corte, donde Luisa de Saboya ya no estaba para imponer su mano firme, se formaron clanes fluctuantes alrededor de la amante del rey, de su hermana, de sus hijos, de los grandes personajes del reino. Se produjeron redistribuciones, precipitadas por la muerte súbita del delfín Francisco y luego de su último hermano, Carlos. A Leonor no le costó guardar las distancias: nadie deseaba ligarse a una reina sin poder. Acogió con gratitud a los que, como el gran maestre Montmorency, pronto nombrado condestable y luego caído en desgracia como partidario de la paz, le demostraron simpatía. Se encerró en su papel de reina en perpetua representación. Su excelente salud le permitía seguir sin fatiga a la caravana real, que recorrió nuevamente las rutas desde 1532 a 1534. Participó en los cortejos, las entradas, los desfiles, las iluminaciones festivas, los banquetes. Ocupó su lugar en las ceremonias y las recepciones. La iconografía de gala nos ha dejado el recuerdo de esos desfiles de gran espectáculo: un fresco de Vasari, en el Palazzo Vecchio de Florencia, nos la muestra rodeada de toda la corte en la boda de Enrique con Catalina de Médicis. Y durante mucho tiempo se creyó reconocerla en una de las princesas vestidas de seda y oro sentadas a la mesa de las *Bodas de Canaán* de Veronese, entre dos personajes que se identificaba erróneamente como su esposo y su hermano.

Error fácilmente explicable: como hermana de Carlos V era invitada, al margen de las vicisitudes políticas, a intentar una imposible mediación entre los dos beligerantes.

Intercesiones ilusorias

En el siglo xvi, los vínculos familiares no impedían las guerras, pero facilitaban las negociaciones.

Las armas no habían conseguido desempatar a Francisco I y Carlos V y no lo conseguirían. Esa había sido la conclusión de Luisa de Saboya y de Margarita de Austria. Empero, ambos reyes, después de la desaparición de las dos mujeres, no perdían la esperanza de una victoria militar. Solían reconciliarse con ocasión de alguna tregua motivada por conflictos con sus aliados o sublevación de sus súbditos, el tiempo necesario para preparar la siguiente campaña y buscar nuevos apoyos. En la espera de conquistar un territorio por las armas, cada uno se aplicaba igualmente a deslizar en él, por medio de una boda, a uno de los suyos —hijo, hija o sobrino— que allí tendría descendencia, con la esperanza de que esos descendientes hicieran caer la provincia codiciada en su propia heredad, o por lo menos que las rivalidades fraternales trajeran aparejada la formación de un Estado independiente: una Borgoña separada de Francia, un Milanesado autónomo... En un tablero de ajedrez matrimonial imaginario se elaboraban combinaciones, se avanzaba, se retrocedía, se movía a príncipes y princesas como peones, pesando cada jugador las ventajas esperadas de tal o cual unión, buscando una defensa ante propuestas adversas, tropezando finalmente con la evidente mala fe del otro y su rechazo de toda concesión.

Aquí no evocaremos en detalle esos proyectos frustrados al nacer, como tampoco narraremos las peripecias de la lucha —"guerra fría" o conflicto agudo— que sólo terminó con la muerte de ambos reyes. Unicamente nos interesan los ilusorios esfuerzos de la buena Leonor para ponerles fin.

¿Quién tuvo la idea de hacerle desempeñar el papel de intermediaria entre los dos soberanos? Si la iniciativa vino de ella, con toda seguridad sobreestimó sus fuerzas.

En su descargo, podemos esgrimir una similitud de situaciones. A Margarita de Austria le sucedió, como gobernadora de los Países Bajos, la propia hermana de Leonor y de Carlos, María, viuda del rey de Hungría. Ante la creciente tensión, ¿por qué no repetir el procedimiento que tan buenos resultados había dado a las Damas en Cambrai? Lamentablemente, las recién llegadas no valían lo que sus mayores. No poseían ni su envergadura ni su experiencia. Y en el fondo, ellas no estaban de acuerdo. María, vengativa, empujaba a la guerra, quería vengar a su esposo muerto por los turcos, a quienes Francisco I tuvo la desvergüenza de aliarse. Los únicos argumentos de Leonor eran sentimentales y el sentimiento no intervenía aquí. Para conducir a los dos adversarios a la reconciliación que ella esperaba, hubiera necesitado una sólida capacidad de razonamiento, autoridad y sentido político: todas cosas de las que estaba cruelmente desprovista. María no tenía sobre Carlos más que una influencia limitada, que se imponía cuando coincidía con lo que él deseaba. Leonor no tenía ninguna, ni sobre él, ni sobre su esposo.

Se asistió pues a vanos intentos para reeditar la Paz de las Damas, lamentables simulacros al abrigo de los cuales los dos reyes se preparaban para la guerra. En 1532, Leonor solicitó a su hermana una entrevista privada, con la secreta esperanza de consolidar la paz. Entusiasmo mitigado de Francisco I y veto de Carlos V, que sólo veía inconvenientes. El encuentro no tuvo lugar. En 1535, nueva tentativa, tal vez sugerida por Francisco quien, desde hacía tiempo "hacía mejor cara a su mujer porque los asuntos del emperador iban bien". Esta vez su hermano, a quien dificultades con Inglaterra y con Milán incitaban a contemporizar, encontró ventajas en la entrevista y María de Hungría opinó que "más vale hacer que no hacer". "Una amable visita" se organizó entonces en agosto entre las dos reinas, con el único pretexto oficial de un encuentro familiar. María proponía que se hiciera en el Cateau-Cambrésis, Leonor prefería Cambrai y logró imponerse. Pero los recuerdos y los símbolos no influyeron en nada. Por más que Leonor invocara "su deseo de que las cosas fueran mejor y no peor, por el dolor que sentiría de ambas partes", como estaba encargada de reclamar para el hijo menor del rey el Milanesado, y el emperador, que acababa de derrotar a los turcos en Túnez, estaba menos dispuesto que nunca a cederlo, las conversaciones fracasaron.

No podía ser de otra manera. Carlos no se fiaba de su hermana mayor demasiado bonachona; temía que Francisco I la manipulara. Y viceversa. No se equivocaban: en efecto, ambos la manipulaban y estaban en condiciones de saberlo.

La reanudación de la guerra al año siguiente fue sentida por ella como un fracaso y la pena que experimentó se agravó por un episodio doloroso que la puso, una vez más, en una falsa posición.

Bajo el ardiente sol de ese verano de 1536, las tropas imperiales avanzaron a ojos vista por una Provenza deliberadamente vaciada de todo recurso, según la cruel pero efectiva técnica de la tierra quemada. Carlos V tropezó de nuevo con la resistencia de Marsella y tuvo que batirse en retirada. Pero en el bando del rey que, para perseguirlo, se aprestaba a reunirse con el grueso del ejército congregado en el valle del Ródano, el sol y el calor también golpeaban fuerte. El delfín Francisco, muy acalorado al salir de un animado partido de pelota, bebió agua helada, se sintió mal y fue sacudido por escalofríos; luego ardía en fiebre. Se obstinó en acompañar a su padre a caballo hasta Vienne y luego en barco hasta Tournon donde tuvo que ser desembarcado urgentemente: murió en la noche del 9 al 10 de agosto, sin duda de una neumonía aguda.

Sin embargo, como ante toda muerte demasiado rápida, se pensó en el veneno. El vaso de agua fatal se lo había llevado un hidalgo italiano, el conde de Montecuccoli quien, como muchos de sus compatriotas, buscaba hacer fortuna en el extranjero y, para su desgracia, antes de seguir a Francia a Catalina de Médicis, había pasado algún tiempo al servicio de Carlos V. Sometido a tortura, confesó todo lo que quisieron: habría puesto arsénico en el vaso por orden del emperador. Esta confesión que no impidió que fuera descuartizado en Lyon ante los ojos del rey, de la reina y de toda la corte. Nada se conoció de los sentimientos de Leonor. Pero la respuesta de su hermano no contribuyó a mejorar el clima en la familia real: imputó el presunto envenenamiento a quienes se beneficiaban con esa muerte: el segundo hijo del rey, Enrique, y su joven esposa florentina.

Nadie lo creyó seriamente. Pero la nueva distribución de papeles avivó las diferencias ya perceptibles entre el rey y su segundo hijo, y entre este último y su hermano menor. Leonor perdía mucho con el cambio de delfín. Prefería Francisco a Enrique, del que no podía esperar nada bueno. Y las tensiones domésticas, en las que ella no podía intervenir, aumentaban su exclusión.

Tristezas y más tristezas. Menguaban las filas de la numerosa progenie real. La dulce Magdalena, de dieciséis años y medio, desposa el 1 de enero de 1537 a Jacobo V de Escocia. El brillo de la ceremonia no pudo disimular la palidez de la novia. Se marchó apenada. "¡Ay!, yo quise ser reina", confiará poco después de su llegada a un joven gentilhombre de su séquito llamado Pierre de Ronsard, quien se lo contará a Brantôme. Minada desde hacía tiempo por la tuberculosis, no sobrevivió seis meses a las brumas y al frío de Edimburgo.

Pero de pronto el panorama político se aclaró. La necesidad obliga. Las arcas de ambos soberanos estaban exaustas. Quedaron olvidadas las recíprocas acusaciones de asesinato. María de Hungría, realista, negoció en 1537 en Monzón una tregua que el papa Pablo III se esforzó en consolidar para evitar a Italia los horrores del combate. ¿Quién podría servir de intermediario mejor que Leonor? En Francia, "nadie conocía al emperador como ella". Eso era cierto, pero ¿podía influir en él? Ella alentaba esa esperanza y se abocó a la empresa de todo corazón. En 1538-1539 fue el agente de una serie de negociaciones tan espectaculares como ilusorias.

Primera etapa: Niza, mayo-junio de 1538. O más bien los alrededores de Niza, pues el duque de Saboya, cuyo territorio acababa de conquistar y de anexionarse Francisco I, se negó a abrir la única ciudad que le quedaba. Allí estaban el Santo Padre y los dos soberanos, pero estos últimos no quisieron verse. Francisco estaba en el castillo de Villeneuve y Carlos a bordo de su galera en la rada de Villefranche. Cada uno en su casa. La reina iba y venía entre los dos. Su primera visita estuvo a punto de ser la última: la pasarela de madera que unía la galera imperial a la costa cedió bajo el peso de su séquito y todos cayeron al agua, de donde se los sacó sin más daño que ese baño intempestivo. Emoción, abrazos, súplicas. La tregua se prolongó por diez años, pero los dos adversarios continuaban mirándose, hostiles, a la distancia.

Fueron necesarias tres malas noticias provenientes de los Países Bajos para que Carlos V decidiera mantener un encuentro. Las grandes ciudades comerciales flamencas se agitaban, soportando cada vez menos las exigencias fiscales de su soberano, ahora más lejano y decidido a residir en España. Se concertó una nueva cita en Aigues-Mortes, los días 15 y 16 de julio, y esta vez fue un festival de abrazos de reconciliación. Ante una Leonor radiante, los cuñados se abrieron mutuamente los brazos, se felicitaron, cada uno derramó su lágrima. Carlos, con gran estupefacción de los testigos que creían soñar, hasta habría exclamado: "Ha sido una gran desgracia para nosotros y para nuestros súbditos que no nos hayamos conocido antes, pues la guerra no hubiese durado tanto." ¿Olvidaba que el vencedor de Pavía y su prisionero se habían visto antes en Madrid? Pasémoslo por alto.

El nuevo encuentro pretendía pues estar bajo el signo de la felicidad. En todo caso no para los amotinados habitantes de Gante. Frente a súbditos rebeldes, los reyes se sienten solidarios. Ya que el camino más corto de un punto a otro es la línea recta, Carlos obtuvo de su par el derecho de atravesar Francia para ir a castigar a los rebeldes. En el invierno de 1539-1540, Francia, estupefacta, ve al emperador y a unos cincuenta de sus más brillantes hidalgos atravesar el reino con gran pompa, guiados por el delfín y su hermano. Carlos, todo enlutado pues acababa de perder a su esposa Isabel de Portugal, vestido de paño negro sobre el que resplandecía el collar del Toisón de Oro, avanzaba bajo un palio constelado de escudos de armas, llevando en mano "ya no la espada sino el olivo". Y Marot celebra en versos la reconciliación tan esperada:

> Acércate, Carlos, por lejos que estés
> Del magnánimo y prudente rey Francisco.
> Acércate, Francisco, por lejos que estés
> De Carlos, pleno de loable virtud.*

No es lo mejor que escribiera este encantador poeta. ¿Le faltaba convicción?

Desfiles, festines y cabalgatas, surtidores de vino manando en las plazas públicas y, en privado, intercambio de obsequios y promesas. Pero no bien hubo aplastado a los sublevados de Gante, Carlos dio marcha atrás y Francisco vio desvanecerse la esperanza de instalar en el Milanesado a su último hijo. En cuanto a Leonor, tuvo que renunciar a casar en Francia a su hija, la princesita de Portugal, a quien no había vuelto a ver en años. Y en 1542 sintió el dolor de asistir a la reanudación de la guerra. Sobre su papel en el fallido acuerdo, el embajador inglés hizo un juicio, en resumidas cuentas, elogioso: "Ninguna mujer podría haber hecho más, ni con mejor espíritu". La reina era tonta, pero lo cierto fue que la misión era imposible.

¿Tuvo el candor de creer poder llevarla a cabo en 1544, cuando de nuevo se pidió su cooperación para retomar contacto con su hermana? Francia ardía. Mientras se conseguía en Italia el triunfo de Ceresole, las tropas imperiales llevaron la guerra al territorio nacional, tomaron Saint-Dizier, incendiaron Château-Thierry y amenazaron París. Pero se desbandaron por falta de pago. El momento era propicio para hacer prevalecer la razón. La firma del tratado de Crépy-en-Laonnois fue seguida en los Países Bajos por festividades a las que se invitó a los franceses. La reina acudía con una importante delegación. A su lado, cabalgaba el joven duque de Orleáns, último hijo del rey, el preferido. En su propia litera iba la todopoderosa duquesa

---

* Approche-toi, Charles, tant loin tu sois, / Du magnanime et prudent roi François, / Approche-toi, François, tan loint sois-tu, / De Charles plein de louable vertu.

de Étampes. Carlos V prodigó a la favorita sospechosas atenciones: le deslizó un anillo en el dedo para recompensar los esfuerzos realizados en favor de la paz. Leonor estaba dispuesta a tragarse todas las ofensas cuando se trataba de la buena causa, pero esa debió ser dura de digerir.

Detalles triviales: el hermano y las dos hermanas ya no eran muy jóvenes y habían pasado la edad de las comilonas; no les sentaban bien los festines a la moda flamenca. Carlos sufrió un ataque de gota, María una indigestión y Leonor tuvo que guardar cama en el camino. Quiso quedarse unos días en Mons para restablecerse, motivo por el que estalló un altercado con la duquesa de Étampes, presurosa por regresar para no perder de vista a su real amante. La reina recibió una carta de su esposo llamándola.

Los antiguos enemigos se habían vuelto contra Inglaterra, que no había cesado de ejercer entre ellos su política pendular. En la corte, separada por la rivalidad entre los hijos del rey, el clima se ensombreció. La muerte súbita del segundo le había puesto fin, pero Francisco I estaba enfermo. A una probable sífilis se sumaba una infección urinaria crónica. En la primavera de 1547 ya no podía abandonar el lecho, a cuya cabecera los médicos se turnaban para torturarlo. Murió el 31 de marzo de 1547, habiendo confesado, despedido a su amante y en paz con la Iglesia.

Leonor mostró una pena sincera, que pareció excesiva al embajador de su hermano: "Ella no tiene muchos motivos de sentir tan fuertemente el deceso del difunto rey, en razón del poco amor que él le tenía y de los malos tratos que recibía". Es probable que sus lágrimas no fueran solamente convencionales. Era buena y piadosa. De todos modos había sido su esposa ante Dios y ante los hombres durante diecisiete años. Pero la más afectada fue su cuñada Margarita, que ya sólo aspiraba a unirse a su hermano en la muerte, "a fin de que un solo consuelo / dé a los dos regocijo".

El rechazo

Una vez cumplido el ritual tradicional del duelo, Leonor ya nada tenía que hacer en Francia. Estaba autorizada a quedarse, pero ella se sabía indeseable a los ojos del nuevo rey.

Se condujo bien. Restituyó puntualmente a la corona las joyas de las que era sólo depositaria. Por su parte, Enrique II, respetuoso de las apariencias, le ofreció primero las compensaciones financieras equivalentes a las rentas de su dote y a su pensión de viuda. Sólo más adelante le disputaría su pago, en razón de diferencias políticas.

Pero su despedida fue más que fría. Ella no tuvo derecho ni a una ceremonia, ni siquiera a una escolta oficial. Y, aunque su contrato de boda estipulaba que, en caso de viudez, "podía libremente [partir] con sus servidores, equipaje y joyas sin ningún impedimento", pareció ser que su equipaje fue revisado en la frontera.

Antes de su partida había asistido, no sin satisfacción, a la gran barrida que siguió al cambio de reinado, con el pretexto de dar a la corte un mejor comportamiento. La caída en desgracia de la duquesa de Étampes la llenó de satisfacción. Hasta se dio el placer de hacer echar a una amante ocasional del difunto rey, Mme de Canaples, que sin embargo contaba con apoyos. Vemos así que pese a todo era capaz de rencor, con el pretexto de la moral. A su tan celebrada benignidad contribuía tal vez en cierta medida la lúcida conciencia de su impotencia. Pero no seamos malos: lo que con esto pierde en bondad, lo gana en fuerza de carácter.

Llegó a Bruselas el 5 de diciembre de 1548 y pasó en los Países Bajos, entre sus allegados, los ocho años siguientes.

Su edad la protegía de los casamenteros. Pudo llevar la vida de una apacible viuda. En compañía de su hermana volvió a ver con alegría los lugares de su infancia. Hizo a su sobrino Felipe los honores de las provincias flamencas. En su buena ciudad de Bains (Binche), María les ofreció a todos una recepción memorable en la que se reprodujo el sitio de un castillo y en la que los pâtés y las piezas de caza fueron presentados a los invitados por una Diana cazadora y seis ninfas de las montañas, "vestidas con tela plateada y verde, y una media-luna en la frente cubierta de diamantes", después de lo cual una Pomona de nueve años presidió la presentación de los frutos. Leonor participó igualmente en las grandes fiestas celebradas en Bruselas en honor de Maximiliano II y de su mujer María, hija e hijo de Carlos V y de su hermano respectivamente. Y en el bosque de Groenendaal, un viejo y enorme roble guardó durante mucho tiempo el recuerdo de "las siete cabezas coronadas" que celebraron una fiesta bajo su follaje.

Años venturosos para Leonor, aunque la guerra se hubiese reanudado, porque su corazón ya no estaba dividido. Pero Carlos se había convertido en un anciano, "encanecido prematuramente, el rostro magro y contraído, gotoso de manos y pies, la voz tan débil y cascada que parecía no quedarle más que el espíritu". Es conocida su famosa decisión: preparó para su hermano Fernando la sucesión en el imperio y cedió el trono de España a su hijo. Después de su abdicación solemne, el 25 de octubre de 1556, en Bruselas, abandonó los Países Bajos por el retiro que había elegido, el monasterio de Yuste, en las montañas de Extremadura.

Sus dos hermanas habían decidido acompañarlo. Se embarcaron con él en Flessingues y para Leonor esa última travesía repitió la primera, cuando partió con él para descubrir España y casarse con el rey de Portugal. Los tres llevaban ahora luto por Juana la Loca, que finalmente había muerto. Las dos mujeres se instalaron en Jarandilla, muy cerca de Yuste, adonde irían de visita con frecuencia.

Leonor deseaba volver a ver a su hija. La aguardó cerca de un mes en Badajoz, donde la había citado. El encuentro fue doloroso y decepcionante: María no quiso dejar Portugal para establecerse junto a una madre que no significaba nada para ella. En el camino de regreso, Leonor, presa de un violento ataque de asma, debió detenerse en Talavera. Allí murió el 13 de febrero de 1558, para gran dolor de su hermano, que sólo la sobrevivió unos pocos meses.

En Francia, ella nunca se sintió totalmente en su casa. Sufría cruelmente por el conflicto que oponía a su país de origen con su país de adopción. Un siglo más tarde otra española viviría en condiciones igualmente difíciles un desgarramiento análogo. Pero la maternidad, luego la viudez y la necesidad de preservar la herencia de su hijo harían de Ana de Austria una francesa por completo. Leonor no tuvo esa suerte. Se negó a elegir entre sus dos patrias, a las que intentó en vano reconciliar, alternando esperanzas y decepciones. El destino, finalmente, eligió por ella: fue el rechazo, el regreso a sus orígenes, a ese hermano que, mucho más que su reticente esposo, respondía a su afecto. Flandes y luego España, la recuperaron.

Los monumentos funerarios consagran ese repudio póstumo. Carlos V la hizo inhumar en El Escorial y la tumba, construida por encargo de Felipe II, reúne alrededor del emperador no sólo a su esposa Isabel y a su hija María, sino, en la segunda fila a la derecha, como él cubiertas de oro, a sus dos hermanas María y Leonor, sus fieles para la eternidad. Y en Saint-Denis, Francisco fue a reunirse con su primera esposa Claudia, la madre de sus siete hijos, borrando de la memoria colectiva de los franceses a la intrusa que estuvo a su lado, solitaria, durante diecisiete años. A sus estatuas arrodilladas, Enrique II ordenó agregar las efigies de su madre Luisa de Saboya, de sus dos hijitas y de sus dos hijos difuntos.[*]

En la escena de los vivos ya había hecho su entrada hacía tiempo Catalina de Médicis, una entrada sumamente modesta. Se mantuvo, discreta, en el cono de sombra donde se ha acurrucado. Todo parecía destinarla a un destino más oscuro incluso que el de Claudia o de Leonor.

---

[*] La muerte de los escultores y luego la del propio Enrique II, suspendieron la ejecución completa de la tumba.

CAPITULO NUEVE

Una heredera sin herencia

La entrada de Catalina de Médicis en el cerrado círculo de las familias reinantes fue una sorpresa y, para muchos, un escándalo. Para un hijo del rey de Francia, aunque fuese un segundón no destinado a reinar, era una unión muy poco ventajosa. Y si se hubiese previsto que la muerte del delfín llamaría a Enrique al trono, seguramente este no habría desposado a la pequeña florentina.

Ella debió dos cosas a las ambiciones italianas de Francisco I: ante todo su nacimiento, pues él apadrinó la boda de sus padres, luego su propio matrimonio. En ambos casos, la operación política resultó ilusoria. Pero Catalina era la mujer de Enrique. Lo siguió siendo, y durante mucho tiempo arrastró como gruesas cadenas el peso de sus orígenes.

La fortuna de los Médicis

Seguramente los Médicis no eran nobles según los criterios que prevalecían en Francia: nunca habían empuñado la espada, eran vulgares mercaderes enriquecidos. Y ni siquiera pertenecían a la aristocracia local de Florencia, que veía en ellos a unos nuevos ricos, promovidos al primer plano por el favor popular.

Catalina provenía de "muy bajo lugar", de una casa durante largo tiempo oculta "bajo la hez del pueblo, en pequeñas callejuelas",* como dirá un feroz panfleto, el *Discours merveilleux*. Y el arzobispo de Bourges, que pronunció su oración fúnebre, necesitó mucha imaginación para inventarle antepasados prestigiosos, compañeros de armas del mítico héroe galo Brennus, luego del valiente Carlomagno en persona, y para explicar su apellido por una hipotética expedición de uno de ellos contra los medos.† En vano. Pues su apellido‡ los designaba claramente como descendientes de médicos-boticarios, no domésticos como muchos de sus homólogos franceses encargados de velar por la salud de un gran señor, sino tenderos susceptibles de extender su comercio a muchas otras mercancías además de los ungüentos, triacas§ y orvietanos.¶ Eso es lo que hicieron. Convertidos en negociantes de gran envergadura y en banqueros, inmensamente ricos, se arvengozaban tan poco de sus orígenes que exhibían escudos de armas incluyendo píldoras# —*palle* en italiano—, a las que su forma redonda permitió hacer pasar en Francia por besantes o roeles, piezas heráldicas más prestigiosas. Pero nadie se engañaba.

Como muchas otras ciudades italianas, Florencia era desde la Edad Media una república oligárquica en la que el poder pertenecía a algunas grandes familias, muy celosas de sus privilegios: una aristocracia mercantil, basada no en la posesión de la tierra y la carrera de las armas, como en Francia, sino en el ejercicio de algunas profesiones sólidamente protegidas por una organización corporativa muy cerrada. Los miembros del *Arte de la Lana* o *de la Seda* detentaban con algunas otras artes todas las funciones importantes de la ciudad,

---

* Los palacios de las grandes familias florentinas se hallaban situados en las calles importantes.

† Habría sido apodado Medicus, como Pablo Emilio, vencedor de Macedonia, fue llamado Macedonius, y Escipión, Africanus.

‡ Medici es en italiano el plural de medico (médico). En el nombre Lorenzo dei Medici, la palabra dei no es una partícula nobiliaria sino un posesivo, que indica la proveniencia: surgido de los..., que forma parte de los...

§ Según la farmacopea antigua, preparación que se utilizaba como antídoto de los envenenamientos (N. de la T.).

¶ Droga inventada por Ferranto de Orvieto (N. de la T.).

Acerca de su cantidad —seis o siete— y su color, no concuerdan las informaciones. Pero el escudo de Catalina llevaba seis, cuatro dispuestas en forma de cuadrado y dos centrales, en cada extremo del cuadrado, arriba y abajo.

no sin provocar periódicamente, por parte de los excluidos, explosiones de violencia.

Ahora bien, los Médicis no formaban parte de esa aristocracia y cuando, con la fortuna, les vino el deseo del poder, se apoyaron en el pueblo —en realidad en las clases medias más que en los pobres— para adquirir una preeminencia de hecho que los hizo dueños de la ciudad durante medio siglo. El más notable de ellos, Cosme el Viejo, estaba a la cabeza de un imperio comercial que abarcaba toda Europa, y el dinero que prestaba a los reyes y a los príncipes, siempre necesitados, le permitía tratarlos de igual a igual. Pero se cuidaba mucho de respetar las apariencias republicanas y nunca quiso pasar por otra cosa que por un ciudadano entre los demás, a quien la libre elección de sus compatriotas había confiado el gobierno de la ciudad. Un poder personal cuya transmisión hereditaria no es legal y que reposa en el valor de los hombres.

El más brillante de sus descendientes, su nieto Lorenzo llamado el Magnífico, tenía dotes excepcionales para las letras y las artes, que disimulaban todavía para nosotros su mediocre talento como hombre de negocios. El brillo de su reinado enmascaraba su ocaso. Habiendo escapado por poco a la conspiración aristocrática de los Pazzi, en cuyo transcurso halló la muerte su hermano, dejó a su hijo Pedro, llamado el Infortunado, una situación catastrófica. Florencia estaba agitada por convulsiones que las guerras de Italia intensificaron, los Médicis fueron alternativamente expulsados y llamados nuevamente hasta que uno de ellos, el papa Clemente VII, logró en 1531 reemplazar la república por un ducado, en provecho de su hijo o sobrino bastardo Alejandro. Poder hereditario esta vez, en el que la dinastía se instalará durante dos siglos.

"Nuestros parientes, amigos y aliados"

Plebeyos, banqueros —y recordemos que la Iglesia condenaba entonces el comercio del dinero y el préstamo a interés, incluso moderado—. Agitadores, especie de tribunos de la plebe, llevados al poder por una sublevación popular. Eso eran los Médicis hacia 1470 cuando Luis XI se puso en contacto con el hijo de Cosme el Viejo,

Pedro, llamado el Gotoso. Su reputación no era para asustar al muy perspicaz monarca, al contrario.

Luis XI, que se había tomado el trabajo, cosa poco habitual en los reyes de Francia, de aprender el italiano, seguía de cerca los asuntos de la península. No porque deseara conquistarla. Quería solamente impedir que lo hicieran los demás y arbitrar en los conflictos: poseerla por aliados interpuestos. Y había medido perfectamente el poder de los grandes manipuladores de dinero. No fue un gesto de simpatía desinteresada el que hizo al conceder a Pedro el derecho de sumar a las píldoras familiares de su blasón, tres flores de lis venidas directamente de Francia. Satisfaciendo su amor propio, recompensaba el servicio que el florentino acababa de prestarle cortando los créditos a su enemigo Carlos el Temerario. Para un Médicis, el honor era muy grande. Para Luis XI presentaba la ventaja suplementaria de consolidar los lazos que infeudaban a Francia a los amos de la gran ciudad toscana, "nuestros parientes, amigos y aliados", como se complacía en afirmar.

¿Parientes? No todavía. Durante mucho tiempo los Médicis se contentaron con elegir a sus cónyuges entre las grandes familias italianas, en Florencia entre los Salviati, los Soderini y los Strozzi, o en Roma entre los Orsini, a fin de incorporarse poco a poco a la aristocracia local. ¿Amigos y aliados? Seguramente. Fue Luis XI quien, en 1478-1479, mediante hábiles negociaciones con el rey de Nápoles, salvó la posición de Lorenzo el Magnífico, cuya pérdida había jurado el papa Sixto IV. Luego hizo saber a los milaneses que "él no toleraría que se tocara a los florentinos ni a la persona de Lorenzo" y que "haría todo lo necesario para ayudarlos". A cambio de ello, este, agradecido, hizo prestar al viejo rey achacoso, que se creía afectado de lepra, el anillo milagroso del obispo Zenobius, todopoderoso contra ese mal. Lo que no impidió a Luis XI morir pronto, aunque no de lepra, en verdad.

Las campañas italianas de Carlos VIII habían sido fatales para el hijo de Lorenzo, Pedro el Infortunado, expulsado en 1494 por el monje fanático Savonarola. La ciudad vivió entonces cuatro años de dictadura teocrática que logró que sus habitantes tomaran horror a los sermones, a la austeridad y a la virtud y les hizo añorar los fastos del Magnífico. El monje fue ahorcado, luego quemado en la plaza de la Signoria y se volvió al buen viejo régimen oligárquico, hasta que las campañas de Luis XII provocaron trastornos que permitieron el retorno de los Médicis. No ya de Pedro, que había muerto, sino de su hermano Juliano y de su hijo Lorenzo, el segundo en llevar el nombre. No habrían sido nada sin la Iglesia. La fuente verdadera de su poder se encontraba en Roma, donde el Sacro Colegio contaba permanentemente en su seno con uno o varios de ellos, legítimos o bastardos, candidatos bien ubicados para lograr la tiara.

Juan, el hermano de Pedro, elevado al pontificado en 1513 con el nombre de León X, toma en sus manos los destinos de la familia. Casó a su hermano Juliano con Filiberta de Saboya, la propia hermana del duque reinante y de Luisa, madre del rey de Francia. Promoción ilusoria: Juliano murió un año más tarde. Quedaba su joven sobrino, Lorenzo, único descendiente legítimo de la rama mayor y depositario de todas las esperanzas de la casa. León X lo hizo reconocer por el pueblo como jefe de la República y, para dotarlo de un título de nobleza, le otorgó el ducado de Urbino, quitado para la circunstancia a Francisco María della Rovere, sobrino del difunto papa: un ducado que conquistar armas en mano, pues el precedente poseedor lo defendió encarnizadamente. Y le buscó una esposa de elevado rango.

Francisco I, cubierto de laureles en Marignan, en posesión del Milanesado, apareció en esa fecha como el director del juego. El papa, obligado a tratarlo bien, acabó de firmar con él el Concordato de Bolonia. El momento era propicio para reavivar la vieja amistad franco-florentina y consolidarla por medio de una boda que convertiría al rey de Francia en protector del poder todavía tambaleante de los Médicis. Por su parte, Francisco necesitaba ayuda. El apoyo del soberano pontífice, que dispensó la investidura del reino de Nápoles, le era indispensable para la prosecución de sus proyectos en Italia del Sur. Asunto arreglado: León X apadrinará al delfín y Lorenzo de Médicis desposará a una princesa francesa.

Esta nueva amistad, comparada con la sellada por Luis XI, presentaba una notable diferencia: era con la Santa Sede, y no con una rica y poderosa familia florentina, con quien Francisco I establecía un contrato. Si el poder en la vieja ciudad republicana no era hereditario, la tiara lo era aún menos. El clan de los Médicis y sus parientes era ciertamente poderoso en el Sacro Colegio, pero no controlaba necesariamente las elecciones. Los papas siguientes podían no parecerse. Y por otra parte un papa, cualesquiera fueran sus compromisos familiares, gozaba como jefe de la cristiandad de un poder que no tenía Lorenzo el Magnífico y podía o creía poder practicar entre el rey de Francia y el emperador una política independiente. Francisco I se exponía, pues, a decepciones.

Para lo mejor y lo peor

Todo comenzó muy bien, para los unos y los otros.

El partido propuesto a Lorenzo era brillante. La joven y bella Magdalena de La Tour, de dieciséis años, poseía por su difunta madre, Juana de Borbón-Vendôme, algunas gotas de la sangre de San Luis. Su padre, Juan, conde de Auvernia y de Boulogne, poseedor de inmensos feudos en el centro de Francia,* había muerto prematuramente también. Magdalena y su hermana Ana, casada con un noble escocés, eran muy ricas y, por añadidura, disponían ya de los bienes paternos. No se podía aspirar a algo mejor.

A los veintiséis años Lorenzo ya no era un jovencito y se le consideraba más bien feo. Pero, en la primavera de 1518, llegó a Amboise en fastuoso cortejo, con los brazos cargados de regalos, especialmente una asombrosa cama incrustada en carey y perlas y, para la pareja real, dos cuadros recientemente pintados por Rafael, de soberbia factura, y cuyos temas —un *San Jorge dando muerte al dragón* y una *Sagrada Familia*— eran simbólicamente apropiados para las funciones respectivas de sus destinatarios.

Se procedió a la doble ceremonia: el 25 de abril, bautismo del delfín; el 28, la boda. En el patio interior del castillo se había levantado una amplia tienda —lo que nosotros llamaríamos una carpa—, revestida interiormente por tapices con figuras heráldicas. Hubo un espectáculo de ballet y un banquete ordenado al son de las trompetas, que se prolongó hasta bien entrada la noche al fulgor de las antor-

---

* Auvernia estaba en su familia desde hacía mucho tiempo. Tuvo que ceder al rey el condado de Boulogne, a cambio de compensaciones sustanciales en el centro de Francia, pero había conservado el título.

chas. No se habría hecho más por una boda real, y la reina Claudia en persona hizo a Magdalena el honor de conducirla a la cámara nupcial.

En las justas que siguieron, en las que se reprodujo en tamaño natural la toma de una fortaleza de madera, con cañones de madera que a guisa de balas lanzaban grandes globos inflados de aire, los participantes pusieron tanto empeño que hubo heridos y hasta muertos. Y uno de ellos anotó irónicamente que el joven novio hacía "lo mejor que podía ante su amiga": evidentemente se cuidaba. Se le sabía mal repuesto de un arcabuzazo recibido en la cabeza durante la reconquista de "su" ducado de Urbino. Se supo más tarde que tenía también "grandes viruelas", pero se ignoraba que era igualmente tuberculoso, en un estado avanzado. La bella Magdalena se casó con todo eso.

Antes de regresar a Italia, la pareja fue a Auvernia a medir las propiedades familiares y a acabar su reparto con la hermana de la joven. Viajaron luego a Florencia, en la que hicieron una entrada solemne muy aplaudida el 7 de septiembre. Magdalena, "una gentil dama, bella y prudente, graciosa y muy virtuosa", agradó a sus nuevos conciudadanos, que le ofrecieron fiestas. Lorenzo la instaló en el viejo palacio con aires de fortaleza que hoy lleva el nombre de Médicis, pero que entonces se llamaba Riccardi. Ella ya esperaba un hijo.

León X lo participó a los embajadores extranjeros con orgullo de abuelo. Alrededor de Florencia y de Urbino, veía formarse en el centro de Italia un Estado amortiguador que protegería a Roma contra las incursiones exteriores, un Estado donde contaba hacer hereditaria la dinastía de los Médicis. ¿Esperaba más? ¿Soñó para uno de los suyos la imposible misión unificadora de confederar contra los "bárbaros" a todas las fuerzas italianas? En todo caso otros lo pensaban y algunos lo decían, como Maquiavelo en el último capítulo de su tratado *El Príncipe*, que acababa de dedicar al nuevo amo de la ciudad.

Lo peor llegó muy pronto. En el espacio de unos meses, todo se desmoronó. A comienzos del invierno, Lorenzo, delgado y febril, debió ir a buscar en las colinas de los alrededores un aire más salubre. Pero no había mejorado cuando regresó en la primavera para el parto de su esposa. El 13 de abril, esta dio a luz una niña a la que de inmediato se bautizó Catalina María Rómola.* Notables locales la sostuvieron sobre la pila bautismal. Había preocupaciones más urgentes que buscarle padrinos prestigiosos. La madre no se recuperaba. Afectada de fiebre puerperal, murió el 28 de abril, exactamente quince días después del alumbramiento. El padre la siguió el 4 de mayo. Es a él a quien vemos pensativo, con un dedo sobre sus labios de mármol, inmortalizado por Miguel Angel en la capilla funeraria de los Médicis, entre una *Aurora* en llanto y un lánguido *Crepúsculo*.

A las tres semanas, la pequeña Catalina era huérfana. A los tres meses, en el calor húmedo del verano toscano, estuvo a punto de morir. A los seis, el papa la hacía llevar a Roma, encontrándola "bella y gordita". Evidentemente se aferraba a la vida. Se aferraría a ella durante mucho tiempo.

La muerte de la joven pareja tornaba caducos los acuerdos basados en su boda. León X no tenía nada que esperar de Francisco I, a quien le costó admitirlo, obstinándose en reclamar los dividendos de la alianza. El papa, irritado, fingió apoyar su candidatura al imperio, comprendió pronto de qué lado soplaba el viento, y lo abandonó. Y cuando estalló la guerra entre Francisco I y Carlos V, aplaudió la reconquista de Milán por las tropas imperiales. Si hemos de dar crédito a las *Memorias* de Du Bellay, habría "muerto de alegría". Pero es probable que el "catarro" y la fiebre que se lo llevaron a los cuarenta y seis años, tuvieran su origen en la malaria, por entonces endémica en la llanura pantanosa que rodeaba Roma.

Al término de este asunto, el rey de Francia volvía a encontrarse con las manos vacías. No del todo, sin embargo: le quedaban las dos obras maestras de Rafael, que hoy admiramos en el Louvre. No suficientes para consolarlo de la pérdida del Milanesado.

---

* Los dos primeros nombres habían sido de mujeres de su casa; el tercero, tradicional según se dice en las grandes familias florentinas, evocaba el recuerdo de Rómulo, fundador de Fiesole, la cuna de la ciudad.

La "rama verde" en la tormenta

Catalina, dijo poéticamente Ariosto, era la "única rama verde" de su familia que subsistía. Esa rama, ¿soportaría victoriosamente las tormentas?

No derramemos demasiadas lágrimas por la pequeña huerfanita. Los candidatos se disputaban para educarla. El papa se la negó a Francisco I, que la reclamaba en razón de su ascendencia francesa. Unica heredera legítima de la rama mayor de los Médicis, poseía, en principio, sus bienes, y sobre todo podía encarnar, a los ojos de los florentinos, su continuidad. Por cierto, en la vieja ciudad republicana las funciones municipales no eran hereditarias y las mujeres no accedían a ellas. Pero eso la hacía más valiosa. Un extranjero podría, casándose con la última de los Médicis, argüir su pasada notoriedad para obtener el favor popular y colocarse en la primera fila.

Así pues se educó en Roma, donde la abuela, la tía abuela y la tía se turnaban para mimarla. La desaparición de León X y el breve paso por el trono de San Pedro de un flamenco sometido a Carlos V no cambiaron nada, por el contrario, en su apacible existencia. Perdió el ducado de Urbino, devuelto a su precedente titular. Pero cesó por un tiempo de ser una carta en el juego político. Crecía en compañía de dos muchachos bastardos, su primo Hipólito y Alejandro, que según se decía era su medio hermano, unos años mayor que ella.

Muy pronto recuperó todo su valor cuando, en 1523, el cardenal Julio de Médicis* fue elegido papa bajo el nombre de Clemente VII. Este se interesó de inmediato en la que él llamaba, según la costumbre y teniendo en cuenta la diferencia de edad, su "sobrina", aunque no fuera en realidad más que el primo hermano de su abuelo. Parece que al principio pensó poner al frente de Florencia al joven Hipólito, al que envió allí en 1524. Al año siguiente, le siguieron los otros dos niños para hacer número, por si acaso: la joven generación sólo podía atraer simpatías.

Ahora bien, aplicando la famosa política pendular cara a sus predecesores, hizo de entrada una elección desafortunada: apostó por

---

* Hijo bastardo de Juliano, el hermano del Magnífico, era por consiguiente primo hermano del difunto León X.

Francisco I. Después del desastre de Pavía llegó a la conclusión de que era más urgente que nunca oponerse al poder ascendente de Carlos V. La Liga que organizó a tal efecto le valió la animosidad del emperador, quien lo abandonó al furor de los lansquenetes conducidos por el condestable de Borbón. Ya conocemos el sangriento episodio del saqueo de Roma en 1527.

En Florencia, la noticia devolvió esperanzas a los enemigos de los Médicis, que se apoderaron del poder. Cediendo a su primer impulso, expulsaron a los dos muchachos pero, en cuanto a Catalina, consideraron más prudente conservarla como rehén.

Los nuevos amos de la ciudad fueron al principio personas relativamente apacibles y el cautiverio de la niña fue suave. Sucesivos conventos le sirvieron de albergue antes de que la instalaran, por intervención del embajador de Francia, en el de las *Murate* (las amuralladas), benedictinas que de amuralladas sólo tenían el nombre. Su casa ofrecía retiro a grandes damas de edad avanzada y acogían para educarlas a jóvenes de buena familia. Poco tiempo antes Savonarola había estigmatizado sus ocupaciones frívolas, fabricación de dulces o de pequeños objetos trabajados en hilos de oro y plata, y denunciado como una trampa tendida por Satanás su pronunciado gusto por la buena música. Durante dos años las buenas religiosas, aun las que eran del partido adverso, mimaron a "la encantadora pequeñita de ocho años", dulce, afable, sonriente, y que había padecido tantas desgracias. Y allí Catalina fue muy feliz.

Hasta el día en que la aristocracia moderada fue derribada por extremistas que bien merecían su apodo de *rabiosos*. El papa, prudente, se había acercado a Carlos V, a quien la Paz de las Damas dejaba las manos libres en Italia. Ambos decidieron entonces recurrir a la fuerza contra los revoltosos y, en octubre de 1529, las tropas imperiales y pontificias tomaron la ciudad. Clemente VII hizo primar la política sobre el sentimiento familiar: abandonaba a su sobrina a las represalias.

En Florencia sitiada, llameó el odio contra los Médicis. Se propuso entregar a Catalina a la prostitución o exponerla desnuda sobre las murallas a las balas de los cañones de su tío. Estando divididas las opiniones, se decidió, mientras tanto, trasladarla al centro de la ciudad, a un convento más protegido contra un eventual rapto.

Cuando supo que un emisario de la Señoría vendría a llevársela de las *Murate*, la niña —tenía once años— se creyó condenada a muerte o peor aún. Con coraje, y bien aconsejada, se hizo cortar los cabellos y se puso un hábito de monja, en la esperanza de que retrocederían ante un sacrilegio que habría de escandalizar al pueblo. Se preparaba a gritar y a debatirse. Pero el canciller Aldobrandini, que la encontró erguida y con las uñas fuera, la tranquilizó: se limitarían a encerrarla en Santa Lucía, donde pasaría poco tiempo. En efecto, quince días más tarde se rendía Florencia, agotada su resistencia. La frágil rama verde había resistido a la tormenta.

Catalina no olvidó las amenazas, los insultos, el miedo, ni tampoco —lo que la honra— los favores recibidos. Salvó la vida al canciller que se había apiadado de su angustia y guardó de las *Murate* un enternecido recuerdo.

En cuanto a Clemente VII, recuperó a su sobrina indemne. La recibió "con los brazos abiertos y lágrimas en los ojos, sobre todo por la gran alegría y placer de oírla hablar tan sabiamente y verla en tan prudente recato". En posesión de los tres adolescentes, podía entregarse a nuevos proyectos.

El papa coloca a sus sobrinos

Para asegurar la supervivencia de la rama mayor de los Médicis, Clemente VII disponía de tres elementos: una hija legítima y dos varones bastardos, Hipólito y Alejandro, que en 1530 tienen respectivamente diecinueve y veinte años. Tres peones para utilizar de la mejor manera posible.

Mucho antes había manejado una primera solución, consistente en legitimar a uno de los bastardos haciéndolo casar con Catalina. Hipólito, el más brillante de los dos, apuesto, inteligente, culto, fastuoso, un poco provocativo, parecía el favorito, y es posible que los ocho años de la chiquilla hayan sido sensibles a su encanto. La perspectiva de reinar en Florencia en compañía de su prima no desagradaba tampoco al joven, cuando de pronto Clemente VII le confirió súbitamente la púrpura. Tenía veinte años y ningún deseo de ser cardenal. Protestó vigorosamente, pero no le sirvió de nada.

La explicación dada habitualmente era que Clemente VII quiso apartarlo en beneficio de su primo Alejandro. Sorprendente preferencia, a la que sólo se le ve un motivo plausible: Alejandro sería su propio hijo. La cosa es perfectamente posible. Pero en ese caso, ¿por qué habría enviado a Hipólito a Florencia en 1524 a hacerse recibir como heredero de los Médicis y declararlo elegible en todas las funciones municipales? ¿Por qué ponerle así el pie en el estribo para derribarlo luego? Lo más verosímil es que Clemente VII habiendo reflexionado encontrara algo mejor.

Ante todo, había una doble herencia que recoger: Florencia, pero también el pontificado, que dos Médicis habían obtenido casi sucesivamente. A medida que crecían los dos muchachos, se hizo evidente que estaban desigualmente dotados. Alejandro, mucho menos inteligente, nunca sería más que un pobre cardenal; seguramente nunca sería papa. Sólo Hipólito era capaz de conquistar la tiara. De allí un reparto de tareas de acuerdo con las aptitudes de cada uno, aunque no con sus preferencias. Tenía el inconveniente de disgustar demasiado al que se destinaba a la Iglesia sin preguntarle su opinión. Pero en esa época no se acostumbraba tomar en cuenta esa clase de objeciones.

Por otra parte, ¿no era un desperdicio casar a Catalina con uno de los muchachos, asociando así dos peones que podían ser más útiles separadamente? Italia se enfrentaba a dos temibles soberanos extranjeros y, a pesar de su rivalidad, había que congraciarse con ambos. Para lograr un apoyo en los dos bandos, Clemente VII concibió el audaz proyecto de unir al mismo tiempo a Catalina con un príncipe francés y a Alejandro con una archiduquesa. Y lo más asombroso es que lo consiguió.

Sólo la muerte vino luego a desbaratar sus planes. Hipólito, cubierto de dignidades y de beneficios eclesiásticos, pero sin haberse resignado, murió joven, tal vez envenenado por su primo al que no desesperaba de destronar. Este último, Alejandro, pereció bajo el puñal de otro Médicis, cuya historia inspiró a Margarita de Navarra una novela corta y, a Musset, el célebre drama *Lorenzaccio*. Sin embargo, el esfuerzo de Clemente VII no fue en vano: trabajó por la rama joven de su familia. Pero ya no estaba allí para verla recoger los frutos.

Volvamos a la doble negociación matrimonial, que fue realizada con una prudencia ejemplar.

De regreso en Florencia junto con el ejército imperial, Alejandro fue restablecido en sus derechos gracias a Carlos V, con el aliciente de la mano de su hija Margarita, una bastarda, es verdad, pero que el nuevo duque no estaba en condiciones de rechazar. Hipólito, enviado a Hungría como legado, se mantenía tranquilo. Clemente VII prestó oídos entonces a propuestas provenientes de Francia. Por cierto no faltaban pretendientes a la mano de Catalina: el duque de Milán, el rey de Escocia y algunos otros de menor envergadura. Un segundo hijo del rey de Francia era infinitamente más prometedor. Las conversaciones, comenzadas en 1530, culminaron en 1531 en un acuerdo que se convino guardar en secreto, a la espera de que los niños fuesen núbiles. Pretexto poco sólido. En realidad, el papa no quería que la cosa se supiera hasta que se hubiese realizado la otra boda. Mientras tanto se habló mucho de dinero, se hizo la cuenta de rentas y beneficios acumulados que pondrían a la pareja a cubierto las necesidades, y Clemente VII prometió su ayuda para la reconquista del Milanesado y de Génova: el plazo previsto —dieciocho meses— le daba tiempo para encontrar escapatorias. Pero se negó a dejar partir a Catalina a Francia después del compromiso, según la costumbre. No la soltaría hasta no estar bien seguro. Francisco no sabía nada de lo que se tramaba con el emperador. Este, por su parte, informado de las conversaciones con la corte de Francia, las consideró sin fundamento, tan desproporcionada le pareció la boda en cuestión.

En la primavera de 1533, cuando los resultados de la estrategia pontificia salieron a la luz, ya era demasiado tarde para retroceder. Carlos V se limitó a una protesta verbal y su cólera dio a Francisco la ilusión de haber hecho un excelente negocio. Sólo restaba fijar un lugar —a falta de Niza, cuyo acceso negó el duque de Saboya, fue la fiel Marsella— y una fecha: la salud del rey hizo postergar hasta octubre la celebración de la boda.

Una boda muy hermosa

Se nos perdonará no reproducir aquí los términos del contrato, ni enumerar los elementos de la dote o los obsequios intercambiados. El papa había hecho bien las cosas y tomado de las arcas de la Iglesia lo necesario para vestir a su pupila de seda y oro y proporcionarle joyas para distribuir a manos llenas: perlas, diamantes, rubíes, esmeraldas, cuya lista hace soñar todavía a los historiadores,* un bloque de cristal de roca tallado en forma de cofrecito y adornado con escenas grabadas sacadas de la vida de Cristo. Omitamos el resto.

Catalina abandonó Florencia el 1 de septiembre de 1533, ganó la costa, se embarcó escoltada por una flota de dieciocho galeras y fue a Villefranche a aguardar la llegada de su tío, que venía de Roma. Hecho excepcional, el soberano pontífice acudía en persona. Lo escoltaba una guardia engalanada; a su alrededor se arremolinaba un enjambre de hábitos eclesiásticos negros y rojos. Su sobrino, el cardenal Hipólito, había revestido por una vez la púrpura, pero los pajes de su séquito llevaban ropas a la turca, con airones y turbantes. La primera galera llevaba el Santísimo Sacramento, la segunda al Santo Padre. Eran dieciocho en total. Las dos escuadras se reunieron en Villefranche y, el 11 de octubre, estuvieron a la vista de Marsella, donde campanas y cañones unieron su estrépito para recibirlos.

Francisco I había hecho construir para la ocasión en la Plaza Nueva, no una tienda, sino un castillo de madera, unido al piso superior del palacio de los condes de Provenza, donde él mismo residía, por un amplio puente cubierto que podía hacer las veces de salón de recepción. En primer lugar, las cosas serias: firma de un tratado de alianza. Luego la firma del contrato de matrimonio. Después intercambio de consentimientos, seguido de un baile, el 27 de octubre. Al día siguiente, 28, misa solemne con bendición de los anillos. Finalmente un banquete pantagruélico. A la medianoche se condujo con gran pompa a los dos interesados a su cámara nupcial, donde los esperaba una cama suntuosamente adornada.

No sin cierta inquietud: ambos tenían apenas catorce años y carecían de experiencia. Parece ser que el rey se propuso alentar sus esfuerzos y asistió a sus primeros intentos. La historia no cuenta si su

---

* Se dice que el papa habría ofrecido a Francia, en ocasión de la boda de Catalina, tres joyas de gran valor, el Huevo de Nápoles, la Punta de Milán y la Mesa de Génova, que figuran en efecto en los inventarios de las joyas de la corona en el siglo XVI. Pero, como la descripción que dan esos inventarios no corresponde a la proporcionada por la lista de obsequios de la boda de Catalina, se ha pensado que podría tratarse de metáforas utilizadas por el papa para designar los territorios cuya conquista se comprometía a apoyar.

presencia los ayudó. El papa, por su parte, se levantó al alba para ir a sorprenderlos, a fin de asegurarse de que habían cumplido con su deber. Los encontró "contentos el uno con el otro" y se retiró tranquilizado. Habiendo sido debidamente consumado el matrimonio, su sobrina ya no era repudiable. En principio al menos. La promesa de un nacimiento lo habría satisfecho. Pero por más que se demoró para celebrar las fiestas de Todos los Santos, y que postergó su partida a causa del mal tiempo después del último intercambio de regalos, tuvo que abandonar Marsella sin que Catalina le diese esa satisfacción. Nombró cuatro cardenales franceses de una sola vez, pero se negó a consentir el divorcio del rey de Inglaterra, en cuyo favor lo solicitaba Francisco, lo que privó a este de un medio de congraciarse con su poderoso vecino británico.

Terminó por embarcarse hacia el 20 de noviembre y, apenas de regreso en Roma, se apresuró a hacer saber al emperador que las promesas hechas al rey de Francia eran meras palabras en el aire, que se guardaría muy bien de cumplir.

En cuanto a Catalina y Enrique, estaban unidos de por vida.

La Duchessina

La *duchessina*, la duquesita de Urbino, como se la llamaba a falta de un título más prestigioso, no era una belleza.

Ya fuesen cortados a la moda florentina o francesa, los ropajes de seda, de oro y de armiño con que se la adornaba no podían modificar su silueta. Baja y delgaducha, al menos para el gusto de esa época, carecía de prestancia. Las rubias estaban de moda y ella era morena. Collares de perlas y colgantes no hacían más luminosa su piel blanca pero opaca. Tenía facciones grandes, mejillas algo pesadas y mentón huidizo. Sus ojos oscuros eran saltones y prominentes, sin duda como consecuencia de una miopía.

Enrique no se sorprendió. Sabía a qué atenerse, aunque el retrato, hecho por Vasari para él, la favorecía. Lo que a nosotros nos impresiona, sobre todo en el que le hizo Corneille de Lyon poco después de su llegada a Francia, es algo difuso, inacabado, una cara fresca de niña y al mismo tiempo una especie de profundidad, de gravedad pensativa y triste, en la que flota como el reflejo de un temor.

Sin embargo, en Florencia pasaba por ser vivaz, graciosa y sonriente en su alegría juvenil. Una anécdota nos la muestra espontánea, embadurnando con todos los colores de su paleta al artista ocupado en pintarla. Y la inteligencia iluminaba su poco agraciado rostro. En Francia, visiblemente estaba en guardia, forzada, y representaba, no sin cierta torpeza, un personaje. En ese terreno haría rápidos progresos. Era capaz, y a los catorce años las pruebas soportadas la habían tornado más madura que muchos adultos.

Había sido notablemente educada. Ignoramos todo de sus maestros y de las enseñanzas que pudo recibir, pero los resultados estaban a la vista. Sabía latín, un poco de griego, al parecer, pero impresionaba a los contemporáneos por la amplitud de sus conocimientos en lo que ellos llamaban matemática en singular, es decir una mezcla de física, de ciencias naturales, pero sobre todo astronomía, por entonces inseparable de la astrología. Aprendió en la práctica geografía e historia, a fuerza de ver desfilar ante su tío a los embajadores de toda la cristiandad, asistió a las incesantes redistribuciones de provincias en Italia y a los esfuerzos para reavivar el antiguo espíritu de cruzada frente a los peligros del turco amenazante: primeros contactos con la política.

Desde que se empezó a hablar de esa boda, su tío le hizo dar lecciones de francés. Tuvo tiempo de aprenderlo, pues las negociaciones duraron tres años. Lo hablaba muy bien, con un dejo de acento que traicionaba sus orígenes y que nunca perdería. Y si la lectura de sus cartas no se hiciera insoportable por una ortografía fonética de una fantasía desalentadora, se vería que escribía sin afectación, pero con mucha firmeza.

Desde la infancia, el espectáculo del triunfante Renacimiento italiano cultivó su sensibilidad artística: en Florencia, poblada de mármoles y bronces por el cincel de sus escultores, mientras que los muros de los palacios se engalanaban con frescos en los que los personajes de la Biblia se asemejaban hasta confundirse con sus parientes; en Roma, dañada por el saqueo de 1527, que restañaba suntuosamente sus heridas y renacía de sus cenizas más bella todavía. Ella conservaría el amor por los amplios edificios de proporciones equilibradas y el gusto de vivir en un ambiente que fuera una alegría tanto para los ojos como para el espíritu. Más que la literatura, apreciaba la música y la poesía, cuando esta se acompañaba, como ocurría frencuentemente en esa época, con el canto.

En Roma y luego en Florencia, participó en las recepciones e hizo de anfitriona junto a Alejandro durante la visita de su futura esposa, la pequeña archiduquesa. Comprendió cuánto prestigio ejercían sobre la imaginación popular las exhibiciones de gran espectáculo y no concebía el ejercicio de la autoridad sin esas celebraciones públicas en las que amos y súbditos comulgaban, por espacio de una jornada, en una alegría compartida. Por el lujo y la prodigalidad de sus fiestas los Médicis conquistaron el favor de los florentinos. Ella no lo olvidaría. Fastos de la Iglesia, fastos del Estado. El poder era espectáculo.

La religión tenía entonces muchos rostros. Era absurdo ver en ella a una descreída. Por cierto no estaba obsesionada por ninguna exigencia de espiritualidad, las aspiraciones místicas le eran ajenas y, en la acción, los escrúpulos no la agobiaban. Semejante en ello a miles de hombres y mujeres de su tiempo, instalados en un mundo al que la doctrina cristiana proporcionaba una explicación satisfactoria ante sus ojos. Se creía en los astros, en la influencia que la conjunción de los planetas ejercía sobre nuestros destinos. Pero astros y planetas eran mudos para Dios. Entre religión y superstición, la frontera era borrosa. Sobrina de un papa, educada en el seno de esa Iglesia que Lutero y Calvino acusaban de corrupción, pero ciertamente no de descreimiento, y que se sumergía en los pantanos políticos a los que la arrastraba su categoría de potencia temporal, Catalina era y seguiría siendo de sensibilidad católica, pero realista y libre de prejuicios; su principal preocupación era asegurar su supervivencia aquí y ahora. Fueron disposiciones que la prepararon muy mal para comprender las pasiones religiosas que comenzaban precisamente entonces a desencadenarse en Francia.

Debía su realismo esencialmente a la experiencia. La vida se había encargado de hacerle saber que ninguna educación enseñaba. A la edad en que se trataba de inculcar a los niños una moral clara, ella ya había descubierto que el bien y el mal se penetran mutuamente y que son pocas las acciones humanas que no participen a la vez de uno y otro. Ya casi no tenía ilusiones. Observaba, registraba, callaba. Había tomado conciencia de su debilidad, pero se dio cuenta de que podía hacer de ella una ventaja. Sabía dominarse perfectamente. Ocultó su orgullo, enmascaró su inteligencia y reprimió su violencia bajo las apariencias de la más seductora dulzura. De su infancia, tironeada entre Roma y Florencia, rehén que se disputaban los partidos a menos que la sacrificaran, víctima de regateos matrimoniales y políticos en una Italia desgarrada, le había quedado una desconfianza hacia todo y hacia todos; experimentaba un temor y un miedo difusos, tanto más inquietantes por no tener un objetivo definido. En ella se insinuaba un deseo oscuro, mal formulado tal vez, pero agudo: conquistar su independencia, el dominio de su propio destino, y quizás convertirse en la que conducía a los demás, en vez de ser conducida por ellos.

No es algo que lograría de inmediato. Lo sabía cuando desembarcó en Marsella en ese otoño de 1533. Instintivamente disimuló su excepcional madurez, se plegó a todo lo que se le pidió, se adaptó a la imagen convencional que se habían hecho de ella. Nadie sospechó la amplitud de su inteligencia ni de su voluntad. Sólo se veía en ella a la *duchessina*, la duquesita insignificante que el capricho del rey había elevado muy por encima de su condición, frágil Cenicienta cuya carroza dorada se convertiría bruscamente en calabaza.

Pues menos de un año después de su boda, el 25 de septiembre de 1534, su tío Clemente VII, de sólo cincuenta y seis años de edad, moría súbitamente.

Esa muerte evitó sin duda a Francisco I los chascos que seguramente le habría reservado ese huidizo aliado. Pero en el momento, fue grande su decepción. No más Médicis en el trono de San Pedro, no más apoyo pontificio para sus empresas italianas. Enrique había desposado a Catalina por nada. Al casarse, ella debió renunciar a sus derechos sobre Florencia en favor de su primo Alejandro. Conservaba su título de duquesa de Urbino, pero su ducado estaba en manos de otro, que lo llevaba bien. La heredera nominal de los Médicis carecía de herencia.

¿Realmente sin herencia? Así como siempre se olvidaba que por sus venas circulaba una mitad de sangre francesa, no se recordaba que había heredado de su madre y de su tía, muerta sin hijos, grandes bienes en Auvernia, muchas buenas tierras con bosques, granjas, castillos y rentas proporcionales. Pero era en Italia donde Francisco quería castillos, y donde los construía en su imaginación. El desmoronamiento de las esperanzas basadas en esa boda le arrancó una cruel exclamación: "¡Me entregaron a la joven completamente desnuda!".

Para él, una negociación engañosa. Para ella, soledad.

A esa jovencita de catorce años, verdaderamente huérfana esta vez, con la espalda contra la pared, sin familia para respaldarla, le correspondió remontar lentamente la pendiente. Necesitaría más de veinticinco años para hacerlo.

Capitulo Diez

La larga marcha

El lento, muy lento ascenso de Catalina de Médicis se desarrolló a lo largo de toda su vida conyugal: veintiséis años de sonriente amenidad, de dedicación, de paciencia, de sumisión, que, si ella hubiese acompañado a su marido en la muerte, le habrían valido en la memoria colectiva una reputación de amable insignificancia. Veintiséis años llenos de dificultades, jalonados de pruebas y accidentes, acompañados por muertes que modificaban su condición, sin consolidarla: la desaparición del heredero del trono en 1536 la convirtió en reina delfina, la de Francisco I en 1547 la hizo reina, la de su marido en fin, la destinó bruscamente al mal definido papel de reina madre.

En cada una de esas etapas su posición seguía siendo frágil y se veía amenazada. Nada era definitivo para ella. Pero no estaba en su carácter confesarse vencida ni bajar los brazos. Para mantenerse y luego para afirmarse, desplegó una tenacidad y una perseverancia, evidentes a la mirada retrospectiva del historiador, pero que pasarían desapercibidas para casi todos sus contemporáneos, a tal punto supo velar de dolor la energía que la sostenía. Sólo un embajador veneciano muy perspicaz comprendió lo que se ocultaba bajo esa dulzura erigida en norma de conducta: "Ella es muy obediente, y esa es su fuerza". En efecto, por su docilidad logró hacerse aceptar y luego hacerse amar por todos, en una corte desgarrada por antagonismos e intrigas.

Hacerse amar

Para encontrar un lugar en su nueva familia, Catalina, a falta del apoyo pontificio claudicante, sacó ventaja de su educación italiana. Francia soñaba con Italia. Seguía su escuela, imitaba a sus arquitectos, a sus pintores, sus escultores, sus poetas, o los invitaba a ir en persona a construir y a decorar maravillosos castillos. Allí el Renacimiento estaba en su apogeo. Catalina se aclimató pues, fácilmente. Ninguna falta de gusto, ninguna nota discordante.

Pero era necesario más que eso para hacerse adoptar en una corte tan diferente de la que ella conoció en Roma junto a su tío, una corte absolutamente eclesiástica. Aquí vivían numerosas mujeres, condenadas a cohabitar y a entenderse o soportarse, en un clima de galantería en el que predominaban la elegancia y la seducción, cargado de intrigas, rivalidades y tensiones. ¿Cómo agradar a unos sin despertar los celos de los otros? ¿Cómo evitar dejarse confinar sin remedio en compañía de damas dedicadas a labores de tapicería o a las buenas obras?

Catalina disponía de dos ventajas. No era bonita, pero sí inteligente. Su físico sin gracia inspiraba tranquilidad. Todas la juzgaban favorablemente: las abandonadas que la creían destinada a una suerte semejante a la suya, y las bellas coquetas, favoritas en ejercicio o que esperaban serlo, para quienes no era una rival. La buena reina Leonor le abrió los brazos. Hacia esa suegra, que en realidad no lo era pues Enrique no era su hijo, tuvo todos los miramientos requeridos. Sin ilusiones, pues pronto comprendió que podía esperar poco de ella. En cuanto a la favorita del rey, Ana de Pisseleu, con desagrado Catalina le dedicó atenciones, si hemos de prestar crédito a una carta dirigida mucho más tarde a una de sus hijas: "Debía frecuentar a todas las personas que él deseaba". Sin duda, en el papel de madre regañona, fue más puntillosa en cuanto a la moral de lo que era en esa época. No necesitaba órdenes para saber que era vital ablandar a la temible duquesa de Étampes, que podía hacerle la vida imposible. Su falta de encanto fue ante ella su mejor recomendación.

En cambio, su inteligencia y su cultura sedujeron a las dos Margaritas, tía y sobrina, la hermana y la hija de Francisco I, dos mujeres notables, de vigorosa personalidad. Tuvo con la primera relaciones tan confiadas como le permitían su diferencia de edad y de posición. A la segunda, cuatro años menor que ella, la unió una profunda amistad que sobrevivió a todas las vicisitudes.

Digamos aquí unas palabras sobre esta Margarita de Francia. Menos conocida que la de Navarra porque no dejó ninguna obra literaria, ella también gustaba de los escritores y los sabios, y en esa época pasaba por ser tan instruida como sensata: su alma, "anfitriona de las Musas", según la bella expresión de Ronsard, no le impedía igualar en virtudes a Minerva o a Palas, como se querrá llamarla. Desde muy pequeña se había apasionado por el estudio del griego, que Catalina reanudó para ayudarla, y se dice que leía a Platón en texto original. Ambas tuvieron la idea de componer, a la manera de Boccaccio, una recopilación de novelas cortas que tendrían sobre su modelo la superioridad de ser verídicas. Ese proyecto, al que asociaron al futuro Enrique II, superaba sin duda su capacidad. Ignoramos si su tía, que lo realizó en el *Heptamerón*, no quiso homenajearlas asociándolas a la génesis de su libro. Ferozmente independiente y un poco antojadiza, la joven Margarita logró escapar, tal vez porque era la última, la más pequeña de la familia, de los proyectos matrimoniales elaborados para ella. Pretendía un soberano, no un súbdito de su padre, y, lo que es más, un soberano que le agradara. Tras muchos rechazos, a riesgo de quedarse solterona, vio recompensada su obstinación: a los treinta y seis años se casó con el duque de Saboya, recién salido de una larga guerra contra Francia, que la estimó y la amó. A despecho de su edad, ella le dio un hijo, Carlos Manuel, que mereció el apodo de El Grande.

Amistades verdaderas, amistades diplomáticas. El buen entendimiento prevaleció entre las damas de la corte, en apariencia al menos. Después de la toma de Hesdin en 1537, esposa, hermana, hija, nuera y favorita se asociaron en una común acción de gracias y las cuatro últimas firmaron una carta de felicitación al vencedor. A Catalina no le había costado encontrar su lugar en ese acuerdo.

Pero quería más. Deseaba acercarse al rey. De su infancia pasada con varones, sus primos, conservó el gusto por el aire libre, las actividades físicas, la equitación y la caza sobre todo, en la que se destacaba. Ahora bien, Francisco I, de sólida constitución, atlético, necesitaba prodigarse en ejercicios violentos. Cuando se escapaba a "correr al ciervo", tenía por costumbre llevar consigo a algunas damas "bellas y gentiles" a las que llamaba "la pequeña banda". Catalina se armó de coraje, pidió formar parte de ella, y hasta solicitó el honor de acompañarlo a todas partes y de "no moverse nunca de su lado".

Según la costumbre, las mujeres montaban a caballo sentándose perpendicularmente al animal, con los pies posados en una tablita, la *sambue*, que les impedía galopar. Catalina montó como amazona, con el pie izquierdo en el estribo y la rodilla derecha plegada sobre el pomo de la silla.* Con ello consiguió seguir fácilmente el ritmo de los hombres y, accesoriamente, dejar ver un poco de su pierna, que sabía bella. Mereció las alabanzas de Ronsard, cuya imaginación intemperante la muestra "llevando al bosque la saeta", saliendo al alba a tender redes, siguiendo las huellas de la caza, acorralando a los ciervos o hasta atacando a "los osos y los jabalíes de colmillos ganchudos". Entró, sobre todo, en el círculo allegado al rey quien, enternecido y halagado por su extasiada admiración, descubrió en ella mil méritos insospechados y la amó cada día más.

Exito excepcional en la composición de un personaje que exigía un dominio de sí misma, una vigilancia sin claudicaciones. Tanto como a sus condiciones naturales, lo debía a su fuerza de voluntad. De salud a toda prueba y de rara resistencia, se plegaba a todo lo que se exigía de ella. Siempre estaba dispuesta y disponible para cabalgar, conversar, bailar, ocupar su lugar en las ceremonias, entradas solemnes, bodas, misas y banquetes, pura sonrisa y pura gracia bajo su caparazón de brocado. Observaba, escuchaba. Atenta con los demás, solícita, encontraba la palabra que agradaba a cada uno, sencilla con los más sencillos, sin revelar la amplitud de su cultura y el vigor de su juicio más que con los que reconocía como sus iguales. Alegre, bromista en ocasiones, aunque evitando herir. Discreta, modesta, desprovista de arrogancia, cuidándose de no mostrar ninguna superioridad, no hacía sombra a nadie, no eclipsaba a nadie, daba por el contrario a cada uno la halagadora impresión de ser infinitamente valioso para ella. ¿Hipócrita? Seguramente. Con la circunstancia atenuante de la legítima defensa. Estaba en juego su supervivencia.

En la corte de Francia, como antes entre las *Murate*, todos esta-

---

* Catalina no inventó esa manera de montar, importada de su Dinamarca natal por Cristina, duquesa de Lorena. Pero fue ella quien la introdujo en la corte de Francia.

ban encantados. Dulce, tan dulce Catalina... El rey fue el intérprete de todos al sugerirle tomar como emblema la banda de Iris, acompañada de una divisa griega que hacía del arco iris el símbolo de un regreso a la calma después de la tormenta. Esa elección la señalaba como portadora de esperanza y de alegría, "de claridad, serenidad y tranquilidad de paz".

Sin embargo, en la lista de sus conquistas faltaba un nombre, el más importante: el de su marido. En él, sus esfuerzos eran inoperantes y sus gracias inútiles. Ella se dio cuenta pronto, despechada, de que otra ocupaba todos sus pensamientos. Diana de Poitiers, esposa de Luis de Brézé, senescal de Normandía, ya era, y lo seguiría siendo hasta el final, el único gran amor de Enrique II.

La gran senescala

Nada, salvo una notable belleza, predisponía a Diana para el papel de amante real. En todo caso su edad —había nacido en 1499— la habría destinado a Francisco I. Pero más jóvenes que ella se disputaban el puesto y no estaba en su carácter lanzarse a una humillante competencia. Queda el episodio melodramático tejido al margen de *Las Damas galantes* de Brantôme por el autor de *El Rey se divierte,* Victor Hugo. No resiste el análisis: que juzgue el lector.

El padre de Diana, Juan de Poitiers Saint-Vallier, era un señor feudal del condestable de Borbón. Gravemente comprometido en la traición de su señor, no pudo escapar a tiempo; fue arrestado y condenado a muerte. Ya subía los peldaños del cadalso levantado en la plaza de la Grève, negra de espectadores divididos entre la piedad y la ávida curiosidad, cuando se le comunicó que se le otorgaba gracia, a instancias sobre todo de su hija, que había ido a Blois a arrojarse a los pies del rey. De allí a pensar que ella había pagado esa gracia con su virtud, y hasta con su virginidad, no había más que dos pasos, alegremente dados el primero por Brantôme, como consecuencia de un panfleto hugonote y el segundo por Victor Hugo. El atrevido cronista aprovechó para adjudicar al padre salvado de la muerte una grosera expresión de gratitud. El dramaturgo romántico vio en ello la ocasión de estigmatizar el desenfreno cínico del soberano y de derramar algunas lágrimas sobre la mujer, eterna víctima. Y se apreció de paso la hazaña de Diana, capaz de seducir alternativamente al padre y al hijo. No hay nada de cierto en todo eso. Cuando tuvo lugar el proceso, la heroína de esta anécdota estaba casada desde hacía ocho años con Luis de Brézé, que se asoció a sus ruegos. Si su padre había traicionado, fue su esposo quien reveló al rey la conspiración. Suficiente motivo para justificar una medida de clemencia, esperada además por buena parte de la opinión pública, que encontraba algunas excusas al culpable. Las lágrimas de la bella, si lágrimas hubo, pesaron menos en la decisión de Francisco I que el sentido bien entendido de la oportunidad política.

Diana llevaba una vida irreprochable junto al senescal, a quien había dado dos hijas. Tenía rango en la corte, en la casa de Luisa de Saboya. Cuidaba con esmero su reputación. Identificándose tal vez ya con la salvaje diosa cuyo nombre llevaba, exhibía una belleza altiva, capaz de helar a los admiradores demasiado osados. Y por muy severo que se sea con su carrera ulterior, se debe reconocer que no hubo cálculo alguno en el origen de sus relaciones con el futuro Enrique II: un gesto espontáneo, un beso maternal cuyo recuerdo, magnificado por un niño, orientó toda su vida.

Recordemos que el tratado de Madrid exigía, como garantía de los compromisos del rey liberado, la entrega a España de sus dos hijos mayores. Luisa de Saboya acompañó a los pequeños rehenes hasta Bayona, donde debían despedirse. A las damas de la corte les costaba ocultar sus lágrimas ante los principitos que todavía no comprendían muy bien lo que les ocurría. Eran dos, muy cercanos por la sangre y por la edad: ocho y siete años. Pero esa proximidad sólo hacía más profundo el abismo que los separaba. El uno estaba destinado a ser rey de Francia, el otro sería, en verdad, el más grande de sus súbditos, pero un súbdito al fin. El uno estaba consagrado de antemano por la futura unción; el otro no era más que un niño común. Esa diferencia, tan difícil de aceptar por los segundones, la percibió siempre Enrique, tanto más vivamente por cuanto el rey se reconocía más en el mayor, alegre, amable, exuberante, que se le parecía, y por el que sentía una visible preferencia. El menor, naturalmente tímido y reservado, se tornó más taciturno, se replegó más en sí mismo y desalentó las muestras de afecto que sin embargo tan urgentemente necesitaba. Estaba celoso. Sintiéndose poco amado, era poco amable. Era un círculo vicioso.

En Bayona, la predilección por el delfín se hizo evidente en la solicitud dispensada a ambos. El rehén de gran precio, por el cual temblaba, era el primogénito, al que las circunstancias convirtieron en una suerte de un *alter ego* de su padre. ¿Acaso este no había pretendido abdicar en su favor? Enrique era sólo una comparsa. Se sentía más aislado que nunca. La dama de Brézé posó los ojos en él. ¿Sintió en su mirada una angustia, una llamada? Se le acercó y depositó en su frente un beso, cuyo equivalente debemos pensar que su hermano no recibió, pues el pequeño se lo llevó a España como un viático y acunó su largo cautiverio en ese recuerdo. Alguien lo había distinguido, elegido. Una mujer, la más bella. Ese beso al huerfanito tiene un sabor a cuento de hadas. Pero por una vez el cuento era verdad.

Beso mágico, filtro de amor. El niño tuvo cuatro años para soñar con él, cuatro años de aislamiento en las prisiones de España, junto a un hermano que sólo compartía a medias su rebeldía, cuatro años de vivir en lo imaginario para escapar de la insoportable realidad. Su libro de cabecera era el *Amadís de Gaula*, vasta novela inspirada en las canciones de gesta y en los relatos del ciclo del rey Arturo, compendio de todos los temas obligados de la literatura caballeresca y cortesana, que él fue capaz de leer en su idioma original. No dejó de identificarse con el "doncel del mar", valiente campeón de las mejores causas perseguido por la injusticia del destino, "Bello Tenebroso" verdugo de los corazones, que reservaba el suyo a una tal Oriana admirada desde la infancia. Y no necesitó sin duda ser alentado por la consonancia de sus dos nombres para adjudicar a esa Oriana el rostro encantador, inolvidable, de Diana de Poitiers-Brézé, su propia *dama*.

La reencontró a su regreso. Tenía once años, pero representaba más, pues era alto y fuerte. Ella, de todos modos, le lleva veinte. El la veía todos los días en esa corte donde pertenecía al séquito de la nueva reina. Más bella aún que en su recuerdo, se le apareció en todo el esplendor de la pompa litúrgica en la coronación de Leonor, en la que ofició junto con las señoras de Brion y de Montmorency, llevando el pan, el vino y la cera de las ofrendas, recogiendo en su deslumbrante vestido algunos rayos refractados venidos del cielo. Siguió a la ceremonia el tradicional torneo en el que cada campeón, según la costumbre, debía poner sus hazañas bajo un patronazgo femenino. Inesperadamente, mientras que el delfín, joven bien educado, se inclinaba ante la reina, Enrique ofrecía a la gran senescala el homenaje de su primer combate público, con gran furor de la favorita, Ana de Étampes, cuya deslumbrante juventud sólo manifestaba desprecio por una "vieja" de treinta años.

Diana, por mucho que la halagara un gesto tan espectacular de fidelidad, era demasiado inteligente para ver en esa pasión algo más que una chiquillada. Ella no pensaba hacer perder la inocencia a un muchacho apenas púber. Estaban para eso las camareras. Pero el papel de "dama", tal como lo habían fijado dos siglos de literatura cortesana, se adaptaba maravillosamente a ella. Reinas o hadas, las Ginebras, las Morganas, las Orianas y las Urgandas, prodigaban protección y consejo al joven paje o bachiller* cuyo "servicio" aceptaban a cambio de una perfecta sumisión. Exigían de él hazañas, lo alentaban a una constante superación. De ellas él extraía virtud y fuerza. En el pleno sentido de la palabra, él era su criatura. Algo para seducir a la orgullosa senescala.

En 1531, la muerte de Luis de Brézé la desligó de todo vínculo. Se instaló en una viudez altiva. Por la elección de sus colores —el negro y el blanco del medio luto— proclamó su intención de no volver a casarse. Era libre para ejercer junto a Enrique un papel de educadora que el rey en persona le solicitó asumir. En efecto, Francisco encontró a su hijo segundo, al salir de las prisiones de España, insuficientemente civilizado. Ella le prometió afinarlo, pulirlo, formarlo para la vida de la corte: "Confiad en mí, Sire, haré de él mi galante", bromeó. Ella conocía de memoria el código de la cortesía. Esa misión situó sus relaciones en un plano en el que la diferencia de edad, lejos de ser una desventaja, jugaba en su favor. Fue una especie de madrina, de sustituta de la madre ausente, de hermana mayor, de mentor, para enseñarle el mundo. No era en absoluto cuestión de amor carnal. ¿Acaso no se preocupó ella ante todo por casarlo?

Se entusiasmó con la alianza Médicis. En su castillo de Anet se debatieron, en abril de 1531, las condiciones del contrato. Además de que se suponía que esa boda procuraría a su protegido un ducado italiano, vio para ella misma múltiples ventajas. Su abuela era una La Tour, la propia hermana del abuelo materno de Catalina: eran primas segundas, hijas de primos hermanos. El honor que

---

* En la Edad Media, joven que aspiraba a ser armado caballero (N. de la T.).

se hiciera a la ascendencia francesa de la pequeña florentina recaería en parte sobre ella, que así entraría por alianza, en la parentela real. Además, ese parentesco la autorizaría a tomar bajo su protección a la futura novia y, con el pretexto de protegerla, la ayudaría a acrecentar la influencia ejercida sobre su marido. Así contaría con la protección de la pareja.

La pobre Catalina veía ahorrársele la prueba de una suegra posesiva como Luisa de Saboya, pero fue para caer de la sartén a las brasas. Le tocó algo peor. Diana se comportaba como la más imperiosa de las suegras, la acompañaba, la peinaba, la vigilaba, intentaba regir su casa, la rodeaba de indiscreta solicitud. Y era al mismo tiempo su rival como mujer, una rival ostensiblemente preferida, cuyos colores llevaba Enrique, a la que él consagraba la mayor parte de su tiempo, devorándola con la mirada y bebiendo sus palabras, poniendo a todos como testigos de su incomparable belleza. Que ese amor fuera bastante tiempo platónico, no arreglaba nada, al contrario. La división de papeles entre la "dama" que posee el corazón de un hombre —la mejor parte— y la esposa destinada a la perpetuación de la raza o las cortesanas destinadas al placer, estaba tan profundamente asentada en las mentalidades de la época que ninguna osaría quejarse, por temor al ridículo. El amor así purificado era virtud. Y cuando ocurrió lo inevitable, la puesta en escena cortesana estaba tan perfectamente armada, tan bien ensayada, que siguió funcionando, aunque pocas personas se engañaran realmente.

Pues Enrique no estaba de humor para seguir jugando a los enamorados platónicos. Tenía sangre caliente y reclamaba ardientemente su recompensa. Diana lo dejaba consumirse, se hizo desear largo tiempo, sopesando como mujer avezada las ventajas y los riesgos de una relación. Aguardó hasta haber conseguido plenamente sobre él un dominio intelectual y moral prometidos por una edad, una energía, un conocimiento de la vida infinitamente superiores. Esperó hasta que fue adulto y tuvo una personalidad formada y estabilizada. El seguía queriéndola, y eso era un buen signo. Aguardó a que hubiese adquirido cierta experiencia durante cinco años de vida conyugal salpicada de numerosas aventuras. El tendría ahora suficientes elementos de comparación para medir el precio de lo que ella le ofrecía. Pero lo que la decidió —y asombra que el hecho no haya sido subrayado—, fue la muerte del delfín Francisco en 1536, que convirtió a Enrique en el heredero del trono. No valía la pena descender de su pedestal para ser la amante del duque de Orleáns, pero la perspectiva de ser la del rey de Francia le abría inmensas esperanzas. Sin duda Diana amaba a su manera a ese joven enamorado torpe y fogoso. Pero amaba el dinero y los placeres que procuraba. Amaba el poder por el poder mismo, con pasión. Y entreveía la manera de obtenerlos.

Dispuso para ello de la complicidad de Anne de Montmorency, que acababa de recibir la espada de condestable. Este gozaba de la confianza del joven príncipe, al que estaba encargado de instruir en un dominio que escapaba a Diana, el de la guerra. Una común campaña en el Piamonte, rica en hazañas militares y amorosas, selló su amistad. Prestó su castillo de Écouen para un encuentro discreto, en la primavera de 1538. Diana se abandonó, con melindres de virgen asustada, y versificó para su amante un relato de su lucha y su derrota:

> He aquí que en verdad el Amor una bella mañana
> Vino a ofrecerme requiebro muy gentil [...]
> Pues sabréis que ese requiebro tan gentil
> Era varón, fresco, dispuesto y juvenil.
> Pero, temblorosa y apartando la mirada,
> "No", decía yo. "¡Ah!, ¡no os decepcionéis!"
> Continuó el Amor y de pronto ante mi vista
> Va presentando un maravilloso laurel.
> "Más vale", le dije, "ser virtuosa que reina."
> Pero me sentí estremecer y temblar.
> Diana cedió y comprendéis sin pena
> De qué mañana yo pretendo hablar...*

Y Enrique, loco de amor, se proclama su eterno esclavo:

---

* *Voici vraiment qu'Amour un beau matin / S'en vint m'offrir fleurette très gentille [...] / Car, voyez-vous, fleurette si gentille / Était garçon, frais, dispos et jeunet. / Ains, tremblotante et détournant les yeux, / "Nenni", disais-je. "Ah! ne soyez déçue!" / Reprit l'Amour et soudain a ma vue / Va présentant un laurier merveilleux. / "Mieux vaut", lui dis-je, "être sage que reine." / Ains me sentis et frémir et trembler. / Diane faillit et comprenez sans peine / Duquel matin je pretends reparler...*

Cuántas veces he deseado
Tener a Diana como única amante,
Pero temía que ella, que es una diosa,
No quisiera rebajarse
A hacer caso de mí que, sin ello,
No tenía placer, alegría ni contento
Hasta el momento en que se decidió
Que yo obedeciese a sus órdenes.*

Dejando de lado todo sentimiento, concederemos a Diana que ella sabía hacer versos con mucha más elegancia que su pretendiente.

Enrique condenaba la disipación de la corte paterna, le chocaba la falta de pudor y la desvergüenza de la duquesa de Étampes. Diana cuidaba su reputación. Ellos disimularon su relación. La confusión novelesca les servía de escudo, al punto de haber engañado a algunos historiadores dispuestos a aceptar esta historia de caballería platónica, engañados por los poetas a sueldo —a menudo eran los más grandes—, que se empeñaban en difundir la edificante fábula. Por su parte, los contemporáneos habían comprendido, pero callaban o entraban en el juego, por cortesanía. Las apariencias estaban a salvo.

Catalina también había comprendido.

Lamentablemente, no estaba en condiciones de protestar ni de formular la menor exigencia. Su propia situación era más precaria que nunca, pues pasaban los años y no se anunciaba ninguna maternidad.

A la futura reina le hace falta un hijo

Dos acontecimientos llamaron cruelmente la atención sobre esa incapacidad.

El primero fue la muerte del delfín Francisco en agosto de 1536. Hasta entonces, Catalina no era más que la duquesa de

---

* Combien de fois je me suis souhaité / Avoir Diane pour ma seule maîtresse, / Mais je craignais qu'elle, qui es déesse, / Ne se voulût abaisser jusque-là / De faire cas de moi qui, sans cela, / N'avais plaisir, joie ni contentement / Jusques à l'heure que se délibéra / Que j'obéisse à son commandement.

Orleáns. El hecho de que no tuviera hijos carecía de consecuencias, al contrario. Cuantos menos príncipes colaterales hubiera, mejor estaría la monarquía. No habría heredades que distribuir, o rebeliones nobiliarias que temer al amparo de los hermanos o de los primos del rey. No había prisa. Desde el día en que se convirtió en reina delfina, su eventual esterilidad resultaba catastrófica. Muy recientemente se habían visto demasiado bien los problemas planteados por la ausencia de un heredero varón en el hogar del rey. Le hacía falta un hijo, con toda urgencia. O al menos una hija para disipar los temores. Pero nada se anunciaba. Ni siquiera un accidente, una esperanza frustrada. Nada.

El segundo golpe asestado a Catalina fue el nacimiento de una bastarda de su marido.

Hay que señalar que Enrique padecía una anomalía sexual benigna bastante común, conocida actualmente con el nombre de hipospadias. Todo el mundo lo sabía, y ocasionalmente era motivo de bromas. No le impedía entregarse a los juegos del amor, pero podía pensarse que disminuía su aptitud para procrear. En la esterilidad de la pareja, no se osaba pues incriminar exclusivamente a la esposa, como se tenía la tendencia a hacerlo en casi todos los casos análogos, a raíz de una actitud machista. Después de todo, Catalina tal vez no era la única responsable y nadie se habría aventurado a dudar de la virilidad del futuro rey de Francia.

Ahora bien, en el otoño de 1537, durante la campaña de Italia, las tropas francesas se apoderaron de la pequeña plaza fuerte de Moncalieri, en el Piamonte. Como de costumbre, los guerreros se consolaron de sus penas junto a las mujeres y a las jóvenes de la ciudad conquistada. Un escudero piamontés, cuya familia era originaria del lugar, invitó a Enrique a su casa y le presentó a su hermana. Perdida por perdida, mejor que lo fuera en los brazos más prestigiosos. El encuentro fue breve, pero poco tiempo después se supo que Filippa Duci esperaba un hijo. El orgullo del padre sólo fue igualado por la solicitud de la amante titular. Esta se ocupó de todo. Se procuró a Filippa un "establecimiento"* y se le retiró la niña. Esta pertenecía a

---

* La entrada de Filippa Duci al convento, dada por segura durante largo tiempo, ha sido cuestionada recientemente. La joven habría sido instalada en la Turena y uno de sus hermanos habría entrado al servicio del rey.

su padre con pleno derecho. Diana le puso su nombre, le sirvió de madrina y se encargó de hacerla educar. Las malas lenguas que intentaron atribuirle la niña tuvieron que callar: las circunstancias de ese nacimiento eran demasiado conocidas como para que pudiera instalarse la sospecha.

El asunto, que terminó bien para la madre y la niña, hizo una víctima importante: Catalina, pues sólo a ella era imputable ahora el hecho de que su matrimonio fuese estéril.

Si no era buena siquiera para tener hijos, la sobrina del difunto papa desalentaba las esperanzas imprudentemente puestas en ella. Como ninguna familia poderosa la apoyaba, se levantaron voces en el Consejo proponiendo el repudio, y Brantôme se equivoca al afirmar que su suegro y su marido se negaron a considerarlo "de tanto que la amaban". El embajador veneciano de la época los presentó a ambos decididos a eliminarla. Y ya se rumoreaba el nombre de las candidatas capaces de reemplazarla, por ejemplo la muy bella Luisa, hija menor del duque Claudio de Guisa, de familia notoriamente prolífica. La pequeña Catalina, tan alegre, tan suave, tan dócil, gozaba por cierto en la corte y en el pueblo de mucha simpatía: "No se encontraría a nadie que no se dejara sacar sangre para hacerle tener un hijo", escribe en 1542 otro veneciano. Se la compadecía de todo corazón. Pero la piedad sola era impotente para salvarla.

Cuando fue a arrojarse a los pies de Francisco I, reconoció su culpa, lloró mucho y habló de sacrificarse por el porvenir de la dinastía, ¿sabía que ya estaba casi tomada la decisión de conservarla? El rey la ayudó a incorporarse besándola, le declaró que él no iría contra la voluntad de Dios que la había hecho su nuera. En realidad, él y su hijo cedían a las presiones coincidentes de sus favoritas respectivas, poco deseosas —sobre todo Diana— de sustituir a la humilde italiana solitaria por una orgullosa lorenesa bella y fecunda, flanqueada de una ambiciosa parentela. Discretamente requerido por Catalina, el condestable de Montmorency, amigo de Diana, que presentía en los Guisa a unos rivales, había abogado igualmente en su favor.

Fue, pues, gracias a la amante de su marido que la joven se salvó del repudio. Precario salvamento. Para ser verdaderamente reina, necesitaba ser madre.

A joven avezada nunca le falta descendencia,* dice un proverbio italiano que, a falta de su padre, probablemente su tío, el papa, le había susurrado al oído al separarse de ella. Lamentablemente no es apropiado a los casos de esterilidad femenina. Catalina hizo lo humanamente posible para conjurar la mala suerte. Se dirigió a Dios y a sus santos, sin gran convicción al parecer. Una noche en que se cantaban salmos —no era todavía un signo de profesión de fe de los hugonotes—, ella declaró, eligiendo el salmo ciento cuarenta y uno, ponerse bajo la protección del "Eterno de los oprimidos, el Padre". Pero creía sobre todo en los curanderos, los alquimistas, los brujos y los remedios caseros. Interrogó a una de sus compatriotas, María Catalina de Gondi, madre de diez hijos, que pasaba por haberle dado eficaces recetas. Leyó o trató de leer áridos tratados antiguos. Llevó talismanes, evitó montar en mulas, animales infecundos, bebió filtros, se aplicó sobre el vientre extrañas cataplasmas, absorbió inmundas pócimas. También consultó a médicos. El ilustre Fernel examinó a los dos esposos y emitió diversas prescripciones, muchas de las cuales harían sonreír a un ginecólogo actual; sugirió multiplicar las relaciones y modificar las posiciones. ¿Fue él o simplemente la naturaleza quien produjo el milagro? Después de diez años de matrimonio, finalmente Catalina se encontró encinta y, para colmo de felicidad, fue un varón el que trajo al mundo el 19 de enero de 1544 en el castillo de Fontainebleau.

Las reinas parían en público, para prevenir cualquier sustitución. El rey quiso asistir a todas las fases del acontecimiento. No cabía en sí de gozo ante ese primer nieto que llevaría su nombre. Examinando "todo lo que salía" con el bebé, intentó hacer de arúspice con la ayuda de astrólogos atentos a la posición de los planetas. El niño sería sano y vigoroso y tendría muchos hermanos y hermanas. El primer punto del pronóstico resultó erróneo. Pero el segundo fue confirmado muy pronto. Quince meses más tarde nacía una hija, Isabel. Una vez puesto en marcha el mecanismo, ya no se detuvo.

Diez años de esterilidad, un poco más de fecundidad. En doce años, Catalina trajo al mundo diez hijos en total, sin que eso causara a su salud ningún grave perjuicio. Sin duda la prueba inicial le fue

---

* A figlia d'inganno, non manca mai la figliolanza.

beneficiosa. Abordó esa sucesión de maternidades, peligrosamente cercanas, no al salir de la infancia, como muchas de sus semejantes, sino a una edad en que su cuerpo estaba más capacitado para soportarlo, en el pleno florecimiento de su madurez. Su salud no se resintió: es verdad que la tenía de hierro. La salud de sus hijos fue otra cosa. Pero es injusto imputar —como se ha hecho— a la herencia de que se la creía portadora, todos los males que padecieron. Había tanto en su marido como en ella antecedentes sospechosos. La sífilis hacía estragos de uno y otro lado de los Alpes y la tuberculosis, que se había llevado a sus padres, prosperaba también en los aposentos reales de Francia, mal diagnosticada y peor tratada todavía. Sus hijos, al menos, podían vivir, y eso ya era mucho.

Sus bautismos fueron para su madre días de gloria. El primero tuvo como padrinos* a su abuelo y a su tío, el joven Carlos de Orleáns y por madrina a su tía Margarita de Francia, la gran amiga de Catalina. El rey de Inglaterra Enrique VIII aceptó apadrinar a la segunda representado por su embajador, y las madrinas fueron la reina Leonor y Juana de Albret, sobrina del rey y heredera de Navarra. En lo esencial, se atenían a los parientes cercanos.

Hubiera hecho falta más para estrechar los vínculos familiares. Sobre la corte del rey envejecido, al que se sabía enfermo, se cernía una atmósfera de fin de reinado. Algunos clanes se enfrentaban ferozmente, dedicados a preservar un porvenir comprometido o a conquistar los cargos que se sabía quedarían libres pronto. El rey no se entendía con su hijo mayor, al que no comprendía bien; prefería al menor, Carlos, más seductor y extrovertido. La dirección de las campañas contra España creó entre los dos hermanos una competencia permanente, que Enrique consideraba desleal con el pretexto de que no se le confiaban las operaciones más prestigiosas. La firma del tratado de Crépy-en-Laonnois lo enfureció, porque lo privaba de una victoria que creía al alcance de su mano y concedió a su hermano menor privilegios que él juzgaba exorbitantes. Celos, recriminaciones y comentarios fueron amplificados por las dos favoritas que se detestaban y se insultaban por intermedio de escritorzuelos poco in-

---

* Era costumbre dar a los varones dos padrinos y una madrina y a las niñas dos madrinas y un padrino.

clinados a la delicadeza. Las cuestiones religiosas envenenaron aún más las relaciones entre los clanes. Francisco I deseaba la calma, pero desde que se habían exhibido en toda Francia e incluso sobre la puerta de su propia habitación carteles injuriosos contra la misa,* consideraba a los reformados unos revoltosos capaces de perturbar la paz del reino y los hizo vigilar de cerca. Pero con el apoyo de su hermana, Margarita de Navarra, y de su amante, Ana de Étampes, intentó protegerlos. Diana de Poitiers, en cambio, profesaba un catolicismo intransigente y agrupó a su alrededor a los partidarios de la represión. "Las mujeres de la corte", como diría Balzac, "juegan con el fuego de la herejía." Se incubaban los odios, y de tanto en tanto estas estallaban. Francisco I y Enrique casi no se dirigían la palabra. Este llegó a pedir a su mujer que rompiera relaciones con la duquesa de Étampes, con quien la etiqueta la obligaba a codearse a diario.

Felizmente para Catalina, sus maternidades habían modificado completamente su situación. De pronto era importante y se la tenía en cuenta, y se contaba con ella. Fortalecida en su nueva posición, navegaba de cerca entre los antagonistas, ponía a punto los engranajes, intervenía para transmitir informaciones o facilitar la reanudación de contactos. Era excelente en esa tarea y la cumplió gustosa. Hasta logró mantenerse en buenos términos con todo el mundo.

Después de la muerte del príncipe Carlos, súbitamente víctima de una enfermedad infecciosa, el rey se reconcilió con el único hijo que le quedaba. Pero declinaba a ojos vista. Catalina estaba a su lado en Rambouillet cuando él se postró en cama para no levantarse más. Por su parte Enrique, exasperado al ser mantenido a distancia por la favorita, fue a refugiarse en Anet junto a Diana. Regresó de prisa para asistir a la agonía de su padre. El 31 de marzo de 1547, en medio del olor de los remedios y el incienso y del murmullo de las plegarias, a la luz temblorosa de los cirios, Enrique, arrodillado junto a la cabecera del moribundo, se levantó rey, y la pequeña advenediza italiana, bañada en lágrimas, se convirtió en reina de Francia.

---

* El asunto llamado de los Carteles data de 1534. Pesó mucho en la política religiosa de Francisco I.

La apoteosis de Diana

El cambio de reinado tuvo visos de revolución palaciega, al producirse una redistribución general de cargos. Catalina no ganaba nada, al contrario. Ahora ya no contaba con la protección paternal de Francisco I. Ella era reina. Pero la que reinaba era Diana.

En la historia de las amantes reales, Diana de Poitiers, pronto duquesa de Valentinois con rango de princesa, constituyó a la vez un arquetipo y un caso excepcional. Era el modelo con el que soñarían todas después de ella y que ninguna lograría igualar. Es cierto que la mayoría de ellas negociaban su complacencia, hacían su fortuna y la de sus familias y algunas intervenían en política. Pero jamás, a lo largo de toda la historia de Francia, una favorita ejerció tanta influencia en los asuntos del Estado, instaló a tantos allegados en los puestos clave, controló tan estrechamente las finanzas, acumuló tantos castillos, tierras, rentas y prebendas y dispuso de semejante corte de turiferarios, excelentes poetas por añadidura. Ninguna esclavizó tan totalmente a un rey.

¿Cómo explicar el poder y sobre todo la duración de la influencia que ejerció sobre Enrique II? Ya resultaba sorprendente que un adolescente de quince años se enardeciera por una mujer de treinta y cinco, teniendo en cuenta el envejecimiento femenino precoz. Pero que veinte años más tarde un hombre, en la fuerza de la edad, a quien no le faltaba energía cuando la requería, un hombre vigoroso, un guerrero endurecido, no un mequetrefe, un rey seductor a quien se le ofrecían multitud de mujeres pudiera perseverar en su adoración sumisa a los pies de una amante más que madura, era algo que dejó estupefactos a sus contemporáneos y que nos asombra todavía. En esa época se habló de sortilegios. Entre sus manos él no era "más que cera": expresión metafórica, pero quizá también alusión indirecta a las figuritas mágicas que se modelaba a imagen de los que se deseaba someter. Como nosotros ya no creemos en hechizos, debemos buscar en otra parte una explicación.

Seguramente Diana era muy bella, alta, rubia, de piel blanca, con un cutis transparente pronto a animarse con un brillo de rosa y un escote suntuoso. No juzguemos su desnudez según las innumerables Dianas cazadoras longilíneas de cuerpo delgado y senos menudos bajo cuyos rasgos pintores y escultores la representaron. Esa es la imagen idealizada, depurada. La verdadera Diana estaba más sólidamente constituida y la madurez, al desarrollar sus formas, la había dotado de una opulencia acogedora y cálida, como era el gusto de entonces. Una mujer de carne y de sangre, cuya evidente sensualidad se hallaba reprimida por una fuerte voluntad, que podía leerse en los rasgos firmes del rostro, en la boca de labios delgados, en la mirada aguda, inteligente y fría.

Era bella y lo sabía. Sabía también cultivar y mantener esa belleza. Había descubierto, con cuatro siglos de anticipación, las virtudes de la higiene y del deporte. Llevaba una vida sana, evitaba los excesos, se levantaba y se acostaba muy temprano, salvo los días en que las festividades la retenían en la corte. Comía moderadamente, dormía eventualmente la siesta, se daba baños fríos, evitaba los cosméticos, polvos y ungüentos que arruinaban la piel, y todos los días, cualquiera fuese el tiempo, dedicaba lo esencial de la mañana a hacer ejercicio al aire libre, a cabalgar a través de prados y bosques. Ese régimen natural, seguido asiduamente por una mujer sana y de buena salud, le permitió conservar durante mucho tiempo la pureza de su cutis y la agilidad de su andar. Un "milagro" que hoy nosotros estamos en condiciones de comprender mejor.

A los cincuenta años era, pues, "tan bella de rostro, tan fresca y amable como a la edad de treinta", escribía mucho más tarde Brantôme, haciéndose eco de una insistente tradición: "No conozco corazón que no se conmoviera por ella". ¿Pero basta la belleza para retener a un amante, sobre todo cuanto este es rey, expuesto a todas las tentaciones? La diferencia de edad, que al principio la ayudó a subyugar al adolescente, podía más tarde volverse contra ella. Para prevenir la saciedad, puso en práctica una estrategia de extremada habilidad.

Diana no era celosa, en apariencia al menos. No pretendía la exclusividad, no exigía que su amante le fuera fiel; ella apostó por la calidad, no la cantidad. Mandaba al rey puntualmente a visitar a su mujer. En cuanto a las aventuras, las toleraba si estaba segura de que no tendrían futuro, por ejemplo durante las campañas militares. Lo sujetó bien, pero la correa era larga y ella evitaba hacerle sentir su peso. El participaba pues alegremente, como todos sus compañeros de armas o de fiestas, en las grandes justas de la virilidad conquistadora. Pero cuando volvía, ella le dispensaba placeres sin común medida con las groseras satisfacciones ofrecidas por las otras.

Sin necesitar haber leído al Aretino —pero quién sabe, tal vez lo leyera—, Diana practicaba una ciencia erótica sutil, donde la familiaridad y el conocimiento recíprocos permitían modular, sobre una primera premisa idéntica, inagotables variaciones. Se dice que Catalina sospechó algo de eso y quiso informarse. Oculta en una habitación que coincidía, en el piso superior, con la de Diana, pudo observar por un agujero de las maderas del piso el "juego" de los amantes, "caricias y jugueteos muy grandes", que a veces los hacían caer de la cama a la alfombra. Comprendió entonces que no estaba en condiciones de rivalizar. A falta de haber sido comprobada, la anécdota resulta verosímil. Enrique estaba unido a Diana por las complicidades de la sensualidad satisfecha.

Además, ella tuvo la idea genial de rodear ese amor de un aura mitológica, haciendo de una trivial relación la conjunción de dos divinidades de roles cósmicos complementarios. Comenzada bajo los auspicios de la caballería, su aventura prosiguió en los bosquecillos sagrados de la antigua Grecia. Jugando con su nombre, ella adoptó los diversos rostros que reviste la diosa homónima, ya persiguiendo la caza por los bosques, ya como divinidad lunar que, bajo los rasgos de Selene, recibía del astro diurno una luz que ella reflejaba sobre la tierra, magnificada. Febo y Diana, sol y luna, fuego y agua, inseparables gemelos: el papel aparentemente subalterno que ella se asignaba, el de reflejo, halagaba el orgullo de Enrique, identificado con el más brillante de los dioses. Pero el milagro sólo era posible gracias a Diana, agente de su transmutación, cuya intercesión lo arrancaba de la tierra para proyectarlo a las alturas del Empíreo. Una constante inversión de papeles hacía de la mujer la amante en los dos sentidos del término, conquistadora y conquistada, inseparable de su compañero. Esa dependencia recíproca saltaba a la vista en el célebre grupo del castillo de Anet:* una Diana voluptuosamente tendida sobre el flanco del gran ciervo que ella había forzado, cazadora cazada, parece pronta a desfallecer. En el espléndido animal se adivinaba a un dios, y su real amante se identificaba implícitamente con Zeus multiforme, toro, cisne o nube de oro.

En el castillo de Anet, que él no dio a Diana pero cuya transfor-

---

* Su atribución a Jean Goujon, admitida durante largo tiempo, actualmente es cuestionada.

mación en obra de arte del Renacimiento financió dispendiosamente, todo contribuía a darle la sensación de penetrar en un mundo encantado. Emblemas, iniciales, símbolos, alegorías, escenas pintadas y grupos esculpidos, jardines y fuentes poblados de ninfas, todo allí era símbolo. Todo sacralizaba el cumplimiento del ritual que los conducía al lecho, para gustar en él las voluptuosidades desconocidas en la tierra. En ese templo erigido a su amor, la fiesta de la carne se tornaba ceremonia iniciática de la que él resurgía regenerado, metamorfoseado en dios.

Toda Francia colaboró en la divinización de la pareja. El gusto de la época impulsaba a hacerlo, así como el interés de los escritores, que obtenían de sus versos por encargo sustanciales remuneraciones. La facilidad contribuía igualmente: no hacía falta mucha imaginación para trabajar sobre el tema de Diana en ocasión de las entradas solemnes en las ciudades. ¿La gente se engañaba o no? Lo uno y lo otro. Y si no se engañaba, fingía hacerlo.

Las infidelidades reales casi no indignaban. El buen pueblo galo veía en ellas una señal de sana virilidad. A veces se criticaba al soberano cuando sus placeres costaban demasiado caro, al mismo tiempo que se lo envidiaba secretamente. Pero a un gato se le llama gato y a una favorita prostituta. La transfiguración mitológica permitió a la orgullosa Diana arrojar sobre su relación el tornasolado velo de los recuerdos literarios y artísticos. En las ceremonias públicas, logró imponerse al lado del rey como una figura tutelar —protectora, iniciadora— ajena a las seducciones de la carne. Esgrimiendo su edad, su pasado irreprochable y la reputación de castidad atribuida a la diosa homónima, consiguió hacer creíble la idea de una relación platónica, de tipo caballeresco, entre la dama y su campeón, o de una colaboración fraternal entre los dos hijos de Leto, Sol y Luna, unidos para dispensar a la Tierra sus favores conjugados. Se salvaban las apariencias.

Ella ganó con eso ocupar en las tribunas oficiales un lugar respetable, simétrico al de la reina pero en la práctica superior, esposa divina contra esposa humana. Su contigüidad subrayaba la doble naturaleza del rey, hombre y dios: sobrenatural bigamia, autorizada por la diferencia radical de los dos universos.

Se suponía que a Catalina no la ofuscaba ver florecer en las paredes y en los tapices un curioso monograma, en el cual los trazos de dos D mayúsculas entrecruzadas se fundían de uno y otro lado en los de una H, lo que permitía ver igualmente en ellos dos C: homenaje común a la amante y a la esposa. En Lyon, nadie creía herirla en la entrada solemne de septiembre de 1548, en la que una larga sucesión de cuadros vivos cantaba a la gloria del soberano. Al pie de un obelisco constelado de iniciales y escudos de armas y coronado por una luna de plata en cuarto creciente, figuraba un bosquecillo, donde Diana y sus ninfas llevaban a los perros atados al extremo de correas negras y blancas. De unos matorrales surgió un león mecánico, emblema de la ciudad, que la diosa ofreció al rey. Al día siguiente, en el mismo decorado, la misma cazadora ofreció a la reina el mismo león, que "se abrió el pecho mostrando el escudo de armas de ella en medio de su corazón". Diana obsequiaba a Catalina las buenas ciudades de su reino. ¿Qué títulos tenía para hacerlo? A nadie se le ocurrió hacerse la pregunta.

Reiterada constantemente por poetas, pintores, escultores y decoradores, la entronización oficial de la amante como divinidad benevolente neutralizó a la reina, confinándola al papel de humilde comparsa humana que le asignaba la puesta en escena. Afirmaba definitivamente el poder de Diana sobre Enrique, cuyo ser se fundía y se perdía en toda esa escenografía y que no podía liberarse de la imagen de sí mismo que le reflejaban esos espejos multiplicados hasta el infinito. Y apartaban la atención del papel real desempeñado por la ambiciosa y ávida favorita.

Esa genial identificación no habría podido efectuarse sin el auxilio de una cultura alimentada de mitología y amante de los símbolos, donde la antigua visión del mundo terrenal como reflejo de los cielos extraía del neoplatonismo una renovada actualidad. Se podía jugar con los dioses antiguos sin temor al sacrilegio. Y se hizo alegremente. Nacida del encuentro entre la imaginación de una mujer de gran talento y los fantasmas de una época, esa identificación engañó amplia y duraderamente a los observadores poco atentos. Mantiene todavía bajo su encanto, gracias al cincel de un escultor, a los que se abandonan a contemplar demasiado largamente a la encantadora cazadora de la fuente de Anet.

La ficción creada por Diana obligaba a los amantes a hacer a su lado un lugar a la reina. Para dar crédito a la fábula de una relación platónica, la favorita necesitaba que Enrique II cumpliera puntualmente su deber conyugal. Catalina consiguió con eso no ser abandonada como Leonor, cuya triste suerte había podido comprobar. Era un elemento indispensable, aunque subalterno, de ese extraño trío. Por una singular inversión de papeles, ella ocupaba el lugar de esas concubinas que las esposas bíblicas, al envejecer, ponían en el lecho de los patriarcas, humildes "servidoras, felices de estar autorizadas a recibir las caricias del amo y a darle hijos". Diana lo podía todo, Catalina nada, salvo aguantar. Después de algunas querellas se estableció entre las dos mujeres un pacto de no agresión, un modus vivendi, con gran satisfacción de Enrique II, que apreciaba en la una y en la otra un humor parejo tranquilizador. Y los observadores, habituados a los estallidos de la duquesa de Étampes y a sus desaires a Leonor, se extasiaban ante la bella armonía de ese idílico triángulo sentimental.

"La reina no podía soportar, al comienzo de su reinado, tal amor y tal favor de parte del rey hacia la duquesa, pero luego, por instancias del rey, se resignó y soporta con paciencia. La reina frecuenta continuamente a la duquesa que, por su parte, le hace los mayores servicios ante el rey, y a menudo es ella quien lo exhorta a dormir con la reina", escribe el embajador veneciano Contarini.

¿Resignada? Catalina nunca lo estuvo. No era de la clase de esposas que abdican sin haber combatido y piden a la religión dar un sentido a sus vidas malogradas. Era una luchadora, una mujer de acción lúcida, realista, de una inteligencia y una fuerza de carácter por lo menos iguales a las de su rival. Nadie se daba cuenta todavía. Ella callaba. Pero se negaba a abandonar la partida, buscando defenderse y jamás perdió la esperanza. Teniendo en cuenta la edad de Diana, el tiempo debería jugar en su favor. Lo esencial era resistir.

Debió pasar tragos muy amargos, muchos de las cuales le dejaron huella. Años más tarde, en 1584, la vemos vomitar su rencor en una carta a su hija Margarita: "Si yo ponía buena cara a la señora de Valentinois, era porque lo exigía el rey, pero yo siempre le significaba que lo hacía con gran disgusto; pues jamás una mujer que amaba a su marido amó a su puta, que no puede ser llamada de otro modo, aunque a nosotras nos cueste decir esa mala palabra." Y añadía que sólo la modestia de sus orígenes explicaba su complacencia: si hubiese sido hija de un rey, no habría soportado compartirlo. Vemos que, ni por un instante, disminuyó su odio por Diana.

¿Estuvo enamorada de su marido, como se complacen en decirlo historiadores tan confiados en el poder de la seducción masculina como en la vulnerabilidad del corazón femenino? Balzac, gran psicólogo, no lo creía.

Debido a su esterilidad temporal y gracias a las exhortaciones de Diana, Enrique pasó con ella muchas más noches que la mayoría de los reyes con sus esposas, y es posible que esas asiduidades no le fueran desagradables, si hemos de dar crédito al indiscreto testimonio que el rey habría dado un día.* Pero era poco probable que ella hubiera consagrado un amor profundo y duradero a un hombre totalmente esclavizado a otra, y cuyas debilidades conocía. Por cierto, para hablar de él, ella conjugaba incansablemente el verbo amar, se quejaba en sus cartas de no haber sido bien correspondida,† multiplicaba las manifestaciones públicas de un afecto que sobreviviría a la muerte. Se percibía empero algo de teatral, que sonaba falso, en el ostentoso duelo que ella adoptaba y hacía adoptar a la corte cuando él estaba en la guerra, pasándose el día en oraciones y fatigando al cielo con sus plegarias. Hacía demasiado. Evidentemente desempeñaba su papel en la obra concebida por Diana para el público, y trataba de sacar de ella el mejor partido.

Por supuesto, quería a su marido. Aunque desprovista de sentimentalismo era posesiva y le repugnaba ceder, a quienquiera que fuese, algo que le pertenecía. Sabía sobre todo que ella no era nada sin él, su amo y señor. Era su existencia lo que defendía, su lugar en la corte y en el reino. Al consagrarle un amor espectacular, afirmaba doblemente sus derechos sobre él, en público y en privado.

---

* Según Brantôme, "él, que era de complexión amorosa y le gustaba mucho hacer el amor e ir al cambio, solía decir con frecuencia que, de todas las mujeres del mundo, no había para eso como la reina, su mujer, y que no conocía a ninguna que se le comparara." Pero esa declaración apuntaba tal vez a disimular sus relaciones con Diana.

† Escribía, por ejemplo, a su hija Isabel: "Yo no tenía más tribulación que la de no ser suficientemente amada de buen grado por el rey, vuestro padre, que me honraba más de lo que yo merecía, pero yo lo amaba tanto que siempre tenía miedo".

Era lo suficientemente inteligente para comprender que le convenía representar el personaje que le había preparado la favorita. Y hasta se superó en el guión previsto. La esposa humana se mostraba tan amante y devota como la divina alma gemela. Irreprochable, perfecta. La distribución de papeles implicaba que Enrique le prodigara atenciones: ¿No era Diana la "gran amiga" que se la ha dado en matrimonio y la cubría bajo su ala protectora? Catalina exigía esas atenciones que le permitían preservar su dignidad, salvar las apariencias y parecer amada. Vimos así al marido y a la amante turnarse a su cabecera para cuidarla cuando ella padecía una "esquinencia" —entiéndase anginas— o la "enfermedad púrpura"—tal vez escarlatina—, cuyas miasmas contagiosas desafiaban por ella. Su complacencia y su docilidad le aseguraban, a falta de amor, el afecto y la confianza de un marido, conmovido por tanta abnegación, sintiéndose vagamente culpable, dispuesto a prodigarle, a título de compensación, todo lo que podían ofrecerle: honores y una pobre participación en los asuntos de Estado.

Si ella tuvo a veces raptos de mal humor, rápidamente supo dominarlos. Se guardó de atacar a Diana de frente. Algunos enemigos de la favorita le propusieron, no sin cierta ingenuidad, matar el amor que ella inspiraba atentando contra su embrujadora belleza, fuente presunta de su poder. El duque de Nemours habló de arrojarle vitriolo. El mariscal de Tavannes ofreció cortarle la nariz. Y nos ponemos a pensar si, de habérsele cortado la nariz a Diana, habría cambiado toda la faz del reino. Catalina, muy sabiamente, se opuso.

La favorita vigilaba a su amante como una tigresa y la esposa salía ganando con ello. Eso se vio cuando el condestable de Montmorency, descontento de Diana, intentó procurar al rey una nueva amante. La diosa se había roto una pierna al caer del caballo y Montmorency, aprovechando su inmovilización forzada y el enclaustramiento en el que ocultaba su desgracia, arrojó en los brazos del soberano a la exuberante lady Fleming, recién desembarcada de Inglaterra como dama del séquito de María Estuardo. Diana ahorró a Catalina el trabajo de hacer al culpable la escena doméstica apropiada. Ella se encargó de eso, con gritos y rechinar de dientes. La recién llegada creyó asegurar su fortuna proclamando su embarazo. Se equivocaba. El rey odiaba los escándalos. Según la costumbre fue enviada de vuelta a su casa reteniendo a su hijo. Con las orejas gachas Enrique volvió a su doble hogar, y si más adelante se le ocurrió a menudo "ir al cambio", lo hizo con discreción y sin dejar jamás entrar de verdad a otra mujer en su vida.

La esposa y la favorita se conocían y se comprendían. Sabían lo que podían esperar o temer una de otra. Catalina no deseaba en absoluto cambiar la envejecida amante por una rival más joven que no tendría hacia ella los mismos miramientos. Ambas formaron un bloque contra toda incursión ajena. La paz armada les convenía a las dos.

Protegida por esa amistad ambigua, confiada en el futuro, la reina avanzaba sus peones y ocupaba metódicamente todo el espacio disponible.

La madre de los hijos de Francia

Si había un ámbito en el que Diana le dejaba el campo libre, ese ámbito era la maternidad.

La favorita no había tratado de afianzar su influencia sobre Enrique dándole hijos. No los necesitaba para retenerlo. El nacimiento de bastardos habría empañado su imagen. En cuanto a ella, prefería escapar de las esclavitudes de la naturaleza humana. Dejaría a la esposa el trabajo de procrear, evitando por su parte los inconvenientes de un estado que hinchaba el vientre, engrosaba la cintura, desmejoraba el cutis, mataba el deseo. Entre la feúcha bajita que arrastraba pesadamente su carga y la elegante silueta de esbeltez intacta, el resultado de la comparación no daba lugar a dudas.

Había en ella también una segunda intención al empujar asiduamente a Enrique a la cama de su mujer. Las maternidades repetidas ajarían a la reina, la destruirían tal vez y, por lo menos, la tendrían ocupada todo el tiempo. Una manera como otra de neutralizarla, de desalentar en ella veleidades de acción que empezaba a presentir.

Ahora bien, Catalina encontró la manera de satisfacer sus aspiraciones y a la vez de defraudarlas.

Entre 1544 y 1556, trajo al mundo diez hijos. A Francisco e Isabel, nacidos cuando ella era delfina, vinieron a sumarse Claudia, el 12 de noviembre de 1547, Luis, el 3 de febrero de 1549, Carlos

Maximiliano, el 27 de junio de 1550, Alejandro Eduardo, el 20 de septiembre de 1551, Margarita, el 14 de mayo de 1553, Hércules, el 18 de marzo de 1555 y finalmente dos mellizas, Victoria y Juana, el 24 de junio de 1556. Lo que equivale a decir que estuvo casi continuamente embarazada.

Pero soportaba admirablemente bien sus embarazos, que no le impedían participar en todas las fiestas de la corte, desplazarse de castillo en castillo y hasta seguir a su marido al frente del este. Era fuerte como un roble y sus hijos sobrevivían, salvo Luis, que murió muy pequeño. Hasta superó la última prueba, espantosa, en la que otras habrían dejado la vida: el nacimiento de las mellizas fue una pesadilla. Victoria, salvada por escaso margen, sólo vivió unos meses. Su hermana murió antes de ver la luz y el ilustre Fernel, convocado a colaborar, debió desmembrarla dentro del cuerpo de su madre y extraerla a pedazos para salvar la vida de esta. Después de lo cual Catalina estimó haber trabajado suficientemente por el porvenir de la dinastía y se detuvo.

Esas reiteradas maternidades alegraban al país. "Más que Rea, nuestra reina es fecunda / En bellos hijos...",* cantaba Ronsard. Enrique, como todos los reyes de Francia, era buen padre. Agradecía a su mujer esa fecundidad, signo de elección divina y fuente para ambos de renovada popularidad. Catalina sabía que cada nacimiento la acercaba a él y creaba entre ellos un vínculo misterioso, muy fuerte: no sería jamás su igual, pero él veneraba en ella a la madre de sus hijos.

Diana lo sabía también e intentó inmiscuirse en el círculo familiar desempeñando junto a las cunas el papel de benevolente hada buena. Se arrogó el derecho de velar por ellos, supervisaba la zona de nilos de Blois y se hizo cargo del personal dedicado a su servicio. Confió a uno de sus fieles, Juan de Humières, y a su mujer, la dirección de su educación: excelente elección por otra parte, pues la pareja era competente y muy dedicada a los niños.

Para Catalina, no tenían más defecto que estar a las órdenes de

---

* *Plus que Rhéa notre reine est féconde / En beaux enfants...*† († Rea, conocida también como Ceres o Cibeles, reina mitológica de la abundancia, es la madre de Zeus y de buen número de otros dioses).

su rival. Le costó aceptar verse despojada de sus derechos de madre. Podría soportar que le quitaran a su esposo, pero a sus hijos, jamás. Intervenía sin cesar, multiplicó sus cartas, pedía noticias, agobiaba a la señora de Humières con recomendaciones sobre la manera de cuidarlos, de vestirlos en verano o en invierno. Y en 1551 aprovechó la reciente viudez de la buena dama para deshacerse de ella. Instaló en su lugar a una mujer que le era fiel, una piamontesa de Lyon, María Catalina de Pierrevive, esposa de un florentino, Antonio de Gondi, a quien había conocido y apreciado durante una permanencia en la capital del Ródano; una mujer notable que haría la fortuna de su familia rápidamente afrancesada. Un regular intercambio epistolar la tenía al corriente de la salud de sus hijos. Desconfiaba con razón de una alimentación demasiado abundante —"Más bien enferman por ser demasiado gordos que por delgados"— y tenía mucho miedo de las epidemias. No bien atacaba el "mal aire", había que encerrarlos en Amboise, el espesor de cuyos muros era considerado capaz de protegerlos.

A falta de verlos crecer y cambiar ante sus ojos, se hacía enviar los retratos, pintados "en vivo", tanto de sus hijos como de sus hijas, "sin olvidar nada de sus rostros". Y su impaciencia era tan grande que se contentaba con un dibujo al lápiz, más rápidamente ejecutado y menos afectado.

Para obtener sus horóscopos convocó al más célebre "pronosticador" de la época, Michel de Notre-Dame, más conocido por su nombre latino de Nostradamus. El le habría predicho que sus hijos llevarían corona "los cuatro", sin especificar dónde ni en qué condiciones, por supuesto.

No bien llegaban a los diez años, los hacía ir uno después de otro a su lado. En 1553, el delfín tuvo así su "casa" en Saint-Germain y compañeros de su edad. A todos les dio preceptores eminentes, entre otros al humanista napolitano Pedro Danés y el célebre Jacques Amyot, que, tras haber revelado al público francés las novelas griegas alejandrinas, ya trabajaba en su traducción de las *Vidas Paralelas* de Plutarco. En 1558 todos se encontraban en París en un palacio vecino al suyo.

Los niños eran el futuro. A falta de haber logrado desplazar a la reina para educarlos, Diana se ocupó de situarlos. Fue el artífice de la boda de los tres mayores, uniones brillantes que Catalina pareció aprobar de todo corazón. Pero la favorita había perdido la batalla. A Catalina pertenecían sus hijos en cuerpo y alma. Salvo la última, sin duda porque se le parecía demasiado.

Primeros pasos en política

La corte de Enrique II resplandeció con tal brillo que su recuerdo perduró hasta el reinado de Luis XIV y Mme de Lafayette, que la convirtió en el escenario de *La Princesa de Clèves*, sugiriendo que sus fastos superaban los esplendores de Versailles.

Catalina, debidamente instalada en sus funciones de reina en junio de 1549 por la sagrada unción de Saint-Denis, ocupaba el primer lugar. La vestimenta era más importante que en la época de Francisco I, un poco envarada, casi rígida. Enrique II, naturalmente reservado y misterioso, quería diferenciarse de su padre, y el respeto de los convencionalismos convenía tanto a su favorita como a su esposa. Por consiguiente, las apariencias estaban a salvo. Pero Catalina sabía que ella no era verdaderamente el centro. Los homenajes se repartían entre las más bellas y las más influyentes, entre las que no se encontraban. A ella le gustaba la poesía, la música, el teatro, la danza, alentaba si era necesario a los artistas que apreciaba, pero no era ni la autora ni la estrella de esas fiestas en las que representaba valientemente su papel de comparsa.

Tampoco era dueña de su hogar. Diana había colocado al frente de su "Casa" a su propia hija, Francisca de Brézé, privándola así de una de las prerrogativas mayores de las esposas, la de presidir la economía doméstica. Tuvo que reconquistar pacientemente el terreno, con ayuda de la fiel Marion de Gondi. Tampoco podía dar libre curso a su gusto por las construcciones: era Enrique quien las decidía, dejando a lo sumo a su iniciativa el arreglo por Philibert Delorme del castillo de Montceaux, cerca de Meaux, que le había obsequiado. Pequeña compensación mientras ofreció a Diana, ya propietaria de Anet, la pura maravilla que prometía ser Chenonceaux.

En cuanto a la política, era el coto cerrado de Diana. Ella "aleja a la reina de los asuntos de su marido". Por cierto, después del almuerzo él iba puntualmente a su lado para presidir la corte. Pero la mayor parte de su tiempo lo pasaba en compañía de su amante: la tercera parte del día, se nos dice, o sea alrededor de ocho horas, que no estaban todas consagradas al amor. Más libremente que en el marco oficial del Consejo, la mantenía al corriente de todo y debatía todo con ella. Diana se había aliado a los responsables del ejército, el anciano condestable de Montmorency y los jóvenes lobos de la casa de Guisa que, por el momento, caminaban juntos —a la espera de los futuros enfrentamientos—. Gracias a ellos y a las personas leales que había diseminado en los engranajes de la administración, ella disponía de todas las fuentes de información y de todas las palancas del poder. Y como el rey no sabía negarle nada, era ella quien gobernaba el reino. El hecho era tan evidente que los soberanos extranjeros enviaban a sus embajadores a prodigarle homenajes y el papa le escribía personalmente como a su "querida hija", para pedirle que defendiera a la Iglesia amenazada.

Es decir que, cuando Catalina trató de aventurarse en ese terreno, tuvo que habérselas con un temible adversario. Las raras ocasiones que tuvo de intervenir en política le hicieron sobre todo darse cuenta de la medida de su impotencia.

Pareció tener algo de influencia en los asuntos italianos, lo que le permitió alentar muchas esperanzas. Contrariamente a una idea preconcebida, había encontrado en Francia, a su llegada, muchos más italianos de los que ella llevó jamás: comerciantes y banqueros a la cabeza de florecientes sucursales, artistas, pero también exiliados de toda clase, expulsados de sus respectivas patrias por las vicisitudes de incesantes guerras civiles. Entre esos *fuorusciti*, candidatos al asilo político pero sobre todo deseosos de arrastrar a Francia a la reconquista de sus ciudades de origen, figuraban muchos florentinos, miembros del partido llamado republicano, que deseaban derrocar al duque Alejandro instalado por Carlos V. Especialmente unos primos de Catalina, muy cercanos y amados, hijos de su tío Filippo Strozzi, cuya mujer, Clarisa, de soltera Médicis, la había criado después de la muerte de sus padres. Eran cuatro: Roberto, el menos peligroso, que fue banquero y procuró a Francia, ofreciéndolos al condestable de Montmorency, los *Esclavos* de Miguel Ángel; Lorenzo, al que Catalina hizo obispo y el papa cardenal, y los dos turbulentos aventureros, Pedro y León, que sólo pensaban en pelear y a quienes ella les hizo confiar una parte de la flota y de los ejércitos franceses.

Se entusiasmó por su causa, con la esperanza de recuperar sus bienes perdidos. Su entusiasmo fue oportuno: entraba en los proyectos del rey intervenir en la península. Los derechos reales o supuestos de la reina sobre Florencia y sobre Urbino podían justificar empresas que serían apoyadas por la red de su parentela. Además, ella ofrecía empeñar gran parte de sus bienes propios de Auvernia, heredados de su madre, para financiar la expedición. Enrique la dejó pues desplegar una actividad con la que se embriagó algunos años.

Se nos perdonará no entrar en el detalle de los asuntos italianos, extraordinario embrollo en el que interfirieron el papa y el emperador, las ciudades rivales y, dentro de las ciudades, los partidos y los clanes adversos, donde el menor éxito era comprometido de inmediato por inversiones de alianzas y donde los individuos arruinaban gustosos sus posibilidades abandonándose a la violencia brutal o a los sueños quiméricos. León Strozzi mató con sus manos a un servidor que consideraba infiel y fue perseguido por asesinato. La cabeza de Pedro bullía de grandiosos proyectos, pero llevó a su perdición las tropas y las naves que dirigía. Hombres brillantes, cultos, seductores, de loca temeridad, pero poco seguros. Catalina tuvo hacia ellos toda clase de indulgencias, abogó por su causa hasta —y sobre todo— cuando era mala, agobió a su esposo con súplicas en su favor. Derramó torrentes de lágrimas cuando Pedro fue muerto frente a Thionville, al servicio de Francia, a quien bien se lo debía por todo lo que le había costado.

El apoyo brindado a los exiliados napolitanos, que le importaban menos y de los que se ocupó menos, no fue más exitoso. Todo ese dinero fue gastado, toda esa sangre fue vertida inútilmente. La victoria, entrevista en 1556 y que sirvió imprudentemente de inspiración para bautizar a una de las mellizas de la reina, sobrevivió muy poco a la niñita homónima. Y Francia perdió a Italia, con gran desesperación de su madre.

Fue en el terreno, en Francia, donde Catalina encontró la ocasión de dar sus primeros pasos en la acción política. Pasos tímidos, pero decididos, con los que reveló un aspecto desconocido de su personalidad.

Cuando los reyes abandonaban su capital por una campaña que podía ser larga y peligrosa, quería la costumbre que confiaran la regencia a uno de los primeros personajes del reino, hombre o mujer. Y como casi siempre desconfiaban de sus primos, los príncipes de la sangre, su elección recaía en su esposa o en su madre. En 1552, Enrique, en el peor momento de sus relaciones con Antonio de Borbón, nombró, pues, regente a Catalina. Pura fachada. Amparada por su docilidad y su supuesta incapacidad, gobernaría la favorita.

Pero la reina tomó muy en serio ese papel inesperado. Se informó acerca de la amplitud de sus atribuciones. Se le había ocultado, con la idea de que ella jamás sabría nada, que le habían puesto al lado un colega —un simple magistrado, no un príncipe—, el guardián de los sellos Bertrandi, totalmente fiel a Diana. Percibiendo algunas reticencias, ella exigió ver el texto original que le atribuía la regencia. Hubo que mostrárselo. Se opuso a que fuera registrado por el Parlamento, por no estar conforme a los usos. Tragándose su cólera, se contentó con declarar irónicamente que ese documento le daba a la vez mucha y muy poca autoridad y añadió, en forma de tajante lección, que "aunque ese poder hubiese sido tan amplio como le había dicho el rey" —¡vaya, entonces él le había mentido!— "se habría guardado muy bien sin embargo de no usarlo más que sobriamente" y según sus instrucciones, "pues ella no deseaba más que obedecerle". Conocía de memoria la historia de Francia e invocó el precedente de Luisa de Saboya. Sabía también algo de derecho y esgrimió argumentos jurídicos. Montmorency insistía para que el texto se publicara tal cual. Ella se mantuvo firme y recurrió al rey que supo tranquilizarla sin decidir verdaderamente. Catalina se autorizó el intento de arbitrar en un diferendo entre el jefe de los ejércitos y el de la flota y se esforzó en mejorar el abastecimiento de las tropas. Pero Montmorency protestó, Enrique hizo saber gentilmente a la abastecedora improvisada que sus tropas no carecían de nada, y su regreso puso fin a las tensiones engendradas por las imprevisibles iniciativas de su mujer.

Esta no intervino de nuevo hasta más tarde, y nadie pensó en criticar su acción. La lucha de Enrique II contra Carlos V, y luego contra su hijo Felipe II, se desarrollaba en dos frentes, en Italia y en la frontera noreste de Francia, muy vulnerable y demasiado cerca de la capital. Carlos fue detenido primeramente frente a Metz, defendida por Francisco de Guisa, que allí ganó sus galones de gran capitán, e hizo exclamar al vencido con humor: "La suerte es mujer: prefiere un joven rey a un viejo emperador". Pero poco después, en 1557, Montmorency sufrió un desastre frente a San Quintín y fue hecho prisionero. Las tropas españolas amenazaban París, y hubiesen podido llegar en pocos días de haber mostrado más audacia. Felipe II vaciló, Francia se recuperó y pudo reunir rápidamente un ejército al que el adversario no quiso enfrentarse. Fue en gran parte obra de Catalina, que obtuvo en un tiempo récord los fondos necesarios.

Se dirigió al Ayuntamiento de París, acompañada por su cuñada Margarita y por algunas grandes damas, todas de luto, y ante los responsables municipales habló con un lenguaje sin arrogancia, pero firme y digno. Tocando alternativamente la cuerda sensible y la de la razón, conmovió a esos burgueses tan poco inclinados a abrir sus bolsas, derramó lágrimas y les arrancó algunas y los convenció de que todos eran solidarios y estaban condenados a lo peor si los españoles tomaban París. Obtuvo de ellos la subvención sustancial que esperaba.

El ejército reclutado con esos fondos evitó enfrentarse a las tropas enemigas, pero se apoderó audazmente de Calais, considerada inexpugnable, privando al emperador de su aliada británica en el continente, al mismo tiempo que demostraba su fuerza y confirmaba el genio militar de Francisco de Guisa. La toma de Thionville, efectuada bajo el mismo impulso, llevó la gloria de este a la cumbre. El exhibía como un trofeo la cicatriz que le cruzaba el rostro. Ahora bien, lejos de llevar adelante su ventaja, Enrique II firmó la paz.

El tratado de Cateau-Cambrésis fue una sorpresa, y hasta una punzante decepción. En el mismo bando de Diana, los Guisa se irritaron al verse privados de los beneficios que les habría aportado una victoria sobre España. Catalina lloró cuando conoció las cláusulas que establecían el abandono por Francia de la causa italiana. Suplicó a su esposo que no firmara esa paz. Los Tres Obispados[*] finalmente conquistados no compensaban a sus ojos la pérdida del Milanesado, de Nápoles y, sobre todo, de Florencia. Se atribuyó ese retroceso a una traición del condestable de Montmorency, dispuesto a todo para recobrar su libertad, y de Diana, adherida al punto de vista de la Santa Sede por el halago y por argumentos contantes y sonantes. Esa paz,

---

[*] Gobierno de la antigua Francia constituido en territorio lorenés por las tres ciudades de Verdún, Metz y Toul. Era independiente del duque de Lorena. En 1552 Enrique II lo conquistó a expensas de Carlos V, pero sólo se lo reconoció como perteneciente a Francia en 1648 (N. de la T.).

costosamente comprada —hasta restituía a Manuel Filiberto la Saboya, administrada por Francia desde hacía treinta años—, pasó en su época por una vergonzosa capitulación y lo siguió siendo para muchos historiadores, antes de que algunos autores advirtieran que, con ella, Francia cambió quimeras por tres valiosas plazas fuertes en su flanco oriental. Este no es lugar para discutirlo. Sólo importan las razones que decidieron a Enrique II. Superan evidentemente el marco de las influencias cortesanas.

Francia y España, agotadas por una interminable lucha, se reconciliaron para hacer frente a otra amenaza: la Reforma ganaba terreno en todas partes. En Francia, los hugonotes se organizaban, en Alemania los principados luteranos rechazaban la autoridad imperial y el calvinismo se implantaba en los Países Bajos. La muerte de María Tudor en 1558 había llevado al trono de Inglaterra a Isabel, de confesión protestante. Enrique II presentía los enfrentamientos religiosos que se preparaban, sospechaba sus consecuencias políticas y quiso restablecer en Francia la unidad de la fe. En un artículo que figura a la cabeza del tratado, ambos soberanos se comprometieron a extirpar de sus Estados la herejía y a patrocinar la reunión de un concilio universal reconciliador. Su firma coincidía con la orden impartida a todas las jurisdicciones de perseguir a los herejes y con la condena a la hoguera de Anne Du Bourg, consejero en el Parlamento de París, adepto a la nueva doctrina. No era una casualidad.

Catalina no lo entendía. No sentía mayor curiosidad por los dogmas y era naturalmente tolerante, sin duda por indiferencia. Sobre el conflicto religioso tenía un punto de vista estrecho, ligado a las rivalidades internas de la corte, donde las opciones religiosas le parecían subordinadas a los antagonismos personales. Contra la duquesa de Etampes, que se inclinaba por la Reforma, Diana de Poitiers se declaró ultracatólica. Contra Diana, Catalina no estaba lejos de sentir simpatía por la confesión adversa. Mantenida demasiado tiempo apartada, no tenía verdadera experiencia política. Sabía maniobrar entre los clanes, pero no juzgar a escala del país o de Europa, con la perspectiva necesaria. No es seguro que la opción tomada por Enrique II hubiera sido capaz de evitar el drama de las guerras de religión. Pero evidentemente es lamentable —y la culpa fue de Diana— que él no se tomara el trabajo de iniciar seriamente a su mujer en la conducción del Estado, permitiéndole, cuando ella estuviese en el poder, decidir con pleno conocimiento de causa.

Es verdad que él jamás pensó en que ella pudiese tener un día que ejercer el poder.

Un tratado, dos bodas y un entierro

En el siglo XVI, la firma de una paz se acompañaba siempre de bodas consideradas capaces de consolidarla. Algo que ponía un poco de bálsamo en el corazón de Catalina. Le encantaban las bodas. ¿No le había aportado la suya una grandeza inesperada? Las que se preparaban no se debían a su iniciativa. Como la del delfín con María Estuardo y la de su hermana Claudia con el duque de Lorena, obras de Diana de Poitiers. Pero eran brillantes y la reina las aceptó gustosa. Su hija Isabel se preparaba para ser reina de España: una oportuna viudez permitió sustituir al infante Don Carlos por su propio padre, Felipe II en persona que, aunque ya había enterrado a dos esposas, sólo tenía treinta y dos años. Su novia tenía trece. Y una ceremonia paralela debía unir al duque de Saboya, brillante lugarteniente de Carlos V y de su hijo, con Margarita, la cuñada y amiga de Catalina, que le aportó en su regalo de bodas la restitución de sus Estados, ocupados por Francia desde hacía treinta años.

La etiqueta impedía al soberano español desplazarse para casarse. Se le llevaba pues a su esposa. El duque de Alba, el príncipe de Orange y el conde de Egmont fueron a buscarla a París. Manuel Filiberto, soberano de más modesto vuelo, hizo el viaje. Llegó el 21 de junio y ya al día siguiente comenzaron las ceremonias. Se casó a la pequeña Isabel por poderes el 22 de junio, el 28 se firmó el contrato del duque de Saboya y pudieron comenzar las festividades.

No había boda sin torneos. La calle Saint-Antoine se ensanchaba en las proximidades de la Bastilla en una especie de explanada que se prestaba para las justas y los espectáculos, ofreciendo las casas adyacentes una vista en altura desde sus ventanas. Se instalaron tribunas para la familia real y una liza, con miras a un torneo llamado "de la barrera", en el que una barrera longitudinal impedía los choques frontales y evitaba en principio los accidentes. El rey pretendía brillar en él con luz propia. Sobre su armadura resplandeciente cuyo yelmo se realzaba con oro, llevaba los colores de Diana, el negro y el blanco.

En la noche del 29 al 30 de junio, la reina tuvo una pesadilla: vio a su marido con la cabeza ensangrentada. Ese sueño confirmaba los temores que inspiraba una cuarteta de las *Centurias* de Nostradamus, que, pese a algunos puntos oscuros, podía aplicarse a Enrique II:

> El león joven al viejo vencerá
> En campo bélico, en singular duelo
> En jaula de oro los ojos le reventará
> · Dos clases una, luego morir, muerte cruel.*

Y otro astrólogo le había aconsejado evitar todo combate alrededor de la cuarentena: un mal golpe lo dejaría ciego o lo mataría. Enrique había alcanzado los cuarenta años cuatro meses antes. Catalina, trastornada, le suplicó que no combatiera. El se burló de sus temores.

Después de varias victorias, insistió en enfrentarse por última vez a su capitán de los guardias, el escocés Montgomery. En su precipitación, se contentó con bajar la visera de su yelmo, omitiendo sujetarla con el gancho de cierre. El choque del encuentro fue violento; la lanza de Montgomery lo alcanzó en la cabeza y se rompió levantando la visera. Dos largas astillas de madera acerada penetraron una en el ojo izquierdo, la otra en la frente por encima del ojo derecho. Su rostro chorreaba sangre pero, cuando fue trasladado al vecino palacio de Tournelles, había recobrado el conocimiento. Tuvo la fuerza de subir los escalones antes de desplomarse en una cama. Su hijo mayor, desvanecido, fue llevado en camilla.

Sus cirujanos le arrancaron gritos al extraerle los trozos de madera y, después de limpiar la herida con clara de huevo, se retiraron. Se convocó a los médicos más preclaros de su corporación, el parisino Ambrosio Paré y Vesalio, a quien el duque de Saboya hizo

---

* *Le lion jeune le vieux surmontera / En champ bellique, par singulier duelle, / Dans cage d'or les yeux lui crèvera, / Deux classes une, puis mourir, mort cruelle,*

291

buscar en Bruselas. Ambos fueron impotentes ante el absceso que invadía poco a poco el cerebro. Paré efectuó experimentos con cadáveres en los que trataba de provocar idénticas heridas, pero estos lo convencieron de que el mal no tenía remedio. Tras una breve mejoría, el herido fue presa de la fiebre y de dolores violentos y entró en agonía. De prisa, se realizó de noche, con toda sencillez, la boda, para no tener que demorarla hasta finalizar el duelo.

Enrique expiró en los brazos de su mujer el 10 de julio de 1559 a la una de la tarde. Ella lo había velado sin descanso, rezando y llorando, y Diana no había osado aventurarse en una habitación donde se sabía de más. No se conoce si él la reclamó.

El dolor de Catalina fue real y profundo. Con el correr del tiempo la vida en común la había acercado al rey. Lo quería. Con su muerte ella perdía todo. El desaparecía en el momento en que la edad —así lo esperaba ella— iba a desembarazarla al fin de la molesta favorita. Por su larga paciencia y por sus maternidades, ella había conquistado su confianza, su estima, hasta su ternura. Habría estado en condiciones de someterlo a su influencia intelectual y moral. Después de la desaparición de Diana, podría haber estado asociada a la dirección del Estado, aunque él hubiese tomado, para sus placeres, a una joven amante. Ahora debía renunciar a todo eso.

Se introdujo en su personaje de viuda con tanta más facilidad por cuanto era el que correspondía al de amante esposa. Se instaló ostensiblemente en ese estado, rechazó el duelo blanco, símbolo de viudez, puerta abierta a una nueva boda, y se envolvió en crespones que sólo aceptó quitarse para las bodas de sus hijos. Cambió de emblema, y eligió dos: el uno era una lanza rota, en recuerdo del drama, acompañada de las palabras: *"Lacrymae hinc, hinc dolor"*, "He aquí el origen de mis lágrimas, de mi dolor"; el otro era una montaña de cal viva, significando que, como la cal viva "regada con agua arde extrañamente, aunque no haga aparecer una llama", así el invisible ardor de su amor sobreviviría a la desaparición del hombre amado. Encontró en la Antigüedad un modelo con el cual identificarse, la viuda del rey Mausolo, que hizo edificar para él una tumba mágica, una de las siete maravillas del mundo: ella sería la nueva Artemisa.

Diana comprendió que su tiempo había terminado. Se hizo humilde. No bien se las reclamaron, restituyó dócilmente las joyas de la corona en su poder. Catalina no se rebajó a despojarla, le dejó sus bienes, salvo el admirable Chenonceaux que le cambió por Chaumont-sur-Loire, de mucho menos valor. Pero comentó su liberalidad con una frase feroz: "No puedo olvidar que ella hacía las delicias de mi querido Enrique". Entendamos con ello: los servicios de los criados merecen salario. Fue una venganza de gran señor. Y valiéndose a su vez de los monogramas ambiguos donde las D podían pasar por C, despojó retroactivamente a su rival de los monumentos en los que ya figuraban. Sutil manera de reescribir la historia. Seis años más tarde, la muerte de la favorita, confinada en Anet, pasó casi inadvertida.

Por afligida que estuviese, Catalina no había perdido sin embargo su presencia de ánimo. Se negó, contrariando la costumbre, a enclaustrarse cuarenta días en el palacio deTournelles en la oscuridad. Tenía demasiado que hacer en otras partes. Siguió al Louvre al delfín Francisco y la única concesión que hizo a la etiqueta fue trasladar allí la escenografía fúnebre ritual de su habitación, con colgaduras negras y ventanas veladas de negro y dos cirios ardiendo sobre un altar cubierto de paños negros. Pero su puerta estaba abierta a los numerosos visitantes. Estaba en su lugar, en condiciones de seguir de cerca la instalación del nuevo reinado.

Su hijo mayor, en adelante Francisco II, tenía quince años, estaba casado y su mujer estaba rodeada de una amplia y poderosa familia. Oficialmente, Catalina ya no era nada. ¿Tendría tendencia a olvidarlo? Lo recordó, en el último momento, al subir a la carroza que debía conducirla del palacio de Tournelles al Louvre. Movida por la costumbre, estuvo a punto de pasar primero. Pero, después de un segundo de vacilación, se hizo a un lado ante la nueva reina, su nuera, María Estuardo, quien, sin una palabra, aceptó la precedencia.

La larga marcha de Catalina de Médicis terminaba en un callejón sin salida. Chocaba con un muro. Toda su estrategia resultaba vana.

Desde hacía veinticinco años trabajaba para ganarse a su marido, para conquistar su confianza, para hacerse aceptar por él como una compañera dentro del marco de las funciones normalmente atribuidas a una reina. Había contado con la llegada de la madurez para ocupar junto a él un lugar creciente.

La prematura desaparición de Enrique significó la muerte de sus esperanzas. Nadie podía privarla de su título de reina madre. Pero no pudo gozar, por ejemplo, de un período transitorio durante el cual hubiese aparecido, al menos en las funciones paternas, como el alter ego del rey enfermo. Este murió demasiado rápido, sin delegarle ninguna responsabilidad. Nada la designaba para un papel político que el difunto siempre le negó. Cada uno recordaba sobre todo cuánto la despreciaba, cómo cuidó, a instancias de su amante, apartarla del poder. Nadie se acostumbró a contar con ella. Se encontraba sola, una vez más. Eso no la asustó: estaba habituada. Partiendo de cero, se abocó a la tarea y se propuso imponerse en un medio hostil, muy poco dispuesto a aceptarla.

¿Amor maternal o ansias de poder? Las dos cosas eran sin duda inseparables en las motivaciones, confesadas o inconscientes, que le hicieron tomar apresuradamente, incluso antes de que se enfriara el cuerpo de su marido, la dirección del Louvre donde podía instaurarse un orden que la excluyera.

Su mayor ventaja era que se desconfiaba poco de ella. Nadie conocía sus aptitudes, aún menos su ambición. Para nosotros, que sabemos cómo sigue la historia, era fácil hacer aparecer aquí, en el relato de sus veinticinco años de vida conyugal oscura, las señales premonitorias de la transformación futura. Pero para los contemporáneos, la sorpresa fue considerable.

Catalina ya no era reina reinante. Todos creían pasada su hora. En realidad, comenzaba su reinado.

Debió seguramente el acrecentamiento de su poder a sus eminentes cualidades políticas. Pero no podría haber hecho uso de esas cualidades sin un concurso de circunstancias que tornó frágil, durante unos cuarenta años, la monarquía francesa.

Hacia un eclipse de los reyes

La muerte brutal de Enrique II en la plenitud de su edad suscitó en el país un concierto de lamentaciones, muchas de ellas sinceras:

¡Ay! fue muerto por la astilla de una lanza
Él, que en la guerra era de indomable valor
Pero, antes de morir, hizo tanto bien
*Que en su época el siglo de oro rehízo.**

exclamó Du Bellay en una poética oración fúnebre del difunto. La trivialidad de la imagen no deja de traducir sin embargo una pena real, acompañada de un vivo sentimiento de aprensión. Pues esa muerte reabría la puerta a las ambiciones hasta entonces contenidas y corría el riesgo de cuestionar algunas adquisiciones. A Francia, que se enorgullecía de una monarquía cada día más fuerte, le recordaba hasta qué punto esa monarquía seguía siendo frágil.

---

* *Hélas, il fut occis de l'éclat d'une lance, / Lui qui en guerre était d'indomptable vaillance. / Mais, devant que mourir, il avait si bien fait / qu'il avait de son temps le siècle d'or refait.*

Una monarquía que pretende ser fuerte

En ese fin de reinado, seguramente Enrique II no había traído a la tierra la edad de oro, pero acababa de restablecer la paz. De su padre había heredado una fortalecida autoridad sobre los grandes señores feudales y sobre la Iglesia gala. Le faltaba extraer, en política exterior, las lecciones del combate sin salida llevado a cabo por sus tres predecesores contra los Habsburgo. Lo hizo con un realismo que sorprendió a todos.

Terminaba el espíritu de cruzada que animaba todavía a Carlos VIII y a Luis XII. Con el éxito creciente de la Reforma, fue en el interior y no ya en los límites orientales donde se ubicó el adversario. Y contra la herejía, Francia y España se encontraban en el mismo bando. Terminaban el espejismo italiano, los proyectos de instalación en Milán o en Nápoles. Demasiado lejos. El porvenir estaba a este lado de los Alpes. Adiós a la aventura: el modelo caballeresco sólo sobrevivía en los simulacros que eran los torneos. En vez de buscar fortuna en otra parte, valía más hacer fructificar lo que se poseía. Había que dar lugar a la paz. Esa era también la opinión de Felipe II de España. Era la hora de la reconciliación, acompañada de alianzas selladas como de costumbre por bodas. En una Europa dominada por las rivalidades entre grandes Estados y dividida en dos en el plano confesional, importaba fijar el lugar de Francia, en primera fila a ser posible. La creación de un nuevo orden europeo bien valía a los ojos del rey los sacrificios consentidos en Cateau-Cambrésis. Los aprovecharía para restablecer en el reino la unidad de la fe y consolidar la instalación de una monarquía fuerte, obedecida por todos.

En las primeras décadas del siglo XVI, la condición de las reinas se resintió a raíz de esa evolución iniciada mucho tiempo antes.

A medida que se fortalecía su poder, los reyes tendían a sujetar más fuertemente en tutela a sus esposas. El doble proceso de crecimiento de los unos y de sumisión de las otras proseguía con altibajos desde Felipe Augusto, al mismo tiempo que la monarquía se desprendía poco a poco del marco feudal.

En la sociedad feudal, la mujer, apta para recibir y transmitir la herencia familiar, ocupaba al lado, y eventualmente en lugar de su marido, una eminente función. Cuando el rey de Francia, cuyos dominios propios no siempre igualaban a los de sus vasallos, trataba de acrecentarlos con matrimonios fructuosos, las herederas de feudos aportaban en su ajuar, al mismo tiempo que provincias, el hábito de la independencia y el gusto por la autoridad. Por poca personalidad que tuvieran, el rey encontraba en ellas compañeras difíciles de manejar, susceptibles de convertirse en enemigas, dispuestas en caso de viudez a recuperar sus bienes para proponérselos a otros. Esposas peligrosas, cuyo ejemplo más conocido era Leonor de Aquitania.

A ese tipo, en vías de desaparición, pertenecía todavía Ana de Bretaña. Ella conseguía hacerse restituir, al casarse con Luis XII, sus derechos sobre su provincia natal. Los utilizó sin escrúpulos para tratar de imponer sus puntos de vista a su marido y seguir una política propia. Fue la última en intentarlo.

A los sucesores de Luis XII les resultó bastante fácil ahogar en sus esposas cualquier veleidad de independencia. Muy frecuentes al principio del siglo, las anexiones por vía matrimonial se iban haciendo raras. Los grandes Estados modernos, en vías de constituirse, modificaron las reglas del juego. Ya casi no había herederas disponibles, o bien —como por ejemplo del otro lado del Canal de la Mancha— poseían reinos demasiado grandes para ser absorbidos. Y cuando las había, sus poderosos vecinos velaban por no dejarlas pasar con armas y equipaje al bando enemigo: Portugal era coto cerrado español y Francia tutelaba estrechamente al minúsculo reino de Navarra. Los soberanos se desvelaron, a través de casamientos sucesivos, por tener hijos, y preferían dotar a sus hijas en dinero o en promesas de amistad antes que en tierras.

¿Sobre qué se apoyarían las reinas de Francia para reivindicar una parte del poder? De hecho, no poseían más herencia que provincias ya afrancesadas, como Bretaña, de la que Claudia seguía siendo soberana nominal, o derechos totalmente teóricos sobre ducados en manos de otros: Milán, Nápoles, Florencia, Urbino, Leonor o Catalina, prendas de alianzas precarias, rehenes muy pronto desvalorizados, no tenían más recurso que plegarse a la situación que se les presentaba. No intervinieron más que con humildes súplicas que sólo tenían oportunidad de ser oídas cuando coincidían con la política del momento. Francisco I o Enrique II consentían entonces en ver en ellas al agente de un acercamiento absolutamente provisional con la casa de Habsburgo o los principados italianos. Pero en realidad, ellas no podían nada, y así lo comprobaron con resignación o amargura según los casos.

Las mujeres realmente asociadas al poder eran las vinculadas con el rey por lazos de sangre o de elección: madres o concubinas pesaban infinitamente más que las esposas. La personalidad de estas no cambiaba nada. Como prueba, diremos que nada, o casi nada, en sus comportamientos, distinguía al principio a Leonor de Catalina, igualmente dóciles, igualmente apagadas. Nada hacía sospechar en la última, aun cuando la maternidad había afianzado su posición, condiciones de hombre de Estado. Y es probable que ella misma, tan realista, tan pragmática, acostumbrada a ver de frente los acontecimientos, no tuviera una visión clara de lo que le esperaba. Tuvo que intervenir el destino, que hacerse súbitamente evidente la fragilidad de la monarquía y que, a favor de un duelo y de una crisis, la esposa se metamorfoseara en madre, para que se perfilara su nuevo rostro.

Una monarquía frágil

La monarquía, que encarna la perennidad del reino, es por esencia continuidad. Los pueblos sienten horror por el vacío, y la incertidumbre los angustia. Bueno, es cierto que las reglas de transmisión hereditaria de la corona, establecidas por la ley sálica, ponían en principio a Francia al abrigo de las contingencias. El rey ha muerto, viva el rey. Ello no obsta para que el paso del uno al otro se haga más naturalmente de padre a hijo que entre colaterales. Cualquier ruptura en la renovación normal de las generaciones se veía amenazada por disturbios civiles; todo cambio de rama en el árbol genealógico aparecía cargado de amenazas. Francia sólo estaba tranquila y el rey sólidamente sentado en su trono cuando estaba asegurada la sucesión en línea directa. Así Carlos VIII se encontró debilitado después de la muerte del delfín, y obligado a no exponer su vida en un campo de batalla mientras no le naciera un nuevo hijo. Así Luis XII tuvo que dar al joven Francisco de Angulema un suplemento de legitimidad adoptándolo como yerno, mientras acariciaba la esperanza de procrear nuevamente. Un rey sin hijos no era un verdadero rey.

En virtud de una lógica inversa, Francisco I y luego Enrique II vieron consolidada su autoridad por la llegada de una abundante progenie. Con tres y cuatro hijos respectivamente, podían creer seguro el relevo.

Pero hacía falta que los hijos sobrevivieran a sus padres. La tasa de mortalidad entre los niños y los adolescentes era tal, que se debía tener por lo menos dos o tres para conservar uno. Y era preferible que el padre viviera el tiempo necesario para que ellos salieran de la infancia y se encontraran en edad de reemplazarlo. Una desaparición precoz, herederos menores, representaban para los señores feudales rebeldes la promesa de una monarquía débil que autorizaba todas las defecciones; era para los ambiciosos la señal de partida de la carrera hacia el poder.

Bajo Francisco I se había escapado por poco a ese doble peligro. Cuando corrió el rumor de que se moría en su prisión madrileña, Luisa de Saboya, investida empero oficialmente por él de la regencia, sintió de pronto que no se la obedecía: falsa alarma significativa. Él se curó, regresó a Francia, sus hijos crecieron. Pero, nueva prueba, vio desaparecer a dos de ellos, el mayor y el tercero. Junto a su lecho de muerte ya no quedaba para sucederle más que el segundo. Tenía cincuenta y tres años, Enrique veintiocho: la transmisión fue fácil.

Pero tras la muerte de Enrique II, víctima prematura de un accidente imprevisto, las dos causas de fragilidad se conjugaron para engendrar una interminable crisis recurrente que duró treinta años. Treinta años durante los cuales se sucedieron en el trono sus tres hijos mayores, llegados por cierto con el tiempo a la mayoría de edad, pero desprovistos de descendencia. Aterradora imagen de los estragos causados por la mortalidad en las filas de una familia prolífica. Si observamos el cuadro de la sucesión de Francisco I, vemos que este, con tres hijos y cuatro nietos, ya no poseía en la generación siguiente ningún descendiente varón por línea masculina. La fuerza de una dinastía está en sus hijos. La de los Valois tocaba a su fin.

Ahora bien, desgraciadamente esa crisis dinástica fue acompañada de una crisis religiosa muy grave, la una alimentando a la otra. Los jefes de las grandes familias, candidatos a la dirección de los asuntos de Estado, se repartían entre las dos confesiones antagónicas y estaban tentados de cubrir con la bandera de la fe sus ambiciones políticas personales. Encontraron entre los creyentes de ambas confesiones combatientes dispuestos al sacrificio y proveedores de fondos generosos. Lo suficiente para mantener por largo tiempo una guerra civil que a las potencias extranjeras les interesaba atizar. La anarquía amenazaba. Al "bello" siglo XVI, así llamado por contraste con los horrores que seguirían, sucederían años sangrientos: una larga cadena de conflictos, rebeliones, violencias exacerbadas que pusieron en peligro la monarquía y amenazó la unidad del país.

Hombres que se mataban entre sí, herederos demasiado jóvenes: los tiempos borrascosos son la edad de oro de las viudas. A la cabeza del reino, a la cabeza de las grandes casas aristocráticas, son las mujeres quienes toman en sus manos los destinos familiares. El eclipse de los reyes provoca, casi automáticamente, la reaparición de las reinas. Ahora queda suspendido por un tiempo el proceso que tendía a apartarlas. Catalina de Médicis, viuda, se irguió para defender a sus hijos. Se consideró, no sin cierta razón, la más fiel a sus intereses. Le costaría hacerse atribuir el poder. Pero cuando lo tuviera, lo conservaría. La guerra civil haría de ella, durante treinta años, la verdadera dueña de los destinos de Francia.

La continuación de esta historia mostrará cómo la pequeña italiana, cuya fuerza durante mucho tiempo fue la obediencia, ejerció sobre sus hijos, sus nueras y su última hija una imperiosa influencia. Cómo reunió en sus manos y trató de conservar los hilos del poder; cómo asistió, desesperada, a la extinción de la dinastía de los Valois a la que consagró su vida, y cómo preparó, sin haberlo querido, el advenimiento de quien iba a reconciliar por un tiempo a los franceses y a fundar una nueva dinastía: Enrique IV.

Y esa será también, más que nunca tal vez, una historia de familia.

Anexos

Referencias cronológicas

1457		*Boda de Luis XI con Carlota de Saboya.*
1461		*Nacimiento de Ana de Beaujeu.*
	22 de julio	Muerte de Carlos VII. Advenimiento de Luis XI.
1462	27 de junio	*Nacimiento de Luis II de Orleáns, futuro Luis XII.*
1464	23 de abril	*Nacimiento de Juana de Francia.*
1470	30 de junio	*Nacimiento del delfín, futuro Carlos VIII.*
1476	8 de sept.	*Boda de Luis de Orleáns con Juana de Francia.*
1477	26 de enero	*Nacimiento de Ana de Bretaña.*
1480	10 de enero	*Nacimiento de Margarita de Austria.*
1483	22 de junio	*Compromiso del delfín Carlos con Margarita de Austria.*
	30 de agost.	Muerte de Luis XI. Advenimiento de Carlos VIII.
1485		Comienzo de la "Guerra loca".
1488	28 de julio	Luis de Orleáns es derrotado y hecho prisionero en Saint-Aubin-du-Cormier.
1489		Reanudación de la guerra en Bretaña. Ana es coronada duquesa en Rennes.
1490	Diciembre	Boda por poderes entre Ana de Bretaña y Maximiliano.
1491		Francia victoriosa en Bretaña. Tratado de Rennes.
	6 de dic.	Boda de Carlos VIII con Ana de Bretaña.

1492	3 de enero	Toma de Granada por el rey de Aragón: los últimos moros son expulsados de España.
	abril	*Nacimiento de Margarita de Angulema.*
	agosto	Rodrigo Borgia es elegido papa (Alejandro VI).
	10 de oct.	*Nacimiento del delfín Carlos Orlando.*
	12 de oct.	Cristóbal Colón descubre América.
1493	mayo	Regreso de Margarita de Austria a Flandes.
1494		Expedición de Carlos VIII que marca el comienzo de las guerras de Italia. Los Médicis son expulsados de Florencia.
	12 de sept.	*Nacimiento de Francisco de Angulema, futuro Francisco I.*
	nov.-dic.	Entrada de los franceses en Florencia y en Roma.
1495	18 de marzo	*Nacimiento de María de Inglaterra.*
		Nápoles es tomada por Carlos VIII. Regreso del rey de Francia (batalla de Fornovo).
	7 de nov.	Llegada del rey a Lyon.
	4 de dic.	Los franceses son expulsados de Nápoles.
	16 de dic.	*Muerte del delfín Carlos Orlando.*
1498	7 de abril	Muerte de Carlos VIII. Advenimiento de Luis XII.
	agost.-dic.	Proceso de anulación de la boda de Luis XII y Juana de Francia.
	15 de nov.	*Nacimiento de Leonor de Austria.*
1499	8 de enero	Boda de Luis XII con Ana de Bretaña.
	14 de sept.	Toma de Milán por las tropas francesas.
	13 de oct.	*Nacimiento de Claudia de Francia.*
1500	24 de febr.	*Nacimiento del futuro Carlos V.*
1501		Conquista del reino de Nápoles por Luis XII.
1503	junio	Los franceses son expulsados de Nápoles.
	noviembre	Elección de Julio II como pontífice.
1504	septiembre	*Tratado de Blois, prometiendo la mano de Claudia a Carlos de Gante.*
1505	4 de febrero	*Muerte de Juana de Francia.*
1506		*Compromiso de Claudia de Francia con Francisco de Angulema.*
1508		Julio II forma la Liga de Cambrai contra Francia.
1509	22 de abril	Advenimiento de Enrique VIII de Inglaterra.
	14 de mayo	Victoria de Agnadel sobre los coaligados de la Liga.

1510	25 de oct.	*Nacimiento de Renée de Francia.*
1511		Julio II forma la Santa Liga contra Francia.
1512		A pesar de la victoria de los franceses en Ravena, donde muere Gastón de Foix, el papa los expulsa de Italia.
1513		Muerte de Julio II. Elección de León X (Juan de Médicis).
		Derrota de Novara y pérdida del Milanesado.
		Luis XII renuncia a Italia.
	junio-agosto	Desembarco de Enrique VIII cerca de Calais.
		Derrota de los franceses en Guinegatte.
1514	9 de enero	*Muerte de Ana de Bretaña.*
	18 de mayo	Boda de Claudia de Francia con Francisco de Valois Angulema.
	7 de agosto	Tratado de paz y de alianza entre Francia e Inglaterra.
	9 de octubre	Boda de Luis XII con María de Inglaterra.
1515	1 de enero	Muerte de Luis XII. Advenimiento de Francisco I.
	13 de sept.	Reanudación de las guerras de Italia. Victoria de Francisco I en Marignan. Conquista de Milán, Parma y Piacenza.
1516		Carlos de Habsburgo rey de España.
		Concordato de Bolonia: el papa concede al rey de Francia el derecho de nombrar a altos dignatarios eclesiásticos.
		Tratado de Noyon, que acuerda el Milanesado a Francia y Nápoles a España.
		"Paz perpetua" entre Francia y los cantones suizos.
1517		Martín Lutero publica sus tesis contra las indulgencias. Comienzos de la Reforma.
1518	28 de febr.	*Nacimiento del delfín Francisco.*
	28 de abril.	*Boda de Lorenzo de Médicis con Magdalena de La Tour d'Auvergne.*
1519	31 de marzo	*Nacimiento del segundo hijo de Francisco I, el futuro Enrique II.*
	13 de abril	*Nacimiento de Catalina de Médicis.*
		Muerte de sus padres.

	junio	Carlos de Habsburgo, elegido emperador contra Francisco I, toma el nombre de Carlos V.
1520		Entrevista franco-inglesa llamada del Paño de Oro.
1521		Muerte del papa León X. Excomunión de Lutero. Comienzo de la lucha entre Francia y la casa de Austria.
1523		Traición y huida del condestable de Borbón. Elección del papa Clemente VII (Julio de Médicis).
1524		Campaña de Francisco I a Italia del Norte.
	julio	*Muerte de Claudia de Francia*
1525	25 de febr.	Derrota de Pavía. Cautiverio de Francisco I en España y embajada de su hermana Margarita.
1526		El rey de Hungría, cuñado de Carlos V, es derrotado y muerto por los turcos en Mohacz. Tratado de Madrid y regreso del rey a Francia. Sus dos hijos mayores son enviados como rehenes a Madrid.
1527		Segunda guerra de Francisco I contra Carlos V. Restablecimiento de la república en Florencia. Saqueo de Roma y muerte del condestable de Borbón.
1529	3 de agosto	Paz de Cambrai, llamada "Paz de las Damas".
1530	1 de julio	Restitución de los niños de Francia.
	7 de julio	Boda de Francisco I con Leonor de Austria. Caída de la república en Florencia. Restablecimiento de los Médicis. Dieta de Augsburgo. Ruptura entre católicos y luteranos.
1531	22 de sept.	*Muerte de Luisa de Saboya.* El papa convierte a Florencia en un ducado que otorga a su sobrino Alejandro de Médicis.
1533	28 de oct.	Boda de Catalina de Médicis con Enrique, segundo hijo de Francisco I. Divorcio de Enrique VIII pronunciado por la Igle-

		sia anglicana; nueva boda con Ana Bolena y nacimiento de la futura Isabel I.
1534		Por el Acta de Supremacía, Enrique VIII consagra la ruptura de la Iglesia anglicana con Roma.
	17-18 de oct.	Por todas partes en Francia se fijan carteles atacando violentamente a la misa, provocando una severa represión.
1535		Tratado de alianza franco-turco.
		Ginebra se sustrae a la jurisdicción de su obispo y adopta oficialmente la Reforma.
1536		Reanudación de la guerra entre Francisco I y Carlos V. Francia se apodera de los territorios del duque de Saboya.
	agosto	*Muerte del delfín Francisco. Su hermano Enrique se convierte en delfín y Catalina de Médicis en delfina.*
		Publicación en Ginebra de *La Institución de la Religión cristiana* por Juan Calvino.
1538		Negociaciones de Niza y entrevista de Aigues-Mortes entre Francisco I y Carlos V. Fin de la guerra.
		Boda de Jacobo V de Escocia y de María de Guisa.
		Excomunión de Enrique VIII.
1540		Carlos V va a castigar a los habitantes de Gante rebelados.
		Edicto de Fontainebleau para la represión de la herejía.
1541		Fracaso de la dieta de Ratisbona, consagrando la división religiosa de Alemania.
1542		Reanudación de la guerra entre Francisco I y Carlos V.
	8 de dic.	*Nacimiento de María Estuardo.*
	14 de dic.	Muerte de Jacobo V. María Estuardo reina de Escocia.
1544	19 de enero	*Nacimiento del primer hijo del delfín Enrique y de Catalina de Médicis, el futuro Francisco II.*
	14 de abril	Victoria de Ceresole.

	septiembre	Paz de Crépy-en-Laonnois entre Francisco I y Carlos V.
1545	9 de sept.	*Muerte de Carlos, duque de Orleáns, último hijo del rey.*
1545-1546		Inauguración del Concilio de Trento. Masacre de los valdenses en Provenza. Persecuciones religiosas en Francia contra los reformados y contra el grupo de Meaux.
1546	2 de abril	*Nacimiento de Isabel de Francia, futura reina de España.*
1547	27 de enero	Muerte de Enrique VIII de Inglaterra. Advenimiento de su hijo Eduardo VI.
	31 de marzo	Muerte de Francisco I. Advenimiento de Enrique II. Catalina de Médicis reina de Francia. Iván IV el Terrible toma el título de *zar* de todas las Rusias.
	12 de nov.	*Nacimiento de Claudia de Francia, futura duquesa de Lorena.*
1548	agosto	*Llegada a Francia de María Estuardo.*
	20 de oct.	*Juana d'Albret desposa a Antonio de Borbón.*
1550	27 de junio	*Nacimiento de Carlos Maximiliano, el futuro Carlos IX.*
1551	20 de sept.	*Nacimiento de Eduardo Alejandro, el futuro Enrique III.*
1551-1552		Reanudación de la guerra entre Carlos V y Francia, que se alía a los príncipes protestantes de Alemania. Catalina de Médicis ejerce unos meses la regencia en ausencia de su marido.
1553		Muerte de Eduardo VI de Inglaterra. Advenimiento de María Tudor, que restablece el catolicismo por la fuerza. Al año siguiente se casará con Felipe, el infante heredero de España.
	14 de mayo	*Nacimiento de Margarita de Francia, futura reina de Navarra y de Francia, a menudo llamada la "reina Margot".*
1555	18 de marzo	*Nacimiento de Hércules, futuro Francisco de Alençon, luego de Anjou, último hijo de la pareja real.*

1556	25 de oct.	Abdicación de Carlos V que se retira al monaste- terio de Yuste. Su sucesión será repartida entre su hijo Felipe II (España) y su hermano Fernan- do (el imperio).
		Reanudación de la guerra franco-española.
1557		Derrota francesa en San Quintín.
1558	enero	Francisco de Guisa recupera Calais de los ingleses.
	13 de febr.	*Muerte de Leonor de Austria.*
	24 de abril	Boda de María Estuardo con el delfín Francisco.
	21 de sept.	Muerte de Carlos V.
	17 de nov.	Muerte de María Tudor. Advenimiento de su her- mana Isabel, que revoca las leyes que restaura- ban el catolicismo en Inglaterra.
1559	2-3 de abril	Tratado de Cateau-Cambrésis, que pone fin a la guerra franco-española.
		Boda de Isabel de Francia con Felipe II de Es- paña y de su tía Margarita de Francia con el duque Manuel Filiberto de Saboya.
	10 de julio	Muerte de Enrique II. Advenimiento de Fran- cisco II. María Estuardo reina de Francia.

LA CASA DE FRANCIA
Luis IX [San Luis] (1214-1226-1270)

En mayúsculas los que han reinado.
En cursiva la fecha de su ascenso al trono.

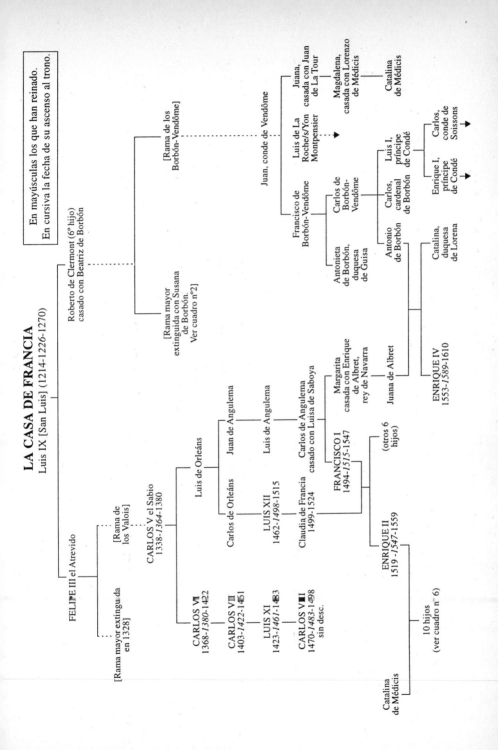

LA CASA DE BORBÓN
(rama mayor)

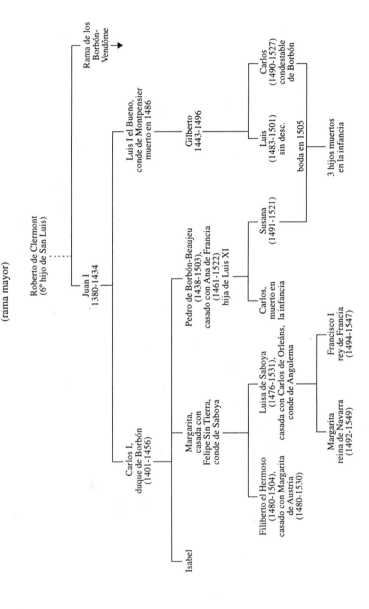

Roberto de Clermont
(6° hijo de San Luis)

Juan I
1380-1434

Rama de los
Borbón-
Vendôme →

Luis I el Bueno,
conde de Montpensier
muerto en 1486

Gilberto
1443-1496

Carlos
(1490-1527)
condestable
de Borbón

Luis
(1483-1501)
sin desc.

boda en 1505

3 hijos muertos
en la infancia

Susana
(1491-1521)

Carlos,
muerto en
la infancia

Pedro de Borbón-Beaujeu
(1438-1503),
casado con Ana de Francia
(1461-1522)
hija de Luis XI

Carlos I,
duque de Borbón
(1401-1456)

Margarita,
casada con
Felipe Sin Tierra,
conde de Saboya

Luisa de Saboya
(1476-1531),
casada con Carlos de Orleáns,
conde de Angulema

Francisco I
rey de Francia
(1494-1547)

Margarita
reina de Navarra
(1492-1549)

Filiberto el Hermoso
(1480-1504),
casado con Margarita
de Austria
(1480-1530)

Isabel

LA CASA DE HABSBURGO

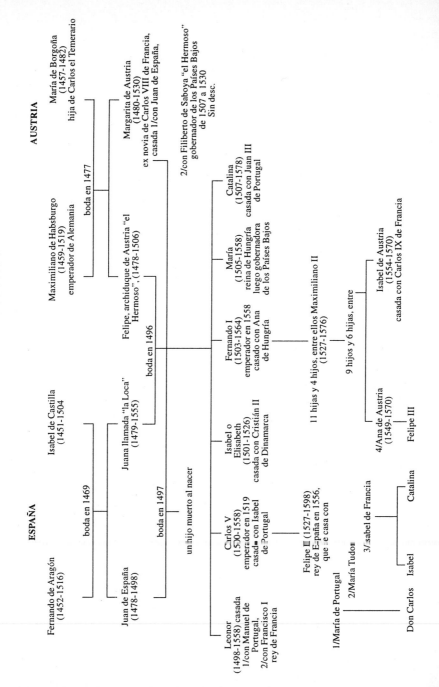

315

LA CASA DE SAVOYA

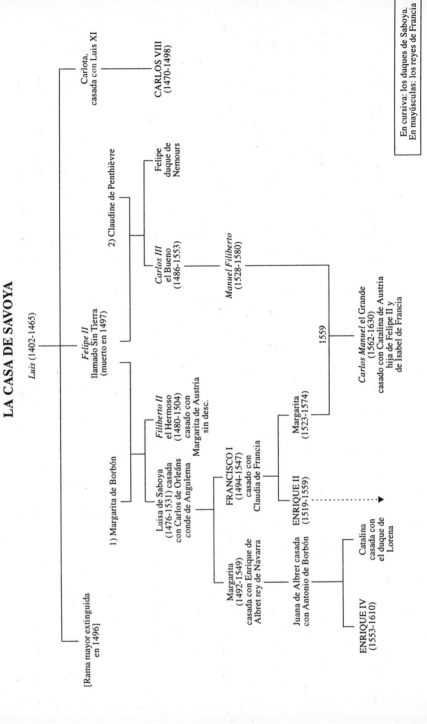

En cursiva: los duques de Saboya.
En mayúsculas: los reyes de Francia

Luis (1402-1465)

Carlota,
casada con Luis XI

CARLOS VIII
(1470-1498)

[Rama mayor extinguida en 1496]

Felipe II
llamado Sin Tierra
(muerto en 1497)

1) Margarita de Borbón

2) Claudine de Penthièvre

Filiberto II
el Hermoso
(1480-1504)
casado con
Margarita de Austria
sin desc.

Luisa de Saboya
(1476-1531) casada
con Carlos de Orleáns
conde de Angulema

Margarita
(1492-1549)
casada con Enrique de
Albret rey de Navarra

FRANCISCO I
(1494-1547)
casado con
Claudia de Francia

Juana de Albret casada
con Antonio de Borbón

ENRIQUE IV
(1553-1610)

Catalina
casada con
el duque de
Lorena

ENRIQUE II
(1519-1559)

Margarita
(1523-1574)

Carlos III
el Bueno
(1486-1553)

Felipe
duque de
Nemours

Manuel Filiberto
(1528-1580)

1559

Carlos Manuel el Grande
(1562-1630)
casado con Catalina de Austria
hija de Felipe II y
de Isabel de Francia

316

LOS MÉDICIS

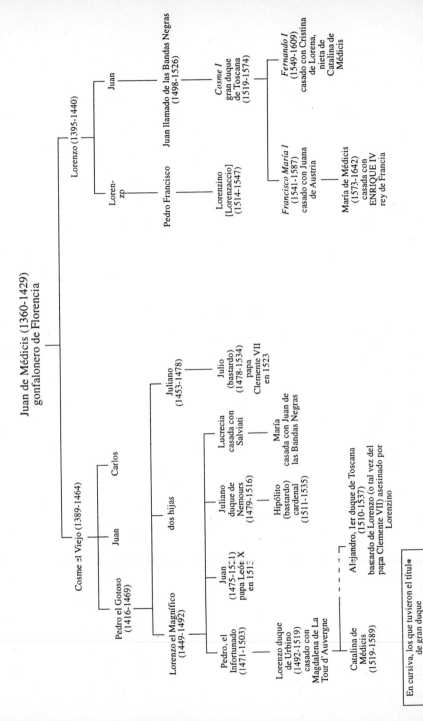

Juan de Médicis (1360-1429)
gonfalonero de Florencia

Cosme el Viejo (1389-1464) — Carlos — Juan — Lorenzo (1395-1440)

Cosme el Viejo (1389-1464)

Pedro el Gotoso (1416-1469) — Juan — Carlos — dos hijas

Lorenzo el Magnífico (1449-1492) — Juliano (1453-1478)

Juliano (1453-1478):
- Julio (bastardo) (1478-1534) papa Clemente VII en 1523

Lorenzo el Magnífico (1449-1492):
- Pedro, el Infortunado (1471-1503)
- Juan (1475-1521) papa León X en 1513
- Juliano duque de Nemours (1479-1516)
- Lucrecia casada con Salviati

Pedro, el Infortunado (1471-1503):
- Lorenzo duque de Urbino (1492-1519) casado con Magdalena de La Tour d'Auvergne

Juliano duque de Nemours (1479-1516):
- Hipólito (bastardo) cardenal (1511-1535)

Lucrecia casada con Salviati:
- María casada con Juan de las Bandas Negras

Lorenzo duque de Urbino (1492-1519):
- Catalina de Médicis (1519-1589)

Alejandro, 1er duque de Toscana (1510-1537) bastardo de Lorenzo (o tal vez del papa Clemente VII) asesinado por Lorenzino

Lorenzo (1395-1440) — Loren-zo — Juan

Loren-zo:
- Pedro Francisco

Juan:
- Juan llamado de las Bandas Negras (1498-1526)

Pedro Francisco:
- Lorenzino [Lorenzaccio] (1514-1547)

Juan llamado de las Bandas Negras (1498-1526):
- *Cosme I* gran duque de Toscana (1519-1574)

Cosme I gran duque de Toscana (1519-1574):
- *Francisco María I* (1541-1587) casado con Juana de Austria
- *Fernando I* (1549-1609) casado con Cristina de Lorena, nieta de Catalina de Médicis

Francisco María I (1541-1587) casado con Juana de Austria:
- María de Médicis (1573-1642) casada con ENRIQUE IV rey de Francia

En cursiva, los que tuvieron el título de gran duque

317

LA DESCENDENCIA DE FRANCISCO I

Francisco I (1494-*1515-1547*)
casado en 1514 con Claudia de Francia (1499-1524)

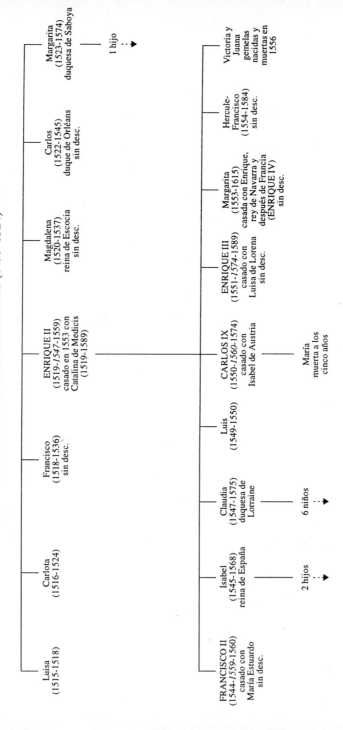

Luisa
(1515-1518)

Carlota
(1516-1524)

Francisco
(1518-1536)
sin desc.

ENRIQUE II
(1519-*1547*-1559)
casado en 1553 con
Catalina de Medicis
(1519-1589)

Magdalena
(1520-1537)
reina de Escocia
sin desc.

Carlos
(1522-1545)
duque de Orléans
sin desc.

Margarita
(1523-1574)
duquesa de Saboya

1 hijo

FRANCISCO II
(1544-*1559*-1560)
casado con
María Estuardo
sin desc.

Isabel
(1545-1568)
reina de España

2 hijos

Claudia
(1547-1575)
duquesa de
Lorraine

6 niños

Luis
(1549-1550)

María
muerta a los
cinco años

CARLOS IX
(1550-*1560*-1574)
casado con
Isabel de Austria

ENRIQUE III
(1551-*1574*-1589)
casado con
Luisa de Lorena
sin desc.

Margarita
(1553-1615)
casada con Enrique,
rey de Navarra y
después de Francia
(ENRIQUE IV)
sin desc.

Hercule-
Francisco
(1554-1584)
sin desc.

Victoria y
Juana
gemelas
nacidas y
muertas en
1556

Orientación bibliográfica

Sobre un tema como este, la bibliografía es evidentemente extensísima. Sólo mencionamos aquí las principales obras consultadas. Invitamos a los lectores deseosos de profundizar sus investigaciones a recurrir a las bibliografías detalladas que figuran al final de los libros especializados recientes cuyas referencias encontrarán aquí.

I — OBRAS ANTIGUAS

– Todos los cronistas de los siglos xv y xvi, que pueden ser leídos bien, sea en la Colección Petitot, 1ª Serie (1820-1829), o preferentemente en la Colección Michaud y Poujoulat (1836-1839). Entre ellos, especialmente: Comynes, Fleuranges, Jean Bouchet, Tavannes, Vieilleville y, desde luego, Luisa de Saboya. Se les sumarán:

BRANTÔME, Pierre de Bourdeille, abate de, *Oeuvres complètes*, ed. Lalanne, 12 vol., París, Renouard, 1864-1896. Edición parcial de la recopilación de *Dames* por E. Vaucheret, París, Gallimard (Pléiade), 1991.

– CATALINA DE MÉDICIS, *Lettres*, ed. H. de La Ferrière y G. Baguenault de Puchesse, 11 vol., París, Imprenta Nacional, 1880-1909.

— COSTE, Hilarion de, *Les Éloges et les Vies des Reines...*, 1630.

– THOU, Jacques-Auguste de, *Histoire Universelle*, 5 primeros volúmenes (años 1543-1572), París, 1604-1608, trad. franc. Londres.

II — OBRAS MODERNAS

– BLUCHE, François, *L'Ancien Régime. Institutions et Société*, Livre de Poche, 1993.

– BOOM, Guislaine de, *Éléonore de Portugal, reine de France*, Bruselas, 1943.

– BROWN, Mary Croom, *Mary Stuart, a queen of France*, Londres, 1911.

– CHAUSSINAND-NOGARET, Guy, *Las mujeres del rey*, Javier Vergara Editor, 1993.

– CLOULAS, Ivan, *Catherine de Médicis*, 1979.

– CLOULAS, Ivan, *Henri II*, 1985.

– DÉJEAN, Jean-Luc, *Marguerite de Navarre*, 1987.

– DELUMEAU, Jean, *La Civilisation de la Renaissance*, 1967.

– DUBY, Georges y PERROT, Michelle, *Histoire des Femmes*, T.3, siglos XVI-XVIII, 1991.

– ESPEZEL, Pierre d', *Les Reines de France*, obra colectiva, 1947.

– ERLANGER, Philippe, *Diane de Poitiers*, 1955.

– FEBVRE, Lucien, *Amour sacré, amour profane; autour de l'Heptaméron*, 1944.

– GABORY, E., *Anne de Bretagne, duchesse et reine*, 1941.

– HENRY-BORDEAUX, Paule, *Louise de Savoie, régente et roi de France*, 1954.

– JACQUART, Jean, *François Ier*, 1981.

– JOURDA, Pierre, *Marguerite d'Angoulême, duchesse d'Alençon, reine de Navarre*, 1492-1549, 2 vol., 1930.

– KENDALL, Paul Murray, *Louis XI*, París, 1974.

– LABANDE-MAILFERT, Ivonne, *Charles VIII*, 1986.

– LECOQ, Anne-Marie, *François Ier imaginaire. Symbolique et politique à l'aube de la Renaissance française*, Prefacio de Marc Fumaroli, 1987.

– LEROUX DE LINCY, A. J. V., *Vie de la reine Anne de Bretagne*, 4 vol., 1860.

– LE ROY LADURIE, Emmanuel, *L'État royal, 1460-1610*, 1987.

– MARIÉJOL, Jean-H., *Catherine de Médicis*, 1919, reed. 1979.

– MAULDE LA CLAVIÈRE, René de, *Histoire de Louis XII*, 1889-1893.

– MAULDE LA CLAVIÈRE, René de, *Jeanne de France*, 1883.

– MAULDE LA CLAVIÈRE, René de, *Louise de Savoie et François Ier, trente années de jeunesse (1485-1515)*, 1895.

– MAULDE LA CLAVIÈRE, René de, *Procédures politiques du règne de Louis XII*, 1885 (ver el proceso de Juana de Francia, págs. 789-1125).

– MAYER, D. M., *The Great Regent* (Louise de Savoie), Londres, 1966.

– MICHELET, Jules, *Histoire de France, Renaissance et Réforme*, reed. 1982.

– MOUSNIER, Roland, *Histoire générale des civilisations*, t. IV, *Les XVIe et XVIIe siècles (1492-1715)*, PUF, 1954.

– MOUSNIER, Roland, *Les Institutions de la France sous la monarchie absolue*, 2 vol., 1974 y 1980.

– ORIEUX, Jean, *Catherine de Médicis*, 1986.

– RICHET, Denis, *La France moderne, l'esprit des institutions*, 1973.

– QUILLIET, Bernard, *Louis XII*, 1986.

– SOLNON, Jean-François, *La Cour de France*, 1987.

– TOUDOUZE, G., *Anne, duchesse de Bretagne et reine de France*, 1959.

– TOURAULT, Philippe, *Anne de Bretagne*, 1990.

– ZELLER, B., *Claude de France*, 1892.

Lista de ilustraciones

323

Página 5   Ana de Bretaña, protectora de las artes, recibe un libro que le ofrece Jehan Marot. (Estampa de Jean Bourdichon para el frontispicio del *Viaje a Génova* de Jehan Marot.)

Página 6   "El rey sin hijos": el personaje alegórico de la Razón, a la derecha, invita a Luis XII a someterse a la Fortuna (el Destino) que le niega un heredero varón. Abajo, a la izquierda, Ana de Bretaña sosteniendo sobre sus rodillas a su hija Claudia. (Estampa del taller de Jean Pichore para los *Remedios de una y otra Fortuna*, de Petrarca.)

Página 7   María de Inglaterra. Cerca de su rostro puede leerse la leyenda: "Más loca que reina".

Página 8   *Arriba:* Francisco I (retrato atribuido a Jean y François Clouet).
Abajo: Luisa de Saboya.

Página 9   *A la izquierda*: Alegoría de la Prudencia, a quien el artista ha dado los rasgos de Luisa de Saboya. (Estampa extraída del *Tratado de las Virtudes* de François Desmoulins.)
A la derecha. Arriba: Margarita de Navarra, en la época en que brillaba en la corte de su hermano. *Abajo*: Margarita anciana, llamada "del perrito". (Dibujo al lápiz anónimo.)

Página 10   Claudia de Francia por Corneille de Lyon.

Página 11   Leonor de Austria

Página 12   El defín Enrique —futuro Enrique II— hacia 1540.

Página 13   Catalina de Médicis adolescente, en la época de su boda, por Corneille de Lyon.

Página 14   Catalina de Médicis joven, hacia 1548. (Museo de Versailles.)

Página 15   Diana de Poitiers como diosa-luna. (Retrato anónimo.
Castillo de Chaumont-sur-Loire.)

Página 16   *Arriba*: La cazadora con el ciervo del castillo de Anet.
Abajo: La "verdadera" Diana de Poitiers vista por Jean
Clouet.

Origen de las fotos

Biblioteca Nacional de Francia: pág. 1 (arriba, izquierda; abajo, izquierda y derecha) – 3 – 4 (arriba y abajo) – 5 – 6 – 7 – 8 (arriba y abajo) – 9 (izquierda) – 10 – 11.

Bulloz: pág. 9 (arriba, derecha; abajo, derecha).

Giraudon: pág. 2 – 13.

Roger-Viollet: pág. 1 (arriba, derecha) – 12 – 16 (abajo).

Reunión de Museos Nacionales de Francia: págs. 14 – 15 – 16 (arriba).

Index

Bayardo, 128.

Beaujeu, ver Ana de Francia y Borbón, Pedro de.

Beaujeu, Francisco de, ver Linières.

Berquin, Luis de, 189.

Bertrandi, guardián de los sellos, 286.

Béthoulas, François, abogado, 92-93.

Béze, Théodore de, 217.

Blanca de Castilla, reina de Francia, 27.

Boccaccio, 259.

Boisy, Mme de, 129.

Bonnivet, mariscal de Francia, 166, 179-180.

Borbón, Antonio de, 286.

Borbón, Carlos III duque de Borbón, condestable, 167, 173-179, 186, 192, 199, 244.

Borbón, casa de, 178.

Borbón, Margarita de, duquesa de Saboya, 151-154, 195.

Borbón, Pedro, señor de Beaujeu, luego duque de, 34, 57, 61, 75, 77, 151, 174-175.

Borbón, Susana de, hija del anterior, 174-175, 177-178.

Borbón-Montpensier, Gilberto de, 63, 174.

Borbón-Vendôme, Juana de, 240.

Borgia, César, 87, 95, 106.

Borgia, Rodrigo, ver Alejandro VI.

Bouchet, Jean, cronista, 86, 96.

Bourdichon, Jean, 111.

Brandon, Carlos, ver Suffolk.

Brantôme, 96, 99, 103, 107, 111, 116, 121, 137-138, 150, 161, 200, 215, 226, 261, 269, 274, 279n.

Brézé, Francisca de, 263, 284.

Brézé, Luis de, senescal de Normandía, 261-262, 264.

Briçonnet, Guillaume, obispo de Meaux, 160, 168, 188.

Brion, Madame de, 263.

C

Calabria, duque de, 156.

Calvino, 251.

Canaples, Mme de, 230.

Carlomango, 57, 62, 236.

Carlos de Francia, duque de Orleáns, último hijo de Francisco I, 72, 163, 271.

Carlos de Francia, hermano de Luis XI, duque de Berry, 73, 76.

Carlos, don, infante de España, 290.

Carlos el Temerario, duque de Borgoña, 33, 36, 47, 113, 181, 196, 206, 238.

Carlos, último hijo de Carlos VIII y de Ana de Bretaña, muerto a la edad de un mes, 65.

Carlos III, duque de Lorena, 208, 288n.

Carlos III el Bueno, duque de Saboya, 290.

Carlos V, Carlos de Absburgo, también llamado Carlos de Gante, emperador germánico, 113, 115-116, 118, 127-130, 139-140, 149, 152, 157, 162, 166, 174-179, 181-186, 189-193, 195, 199, 205-207, 209n, 210-213, 219, 222-231, 242-244, 247, 285, 287, 288n, 290.

Carlos V, rey de Francia, 27n.

Carlos VII, rey de Francia, 32, 55, 109.

Carlos VIII, rey de Francia, 13, 31-50, 53-69, 73, 78, 83-86, 90, 92, 103, 105-107, 119, 121, 127, 153, 155, 175, 193-194, 238, 298, 300.

Carlos IX, rey de Francia, 27, 282.

Carlos Manuel el Grande, duque de Saboya, 259.

Carlos Maximiliano, ver Carlos IX.

Carlos Orlando, delfín de Francia, 57, 65, 107, 109.

Carlota de Francia, segunda hija de Francisco I, 73, 163, 165, 168.

Carlota de Saboya, reina de Francia, 52, 34, 79.

Castilla, condestable de, 214, 220.

Catalina de Aragón, reina de Inglaterra, 209, 213n.

Catalina de Austria o de Absburgo, hermana menor de Carlos V, 209.

Catalina de Médicis, reina de Francia, 13-14, 21, 27-28, 153, 201, 223, 226, 232, 235-236, 242-253, 257-294, 299-300, 302.

Châteaubriant, Francisca de, 166, 191.

Chièvres, Guillermo de, 196.

Claudia de Francia, reina de Francia, 13-14, 20n, 74, 108, 112-120, 125, 132,

Foix, Gastón de, 119.
Francisco de Paula, San, 35, 57-58, 65, 118, 152, 189, 215.
Francisco I, duque de Valois-Angulema, luego rey de Francia, 13, 20n, 21, 109-110, 114-117, 120, 125, 131, 134-142, 147, 149-168, 173-200, 205, 208, 210-213, 215-232, 235, 239-253, 257, 259, 261-262, 264-265, 267, 269, 272-273, 284, 299-301.
Francisco II, delfín, luego rey de Francia, 271-272, 281, 293, 299.
Francisco II, duque de Bretaña, 34, 40, 91, 110.
Francisco, hijo mayor de Francisco I, delfín de Francia, 163, 166-167, 184, 189-190, 211-215, 220, 223, 225-227, 262-263, 265-266.
Francisco, ex Hércules, duque de Alançon, luego de Anjou, último hijo de Catalina de Médicis, 282.
Fugger, banqueros alemanes, 196.

G

Gante, Carlos de, ver Carlos V.
Gattinara, Mercurino, 190.
Gié, Pedro de, mariscal de Francia, 114, 116-117, 155.
Gondi, Antonio de, 283.
Gondi, María Catalina, llamada Marion de Pierrevive, dama de, 270, 283-284.
Goujon, Jean, 275n.
Graville, almirante de Francia, 47.
Grey, Jane, 143.
Guicciardini, 96.
Guildford, lady, 133.
Guisa, casa de, 285, 288.
Guisa, Claudio de Lorena, primer duque de, 269.
Guisa, Francisco I de Lorena, segundo duque de, 287-288.
Guisa, Luisa de, 269.

H

Habsburgo, casa de, 21, 38, 113, 126, 207, 209n, 298-299.
Hércules, ver Francisco de Alençon-Anjou.
Hugo, Victor, 261.
Humières, Juan de, 282.
Humières, Mme de, 282-283.

I

Inocencio VIII, papa, 48.
Isabel de Austria, reina de Dinamarca, 208.
Isabel de Bretaña, 35-36.
Isabel de Castilla, 49, 121.
Isabel de Francia, reina de España, 270, 279, 281, 290.
Isabel de Portugal, esposa de Carlos V, 182, 191, 210, 227, 231-232.
Isabel de York, princesa de Inglaterra, hija de Eduardo IV, 129.
Isabel I, reina de Inglaterra, 206, 289.

J

Jacobo I Estuardo, rey de Escocia, 32.
Jacobo IV Estuardo, rey de Escocia, 32, 127-128.
Jacobo V Estuardo, rey de Escocia, 226.
Juan III, rey de Portugal, 210.
Juan de Aragón, infante de España, 41, 194.
Juan de Troyes, cronista, 74.
Juana de Albret, reina de Navarra, 221-222, 271.
Juana de Castilla, llamada la Loca, 115, 195, 205, 209, 231.
Juana de Francia, reina de Francia, 20n, 68-69, 71-100, 147.
Juana, hija muerta al nacer de Catalina de Médicis, 282.
Julio II, papa, 118-120.
Juste, Jean, escultor, 137.

L

La Fontaine, Jean de, confesor de Juana de Francia, 76.

La Marck, Guillermo de, duque de Clèves, 222.

Lafayette, Mme de, 284.

Langley, hermano, monje, 139.

Lannoy, Carlos de, virrey de Nápoles, 180, 192.

La Tour, Ana de, 240.

La Tour, casa de, 240.

La Tour, Juan de, 240.

La Tour, Magdalena de, 240-241.

La Trémoille, Luis de, 86-87, 97, 105, 180.

Lautrec, Odon de Foix, vizconde de, 179.

Lefèvre D'Étaples, 188-189.

León X, Juan de Médicis, papa, 239, 241-243.

Leonor de Aquitania, reina de Francia, 127, 299.

Leonor de Austria o de Absburgo, reina de Portugal, luego de Francia, 14, 184, 189, 199, 203, 205-232, 263, 271, 278, 299-300.

Linières, Francisco de Beaujeu, señor de, 75-77, 79.

Longueville, ver Dunois.

Lorena, duque de, ver Carlos III.

Luis IX, San Luis, rey de Francia, 27n, 174, 240.

Luis XI, rey de Francia, 31-38, 45-47, 58, 67-68, 71-80, 82-84, 92, 94, 96, 104, 109, 174-175, 181, 237-239.

Luis XII, Luis de Orleáns, rey de Francia, 20n, 34-35, 40, 46, 54, 57, 63, 65, 68, 71-100, 103-122, 125-126, 128-131, 132-135, 137-138, 141-142, 147-148, 150-157, 175, 196, 208, 239, 298-300.

Luis XIV, rey de Francia, 43, 284.

Luis, hijo de Enrique II y de Catalina de Médicis, muerto a edad temprana, 281-282.

Luisa de Francia, hija mayor de Francisco I, 163-167, 239.

Luisa de Saboya, 13, 26, 114, 120, 136-138, 140, 151-160, 166-167, 173, 175-200, 216, 218, 223, 232, 262, 265, 287, 301.

Lutero, 188, 221, 251.

M

Magdalena de Francia, tercera hija de Francisco I, reina de Escocia, 163, 166.

Maillé, Francisca de, 77.

Manuel Filiberto, duque de Saboya, 289-290.

Manuel I, rey de Portugal, 208-211.

Maquiavelo, Nicolás, 241.

Margarita de Angulema, duquesa de Alençon, luego reina de Navarra, 111, 156, 158-160, 164, 181-184, 188, 194-195, 197-200, 210, 212, 222, 258-259, 272, 278, 288.

Margarita de Austria, duquesa de Saboya, regente de los Países Bajos, 13, 43-44, 47-50, 59, 127, 193-201, 206, 217, 221-224, 226, 229, 258.

Margarita de Escocia, reina de Francia, 32.

Margarita de Francia, última hija de Francisco I, duquesa de Saboya, 37-39, 163, 167-168, 259, 282.

Margarita de Habsburgo, bastarda de Carlos V, 247.

Margarita de Valois, reina de Navarra, luego de Francia, llamada la "reina Margot", 13, 14, 20n, 111.

Margarita de York, llamada la Grande, tercera esposa de Carlos el Temerario, 206.

Margarita Tudor, reina de Escocia, 127, 289.

María de Austria o de Habsburgo, hermana de Carlos V, reina de Hungría, 224-226, 229.

María de Austria o de Habsburgo, hija de Carlos V, esposa de Maximiliano II, 130, 231.

María de Borgoña, hija de Carlos el Temerario, 36-37, 40, 113.

María de Inglaterra, reina de Francia, 123, 125-143, 150, 196.

María de Portugal, hija de Leonor de Austria, 210, 231.

María Estuardo, reina de Francia y de Escocia, 280, 290, 293.

María Tudor, "la Sanguinaria", reina de Inglaterra, 143, 162.

Marot, Clément, 111, 160, 217, 228.

Marot, Jehan, 111.

Maximiliano I, emperador germánico, 37,

39-41, 43-45, 48, 53, 59-60, 104, 107, 113-114, 117, 195, 206-208, 209n, 213n.
Maximiliano II, emperador germánico, 230.
Medicis, Alejandro de, 237, 243, 245-247, 251-252.
Medicis, Cosme de, llamado el Viejo, 237.
Médicis, familia de, 235, 237-239, 241, 243-246, 251-252.
Medicis, Hipólito de, 243-248.
Medicis, Juan de, ver León X, papa.
Medicis, Juliano de, hermano de Lorenzo el Magnífico, 239, 243n.
Medicis, Juliano de, hermano de Pedro el Infortunado, 243n.
Medicis, Julio de, ver Clemente VII, papa.
Medicis, Lorenzo de, llamado Lorenzaccio, 246.
Medicis, Pedro de, llamado el Gotoso, 238-239.
Medicis, Pedro de, llamado el Infortunado, 237-238.
Medicis, Lorenzo I de, llamado el Magnífico, 237-241.
Medicis, Lorenzo II, de, hijo de Pedro el Infortunado, duque de Urbino, padre de Catalina de Médicis, 236n, 239, 241.
Meschinot, Jehan, 111.
Michelet, Julio, 154.
Miguel Angel, 242, 285.
Montecuccoli, 226.
Monferrato, duque de, 156.
Montgomery, Gabriel de Lorge, conde de, 291.
Montmorency, Anne de, Gran Maestre, luego condestable, 214, 223, 266, 269, 280, 285, 287-288.
Montmorency, Mme de, 263.
Musset, 246.

N

Nemours, Jacques de Saboya, duque de, 280.
Nicolas, Gilbert, 76.
Nostradamus, Michel de Notre-Dame, llamado, 283, 291.

O

Orange, Guillermo de Nassau, príncipe de, 290.
Orange, Juan de Chalon, príncipe de, 104.
Orlando, ver Carlos-Orlando y Rolando.
Orleáns, Carlos, duque de, padre de Luis XII, poeta, 72-73, 78, 107, 127.
Orleáns, Juan de, 153, 266.
Orleáns, Luis de, ver Luis XII.
Orsini, familia romana, 238.

P

Pablo III, papa, 226.
Paré, Ambrosio, 291.
Paul-Émile, 236n.
Pazzi, familia florentina, 237.
Pierrevive, ver Gondi.
Pisseleu, Ana de, ver Étampes.
Platón, 359.
Plutarco, 14, 283.
Poitiers, ver Saint-Vallier y Diana.
Polheim, mariscal de, 40.
Popincourt, Jane, 129.

Q

Quilliet, Bernardo, 115n.

R

Rabelais, 75.
Rafael, 240, 242.
René I de Anjou, el Bueno, rey de Nápoles, 57, 109.
Renée de Francia, hija de Luis XII y de Ana de Bretaña, duquesa de Ferrara, 108, 118, 149n.
Ricardo III, rey de Inglaterra, 129.
Robertet, Florimond, 116.
Rohan, Ana de, 110.
Rohan, Juan II, vizconde de, 40.

Rolando, sobrino de Carlomagno, 57.
Ronsard, Pierre, 226, 259-260, 282.
Roussel, Gérard, 188-189.
Rovere, ver Della Rovere.

Strozzi, Pedro, 285-286.
Strozzi, Roberto, 285.
Suffolk, Carlos Brandon, duque de, 130-131, 136-142.

S

Saboya, Filiberta de, 239.
Saboya, René de, llamado el Gran Bastardo, 180.
Saint-Vallier, Juan de Poitiers, 261.
Salviati, familia florentina, 238.
Saulx-Tavannes, Gaspar de, 176, 280.
Savonarola, 238, 244.
Semblançay, superintendente de finanzas, 160.
Sévigné, marquesa de, 152.
Seyssel, Claude de, 108, 120.
Sforza, Francisco, 182.
Sforza, Galeazzo, 62.
Sforza, Ludovico, duque de Milán, 62-64, 77, 148.
Shakespeare, 129.
Sibila, amante de Carlos VIII, 61.
Sixto IV, papa, 238.
Soderini, familia florentina, 238.
Sorel, Inés, favorita de Carlos VII, 55, 109.
Spinola, Tomasina, 108.
Strozzi, familia florentina, 238.
Strozzi, Clarisa, 285.
Strozzi, Felipe, 285.
Strozzi, León, 285-286.
Strozzi, Lorenzo, 285.

T

Tavannes, ver Saulx.
Tito, emperador romano, 43.
Tournon, cardenal de, 214.

V

Valois, dinastía de los, 13, 301-302.
Valois-Angulema, Carlos de, esposo de Luisa de Saboya, 151.
Van Boghem, 194.
Vasari, 223, 249.
Veronese, 223.
Vesalio, 293.
Victoria, hija de Catalina de Médicis muerta a los dos meses de edad, 282.
Visconti, Valentina, 63, 77, 158.

W-Z

Wolsey, cardenal, ministro de Enrique VIII, 134, 139, 141.
Zenobius, 238.

Esta edición se terminó de imprimir en
VERLAP S.A. Comandante Spurr 653
Avellaneda - Prov. de Buenos Aires, Argentina,
en el mes de mayo de 1997.